秦史与秦文化研究丛书

"十三五"国家重点图书出版规划项目

王子今 主编

秦法律文化新探

闫晓君 著

西北大学出版社
·西安·

图书在版编目(CIP)数据

秦法律文化新探 / 闫晓君著. --西安:西北大学出版社,2021.2(2023.10重印)
(秦史与秦文化研究丛书 / 王子今主编)
ISBN 978-7-5604-4594-6

Ⅰ.①秦… Ⅱ.①闫… Ⅲ.①法律—文化史—研究—中国—秦代 Ⅳ.①D929.33

中国版本图书馆 CIP 数据核字(2020)第 173546 号

秦法律文化新探
QINFALUWENHUAXINTAN　　　闫晓君　著

责任编辑	张红丽
装帧设计	谢 晶
出版发行	西北大学出版社
地　　址	西安市太白北路 229 号　　邮　　编　710069
网　　址	http://nwupress.nwu.edu.cn　　E-mail　xdpress@nwu.edu.cn
电　　话	029-88303593　88302590
经　　销	全国新华书店
印　　装	西安华新彩印有限责任公司
开　　本	710 毫米×1020 毫米　1/16
印　　张	16
字　　数	273 千字
版　　次	2021 年 2 月第 1 版　2023 年 10 月第 2 次印刷
书　　号	ISBN 978-7-5604-4594-6
定　　价	108.00 元

如有印装质量问题,请与本社联系调换,电话 029-88302966。

"秦史与秦文化研究丛书"

编辑出版委员会

顾　问	柳斌杰　朱绍侯　方光华
主　任	徐　晔
副主任	卜宪群　马　来
委　员	卜宪群　马　来　王子今　王彦辉　田明纲
	邬文玲　孙家洲　李禹阶　李振宏　张德芳
	张　萍　陈松长　何惠昂　杨建辉　高大伦
	高彦平　晋　文　贾二强　徐　晔　徐兴无
	梁亚莉　彭　卫　焦南峰　赖绍聪

主　编　王子今

总　序

公元前221年，秦王嬴政完成了统一大业，建立了中国历史上第一个高度集权的"大一统"帝国。秦王朝执政短暂，公元前207年被民众武装暴动推翻。秦短促而亡，其失败，在后世长久的历史记忆中更多地被赋予政治教训的意义。然而人们回顾秦史，往往都会追溯到秦人从立国走向强盛的历程，也会对秦文化的品质和特色有所思考。

秦人有早期以畜牧业作为主体经济形式的历史。《史记》卷五《秦本纪》说秦人先祖柏翳"调驯鸟兽，鸟兽多驯服"①，《汉书》卷一九上《百官公卿表上》则作"蕃作朕虞，育草木鸟兽"②，《汉书》卷二八下《地理志下》说"柏益……为舜朕虞，养育草木鸟兽"③，经营对象包括"草木"。所谓"育草木""养育草木"，暗示农业和林业在秦早期经济形式中也曾经具有相当重要的地位。秦人经济开发的成就，是秦史进程中不宜忽视的文化因素。其影响，不仅作用于物质层面，也作用于精神层面。秦人在周人称为"西垂"的地方崛起，最初在今甘肃东部、陕西西部活动，利用畜牧业经营能力方面的优势，成为周天子和东方各个文化传统比较悠久的古国不能忽视的政治力量。秦作为政治实体，在两周之际得到正式承认。

关中西部的开发，有周人的历史功绩。周王朝的统治重心东迁洛阳后，秦人在这一地区获得显著的经济成就。秦人起先在汧渭之间地方建设了畜牧业基地，又联络草原部族，团结西戎力量，"西垂以其故和睦"，得到周王室的肯定，秦于是立国。正如《史记》卷五《秦本纪》所说："邑之秦，使复续嬴氏祀，号曰秦嬴。"④秦国力逐渐强盛，后来向东发展，在雍（今陕西凤翔）定都，成为西方诸侯

---

① ［汉］司马迁：《史记》，中华书局，1959年，第173页。
② 颜师古注引应劭曰："蕃，伯益也。"《汉书》，中华书局，1962年，第721、724页。
③ ［汉］班固：《汉书》，中华书局，1962年，第1641页。
④ 《史记》卷五《秦本纪》，第177页。

国家,与东方列国发生外交和战争关系。雍城是生态条件十分适合农耕发展的富庶地区,与周人早期经营农耕、创造农业奇迹的所谓"周原膴膴"①的中心地域东西相邻。因此许多学者将其归入广义"周原"的范围之内。秦国的经济进步,有利用"周余民"较成熟农耕经验的因素。秦穆公时代"益国十二,开地千里,遂霸西戎","广地益国,东服强晋,西霸戎夷",②是以关中西部地区作为根据地实现的政治成功。

  秦的政治中心,随着秦史的发展,呈现由西而东逐步转移的轨迹。比较明确的秦史记录,即从《史记》卷五《秦本纪》所谓"初有史以纪事"的秦文公时代起始。③ 秦人活动的中心,经历了这样的转徙过程:西垂—汧渭之会—平阳—雍—咸阳。《中国文物地图集·陕西分册》中的《陕西省春秋战国遗存图》显示,春秋战国时期西安、咸阳附近地方的渭河北岸开始出现重要遗址。④ 而史书明确记载,商鞅推行变法,将秦都由雍迁到了咸阳。《史记》卷五《秦本纪》:"(秦孝公)十二年,作为咸阳,筑冀阙,秦徙都之。"⑤《史记》卷六《秦始皇本纪》:"孝公享国二十四年……其十三年,始都咸阳。"⑥《史记》卷六八《商君列传》:"于是以鞅为大良造……居三年,作为筑冀阙宫庭于咸阳,秦自雍徙都之。"⑦这些文献记录都明确显示,秦孝公十二年(前350)开始营造咸阳城和咸阳宫,于秦孝公十三年(前349)从雍城迁都到咸阳。定都咸阳,既是秦史上具有重大意义的事件,实现了秦国兴起的历史过程中的显著转折,也是秦政治史上的辉煌亮点。

  如果我们从生态地理学和经济地理学的角度分析这一事件,也可以获得新的

---

  ① 《诗·大雅·绵》,[清]阮元校刻:《十三经注疏》,中华书局据原世界书局缩印本1980年10月影印版,第510页。

  ② 《史记》卷五《秦本纪》,第194、195页。《史记》卷八七《李斯列传》作"并国二十,遂霸西戎"。第2542页。《后汉书》卷八七《西羌传》:"秦穆公得戎人由余,遂罢西戎,开地千里。"中华书局,1965年,第2873页。

  ③ 《史记》,第179页。

  ④ 张在明主编:《中国文物地图集·陕西分册》,西安地图出版社,1998年,上册第61页。

  ⑤ 《史记》,第203页。

  ⑥ 《史记》,第288页。

  ⑦ 《史记》,第2232页。

有意义的发现。秦都由西垂东迁至咸阳的过程,是与秦"东略之世"①国力不断壮大的历史同步的。迁都咸阳的决策,有将都城从农耕区之边缘转移到农耕区之中心的用意。秦自雍城迁都咸阳,实现了重要的历史转折。一些学者将"迁都咸阳"看作商鞅变法的内容之一。翦伯赞主编《中国史纲要》在"秦商鞅变法"题下写道:"公元前356年,商鞅下变法令","公元前350年,秦从雍(今陕西凤翔)迁都咸阳,商鞅又下第二次变法令"。②杨宽《战国史》(增订本)在"秦国卫鞅的变法"一节"卫鞅第二次变法"题下,将"迁都咸阳,修建宫殿"作为变法主要内容之一,又写道:"咸阳位于秦国的中心地点,靠近渭河,附近物产丰富,交通便利。"③林剑鸣《秦史稿》在"商鞅变法的实施"一节,也有"迁都咸阳"的内容。其中写道:"咸阳(在咸阳市窑店东)北依高原,南临渭河,适在秦岭怀抱,既便利往来,又便于取南山之产物,若浮渭而下,可直入黄河;在终南山与渭河之间就是通往函谷关的大道。"④这应当是十分准确地反映历史真实的判断。《史记》卷六八《商君列传》记载,商鞅颁布的新法,有扩大农耕的规划,奖励农耕的法令,保护农耕的措施。⑤于是使得秦国在秦孝公—商鞅时代实现了新的农业跃进。而指导这一历史变化的策划中心和指挥中心,就在咸阳。咸阳附近也自此成为关中经济的重心地域。《史记》卷二八《封禅书》说"霸、产、长水、沣、涝、泾、渭皆非大川,以近咸阳,尽得比山川祠"⑥,说明"近咸阳"地方水资源得到合理利用。关中于是"号称陆海,为九州膏腴"⑦,被看作"天府之国"⑧,因其丰饶,千百年居于经济优胜地位。

　　回顾春秋战国时期列强竞胜的历史,历史影响比较显著的国家,多位于文明程度处于后起地位的中原外围地区,它们的迅速崛起,对于具有悠久的文明传统

---

① 王国维:《秦都邑考》,《王国维遗书》,上海古籍书店,1983年,《观堂集林》卷一二第9页。

② 翦伯赞主编:《中国史纲要》,人民出版社,1979年,第75页。

③ 杨宽:《战国史》(增订本),上海人民出版社,1998年,第206页。

④ 林剑鸣:《秦史稿》,上海人民出版社,1981年,第189页。

⑤ 商鞅"变法之令":"民有二男以上不分异者,倍其赋。""僇力本业,耕织致粟帛多者复其身。事末利及怠而贫者,举以为收孥。"《史记》,第2230页。

⑥ 《史记》,第1374页。

⑦ 《汉书》卷二八下《地理志下》,第1642页。

⑧ 《史记》卷五五《留侯世家》,第2044页。

的"中国",即黄河中游地区,形成了强烈的冲击。这一历史文化现象,就是《荀子·王霸》中所说的:"虽在僻陋之国,威动天下,五伯是也。""故齐桓、晋文、楚庄、吴阖闾、越句践,是皆僻陋之国也,威动天下,强殆中国。"①就是说,"五霸"虽然都崛起在文明进程原本相对落后的"僻陋"地方,却能够以新兴的文化强势影响天下,震动中原。"五霸"所指,说法不一,如果按照《白虎通·号·三皇五帝三王五伯》中的说法:"或曰:五霸,谓齐桓公、晋文公、秦穆公、楚庄王、吴王阖闾也。"也就是除去《荀子》所说"越句践",加上了"秦穆公",对于秦的"威""强",予以肯定。又说:"《尚书》曰'邦之荣怀,亦尚一人之庆',知秦穆之霸也。"②秦国力发展态势之急进,对东方诸国有激励和带动的意义。

在战国晚期,七雄之中,以齐、楚、赵、秦为最强。到了公元前3世纪的后期,则秦国的军威,已经势不可当。在秦孝公与商鞅变法之后,秦惠文王兼并巴蜀,宣太后与秦昭襄王战胜义渠,实现对上郡、北地的控制,使秦的疆域大大扩张,时人除"唯秦雄天下"③之说外,又称"秦地半天下"④。秦国上层执政集团可以跨多纬度空间控制,实现了对游牧区、农牧并作区、粟作区、麦作区以及稻作区兼行管理的条件。这是后来对统一王朝不同生态区和经济区实施全面行政管理的前期演习。当时的东方六国,没有一个国家具备从事这种政治实践的条件。

除了与秦孝公合作推行变法的商鞅之外,秦史进程中有重要影响的人物还有韩非和吕不韦。《韩非子》作为法家思想的集大成者,规范了秦政的导向。吕不韦主持编写的《吕氏春秋》为即将成立的秦王朝描画了政治蓝图。多种渊源不同的政治理念得到吸收,其中包括儒学的民本思想。

秦的统一,是中国史的大事件,也是东方史乃至世界史的大事件。对于中华民族的形成,对于后来以汉文化为主体的中华文化的发展,对于统一政治格局的定型,秦的创制有非常重要的意义。秦王朝推行郡县制,实现中央对地方的直接控制。皇帝制度和官僚制度的出现,也是推进政治史进程的重要发明。秦始皇时代实现了高度的集权。皇室、将相、后宫、富族,都无从侵犯或动摇皇帝的权

---

① [清]王先谦撰,沈啸寰、王星贤点校:《荀子集解》,中华书局,1988年,第205页。
② [清]陈立撰,吴则虞点校:《白虎通疏证》,中华书局,1994年,第62、64页。
③ 《史记》卷八三《鲁仲连邹阳列传》,第2459页。
④ 《史记》卷七〇《张仪列传》,第2289页。

威。执掌管理天下最高权力的,唯有皇帝。"夫其卓绝在上,不与士民等夷者,独天子一人耳。"①与秦始皇"二世三世至于万世,传之无穷"②的乐观设想不同,秦的统治未能长久,但是,秦王朝的若干重要制度,特别是皇帝独尊的制度,却成为此后两千多年的政治史的范式。如毛泽东诗句所谓"百代犹行秦政法"③。秦政风格延续长久,对后世中国有长久的规范作用,也对东方世界的政治格局形成了影响。

秦王朝在全新的历史条件下带有试验性质的经济管理形式,是值得重视的。秦时由中央政府主持的长城工程、驰道工程、灵渠工程、阿房宫工程、丽山工程等规模宏大的土木工程的规划和组织,表现出经济管理水平的空前提高,也显示了相当高的行政效率。秦王朝多具有创新意义的经济制度,在施行时各有得失。秦王朝经济管理的军事化体制,以极端苛急的政策倾向为特征,而不合理的以关中奴役关东的区域经济方针等方面的弊病,也为后世提供了深刻的历史教训。秦王朝多以军人为吏,必然使各级行政机构都容易形成极权专制的特点,使行政管理和经济管理都具有军事化的形制,又使统一后不久即应结束的军事管制阶段在实际上无限延长,终于酿成暴政。

秦王朝的专制统治表现出高度集权的特色,其思想文化方面的政策也具有与此相应的风格。秦王朝虽然统治时间不长,但是所推行的文化政策却在若干方面对后世有规定性的意义。"书同文"原本是孔子提出的文化理想。孔子嫡孙子思作《中庸》,引述了孔子的话:"今天下车同轨,书同文,行同伦。"④"书同文",成为文化统一的一种象征。但是在孔子的时代,按照儒家的说法,有其位者无其德,有其德者无其位,"书同文"实际上只是一种空想。战国时期,分裂形势更为显著,书不同文也是体现当时文化背景的重要标志之一。正如东汉学者许慎在《说文解字·叙》中所说,"诸侯力政,不统于王",于是礼乐典籍受到破坏,天下分为七国,"言语异声,文字异形"。⑤ 秦灭六国,实现统一之后,丞相李

---

① 章太炎:《秦政记》,《太炎文录初编》卷一,《章太炎全集》第4卷,上海人民出版社,1985年,第71页。
② 《史记》卷六《秦始皇本纪》,第236页。
③ 《建国以来毛泽东文稿》第13册,中央文献出版社,1998年,第361页。
④ [清]阮元校刻:《十三经注疏》,第1634页。
⑤ [汉]许慎撰,[清]段玉裁注:《说文解字注》,上海古籍出版社据经韵楼藏版1981年10月影印版,第757页。

斯就上奏建议以"秦文"为基点,欲令天下文字"同之",凡是与"秦文"不一致的,通通予以废除,以完成文字的统一。历史上的这一重要文化过程,司马迁在《史记》卷六《秦始皇本纪》的记载中写作"书同文字"与"同书文字",①在《史记》卷一五《六国年表》与《史记》卷八七《李斯列传》中分别写作"同天下书""同文书"。② 秦王朝的"书同文"虽然没有取得全面的成功,但是当时能够提出这样的文化进步的规划,并且开始了这样的文化进步的实践,应当说,已经是一个值得肯定的伟大的创举。秦王朝推行文化统一的政策,并不限于文字的统一。在秦始皇出巡各地的刻石文字中,可以看到要求各地民俗实现同化的内容。比如琅邪刻石说到"匡饬异俗",之罘刻石说到"黔首改化,远迩同度",表示各地的民俗都要改造,以求整齐统一;而强求民俗统一的形式,是法律的规范,就是所谓"普施明法,经纬天下,永为仪则"。③ 应当看到,秦王朝要实行的全面的"天下""同度",是以秦地形成的政治规范、法律制度、文化样式和民俗风格为基本模板的。

秦王朝在思想文化方面谋求统一,是通过强硬性的专制手段推行有关政策实现的。所谓焚书坑儒,就是企图全面摈斥东方文化,以秦文化为主体实行强制性的文化统一。对于所谓"难施用"④"不中用"⑤的"无用"之学⑥的否定,甚至不惜采用极端残酷的手段。

秦王朝以关中地方作为政治中心,也作为文化基地。关中地方得到了很好

---

① 《史记》,第239、245页。
② 《史记》,第757、2547页。
③ 《史记》,第245、250、249页。
④ 《史记》卷二八《封禅书》:"始皇闻此议各乖异,难施用,由此绌儒生。"第1366页。
⑤ 《史记》卷六《秦始皇本纪》:"(秦始皇)大怒曰:'吾前收天下书不中用者尽去之。'"第258页。
⑥ 《资治通鉴》卷七《秦纪二》"始皇帝三十四年":"魏人陈馀谓孔鲋曰:'秦将灭先王之籍,而子为书籍之主,其危哉!'子鱼曰:'吾为无用之学,知吾者惟友。秦非吾友,吾何危哉!吾将藏之以待其求;求至,无患矣。'"胡三省注:"孔鲋,孔子八世孙,字子鱼。"[宋]司马光编著,[元]胡三省音注,"标点资治通鉴小组"校点:《资治通鉴》,中华书局,1956年,第244页。承孙闻博教授提示,据傅亚庶《孔丛子校释》,《孔丛子》有的版本记录孔鲋说到"有用之学"。叶氏藏本、蔡宗尧本、汉承弼校跋本、章钰校跋本并有"吾不为有用之学,知吾者唯友。秦非吾友,吾何危哉?"语。中华书局,2011年,第410、414页。参看王子今:《秦文化的实用之风》,《光明日报》2013年7月15日15版"国学"。

的发展条件。秦亡,刘邦入咸阳,称"仓粟多"①,项羽确定行政中心时有人建议"关中阻山河四塞,地肥饶,可都以霸",都说明了秦时关中经济条件的优越。项羽虽然没有采纳都关中的建议,但是在分封十八诸侯时,首先考虑了对现今陕西地方的控制。"立沛公为汉王,王巴、蜀、汉中,都南郑",又"三分关中","立章邯为雍王,王咸阳以西,都废丘","立司马欣为塞王,王咸阳以东至河,都栎阳;立董翳为翟王,王上郡,都高奴"。② 因"三分关中"的战略设想,于是史有"三秦"之说。近年"废丘"的考古发现,有益于说明这段历史。所谓"秦之故地"③,是受到特殊重视的行政空间。

汉代匈奴人和西域人仍然称中原人为"秦人"④,汉简资料也可见"秦骑"⑤称谓,说明秦文化对中土以外广大区域的影响形成了深刻的历史记忆。远方"秦人"称谓,是秦的历史光荣的文化纪念。

李学勤《东周与秦代文明》一书中将东周时代的中国划分为7个文化圈,就是中原文化圈、北方文化圈、齐鲁文化圈、楚文化圈、吴越文化圈、巴蜀滇文化圈、秦文化圈。关于其中的"秦文化圈",论者写道:"关中的秦国雄长于广大的西北地区,称之为秦文化圈可能是适宜的。秦人在西周建都的故地兴起,形成了有独特风格的文化。虽与中原有所交往,而本身的特点仍甚明显。"关于战国晚期至于秦汉时期的文化趋势,论者指出:"楚文化的扩展,是东周时代的一件大事","随之而来的,是秦文化的传布。秦的兼并列国,建立统一的新王朝,使秦文化成为后来辉煌的汉代文化的基础"。⑥ 从空间和时间的视角进行考察,可以注意

---

① 《史记》卷八《高祖本纪》,第362页。
② 《史记》卷七《项羽本纪》,第315、316页。
③ 《史记》卷九九《刘敬叔孙通列传》:"陛下入关而都之,山东虽乱,秦之故地可全而有也。""今陛下入关而都,案秦之故地,此亦搤天下之亢而拊其背也。"第2716页。
④ 《史记》卷一二三《大宛列传》,第3177页;《汉书》卷九四上《匈奴传上》,第3782页;《汉书》卷九六下《西域传下》,第3913页。东汉西域人使用"秦人"称谓,见《龟兹左将军刘平国作关城诵》,参看王子今:《〈龟兹左将军刘平国作关城诵〉考论——兼说"张骞凿空"》,《欧亚学刊》新7辑,商务印书馆,2018年。
⑤ 如肩水金关简"☐所将胡骑秦骑名籍☐"(73EJT1:158),甘肃简牍保护研究中心、甘肃省文物考古研究所、甘肃省博物馆、中国文化遗产研究院古文献研究室、中国社会科学院简帛研究中心编:《肩水金关汉简》(壹),中西书局,2011年,下册第11页。
⑥ 李学勤:《东周与秦代文明》,上海人民出版社,2007年,第10—11页。

到秦文化超地域的特征和跨时代的意义。秦文化自然有区域文化的含义,早期的秦文化又有部族文化的性质。秦文化也是体现法家思想深刻影响的一种政治文化形态,可以理解为秦王朝统治时期的主体文化和主导文化。秦文化也可以作为一种积极奋进的、迅速崛起的、节奏急烈的文化风格的象征符号。总结秦文化的有积极意义的成分,应当注意这样几个特点:创新理念、进取精神、开放胸怀、实用意识、技术追求。秦文化的这些具有积极因素的特点,可以以"英雄主义"和"科学精神"简要概括。对于秦统一的原因,有必要进行全面的客观的总结。秦人接受来自西北方向文化影响的情形,研究者也应当予以关注。

秦文化既有复杂的内涵,又有神奇的魅力。秦文化表现出由弱而强、由落后而先进的历史转变过程中积极进取、推崇创新、重视实效的文化基因。

对于秦文化的历史表现,仅仅用超地域予以总结也许还是不够的。"从世界史的角度"估价秦文化的影响,是秦史研究者的责任。秦的统一"是中国文化史上的重要转折点",继此之后,汉代创造了辉煌的文明,其影响,"范围绝不限于亚洲东部,我们只有从世界史的高度才能估价它的意义和价值"。① 汉代文明成就,正是因秦文化而奠基的。

在对于秦文化的讨论中,不可避免地会导入这样一个问题:为什么在战国七雄的历史竞争中最终秦国取胜,为什么是秦国而不是其他国家完成了"统一"这一历史进程?

秦统一的形势,翦伯赞说,"如暴风雷雨,闪击中原",证明"任何主观的企图,都不足以倒转历史的车轮"。② 秦的"统一",有的学者更愿意用"兼并"的说法。这一历史进程,后人称之为"六王毕,四海一"③、"六王失国四海归"④。其实,秦始皇实现的统一,并不仅仅限于黄河流域和长江流域原战国七雄统治的地域,亦包括对岭南的征服。战争的结局,是《史记》卷六《秦始皇本纪》和卷一一

---

① 李学勤:《东周与秦代文明》,第294页。
② 翦伯赞:《秦汉史》,北京大学出版社,1983年,第8页。
③ [唐]杜牧:《阿房宫赋》,《文苑英华》卷四七,[宋]李昉等编:《文苑英华》,中华书局,1966年,第212页。
④ [宋]莫济《次梁安老王十朋咏秦碑韵》:"六王失国四海归,秦皇东刻南巡碑。"[明]董斯张辑:《吴兴艺文补》卷五〇,明崇祯六年刻本,第1103页。

三《南越列传》所记载的桂林、南海、象郡的设立。① 按照贾谊《过秦论》的表述,即"南取百越之地,以为桂林、象郡,百越之君俛首系颈,委命下吏"②。考古学者基于岭南秦式墓葬发现,如广州淘金坑秦墓、华侨新村秦墓,广西灌阳、兴安、平乐秦墓等的判断,以为"说明了秦人足迹所至和文化所及,反映了秦文化在更大区域内和中原以及其他文化的融合","两广秦墓当是和秦始皇统一岭南,'以谪徙民五十万戍五岭,与越杂处'的历史背景有关"。③ 岭南文化与中原文化的融合,正是自"秦时已并天下,略定杨越"④起始。而蒙恬经营北边,又"却匈奴七百余里"⑤。南海和北河方向的进取,使得秦帝国的国土规模远远超越了秦本土与"六王"故地的总和。⑥

对于秦所以能够实现统一的原因,历来多有学者讨论。有人认为,秦改革彻底,社会制度先进,是主要原因。曾经负责《睡虎地秦墓竹简》定稿、主持张家山汉简整理并进行秦律和汉律对比研究的李学勤指出:"睡虎地竹简秦律的发现和研究,展示了相当典型的奴隶制关系的景象","有的著作认为秦的社会制度比六国先进,笔者不能同意这一看法,从秦人相当普遍地保留野蛮的奴隶制关系来看,事实毋宁说是相反"。⑦

秦政以法家思想为指导。法家虽然经历汉初的"拨乱反正"⑧受到清算,又经汉武帝时代"罢黜百家,表章《六经》"⑨"推明孔氏,抑黜百家"⑩,受到正统意

---

① 王子今:《论秦始皇南海置郡》,《陕西师范大学学报》(哲学社会科学版)2017年第1期。
② 《史记》卷六《秦始皇本纪》,第280页。
③ 叶小燕:《秦墓初探》,《考古》1982年第1期。
④ 《史记》卷一一三《南越列传》,第2967页。
⑤ 《史记》卷六《秦始皇本纪》,第280页;《史记》卷四八《陈涉世家》,第1963页。
⑥ 参看王子今:《秦统一局面的再认识》,《辽宁大学学报》(哲学社会科学版)2013年第1期。
⑦ 李学勤:《东周与秦代文明》,第290—291页。
⑧ 《汉书》卷六《武帝纪》,第212页;《汉书》卷二二《礼乐志》,第1030、1035页。《史记》卷八《高祖本纪》:"拨乱世反之正。"第392页。《史记》卷六〇《三王世家》:"高皇帝拨乱世反诸正。"第2109页。
⑨ 《汉书》卷六《武帝纪》,第212页。
⑩ 《汉书》卷五六《董仲舒传》,第2525页。

识形态压抑,但是由所谓"汉家自有制度,本以霸王道杂之,奈何纯任德教,用周政乎"①可知,仍然有长久的历史影响和文化惯性。这说明中国政治史的回顾,有必要思考秦政的作用。

在总结秦统一原因时,应当重视《过秦论》"续六世之余烈,振长策而御宇内"的说法。② 然而秦的统一,不仅仅是帝王的事业,也与秦国农民和士兵的历史表现有关。是各地万千士兵与民众的奋发努力促成了统一。秦国统治的地域,当时是最先进的农业区。直到秦王朝灭亡之后,人们依然肯定"秦富十倍天下"的地位。③ 因农耕业成熟而形成的富足,也构成秦统一的物质实力。

有学者指出,应当重视秦与西北方向的文化联系,重视秦人从中亚地方接受的文化影响。这是正确的意见。但是以为郡县制的实行可能来自西方影响的看法还有待于认真的论证。战国时期,不仅秦国,不少国家都实行了郡县制。有学者指出:"郡县制在春秋时已有萌芽,特别是'县',其原始形态可以追溯到西周。到战国时期,郡县制在各国都在推行。"④秦人接受来自西北的文化影响,应当是没有疑义的。周穆王西行,据说到达西王母之国,为他驾车的就是秦人先祖造父。秦早期养马业的成功,也应当借鉴了草原游牧族的技术。青铜器中被确定为秦器者,据说有的器形"和常见的中国青铜器有别,有学者以之与中亚的一些器物相比"。学界其实较早已经注意到这种器物,以为"是否模仿中亚的风格,很值得探讨"。⑤ 我们曾经注意过秦风俗中与西方相近的内容,秦穆公三十二年(前628),发军袭郑,这是秦人首创所谓"径数国千里而袭人"的长距离远征历史记录的例证。晋国发兵在殽阻截秦军,"击之,大破秦军,无一人得脱者,虏秦三将以归"。⑥ 四年之后,秦人复仇,《左传·文公三年》记载:"秦伯伐晋,济河焚舟,取王官及郊。晋人不出,遂自茅津渡,封殽尸而还。"⑦《史记》卷五《秦本

---

① 《汉书》卷九《元帝纪》,第277页。
② 《史记》卷六《秦始皇本纪》,第280页。
③ 《史记》卷八《高祖本纪》,第364页。
④ 李学勤:《东周与秦代文明》,第289—290页。
⑤ 李学勤:《东周与秦代文明》,第146页。
⑥ 《史记》卷五《秦本纪》,第190—192页。
⑦ 《春秋左传集解》,上海人民出版社,1977年,第434页。

纪》:"缪公乃自茅津渡河,封殽中尸,为发丧,哭之三日。"①《史记》卷三九《晋世家》:"秦缪公大兴兵伐我,度河,取王官,封殽尸而去。"②封,有人解释为"封识之"③,就是筑起高大的土堆以为标识。我们读记述公元14年至公元15年间史事的《塔西佗〈编年史〉》第1卷,可以看到日耳曼尼库斯·凯撒率领的罗马军队进军到埃姆斯河和里普河之间十分类似的情形:"据说伐鲁斯和他的军团士兵的尸体还留在那里没有掩埋","罗马军队在六年之后,来到这个灾难场所掩埋了这三个军团的士兵的遗骨","在修建坟山的时候,凯撒放置第一份草土,用以表示对死者的衷心尊敬并与大家一同致以哀悼之忱"。④ 罗马军队统帅日耳曼尼库斯·凯撒的做法,和秦穆公所谓"封殽尸"何其相像!罗马军人们所"修建"的"坟山",是不是和秦穆公为"封识之"而修建的"封"属于性质相类的建筑形式呢?相关的文化现象还有待于深入考论。但是关注秦文化与其他文化系统之间的联系可能确实是有意义的。

秦代徐市东渡,择定适宜的生存空间定居⑤,或许是东洋航线初步开通的历史迹象。斯里兰卡出土半两钱⑥,似乎可以看作南洋航线早期开通的文物证明。理解并说明秦文化的世界影响,也是丝绸之路史研究应当关注的主题。

"秦史与秦文化研究丛书"系"十三五"国家重点图书出版规划项目,共14种,由陕西省人民政府参事室主持编撰,西北大学出版社具体组织实施。包括以下学术专著:《秦政治文化研究》(雷依群)、《初并天下——秦君主集权研究》(孙闻博)、《帝国的形成与崩溃——秦疆域变迁史稿》(梁万斌)、《秦思想与政治研究》(臧知非)、《秦法律文化新探》(闫晓君)、《秦祭祀研究》(史党社)、《秦礼仪研究》(马志亮)、《秦战争史》(赵国华、叶秋菊)、《秦农业史新编》(樊志民、

---

① 《史记》,第193页。
② 《史记》,第1670页。
③ 《史记》卷五《秦本纪》裴骃《集解》引贾逵曰,第193页。
④ 〔罗马〕塔西佗著,王以铸等译:《塔西佗〈编年史〉》,商务印书馆,1981年,上册,第1卷,第51—52页。
⑤ 《史记》卷一一八《淮南衡山列传》:"徐福得平原广泽,止王不来。"第3086页。
⑥ 查迪玛(A. Chandima):《斯里兰卡藏中国古代文物研究——兼谈古代中斯贸易关系》,山东大学博士学位论文,导师:于海广教授,2011年4月;〔斯里兰卡〕查迪玛·博嘎哈瓦塔、柯莎莉·卡库兰达拉:《斯里兰卡藏中国古代钱币概况》,《百色学院学报》2016年第6期。

李伊波)、《秦都邑宫苑研究》(徐卫民、刘幼臻)、《秦文字研究》(周晓陆、罗志英、李巍、何薇)、《秦官吏法研究》(周海锋)、《秦交通史》(王子今)、《秦史与秦文化研究论著索引》(田静)。

  本丛书的编写队伍,集合了秦史研究的学术力量,其中有较资深的学者,也有很年轻的学人。丛书选题设计,注意全方位的研究和多视角的考察。参与此丛书的学者提倡跨学科的研究,重视历史学、考古学、民族学与文化人类学等不同学术方向研究方法的交叉采用,努力坚持实证原则,发挥传世文献与出土文献及新出考古资料相结合的优长,实践"二重证据法""多重证据法",力求就秦史研究和秦文化研究实现学术推进。秦史是中国文明史进程的重要阶段,秦文化是历史时期文化融汇的主流之一,也成为中华民族文化的重要构成内容。对于秦史与秦文化,考察、研究、理解和说明,是历史学者的责任。不同视角的观察,不同路径的探究,不同专题的研讨,不同层次的解说,都是必要的。这里不妨借用秦汉史研究前辈学者翦伯赞《秦汉史》中"究明"一语简要表白我们研究工作的学术追求:"究明"即"显出光明"。①

王子今
2021 年 1 月 18 日

---

① 翦伯赞:《秦汉史》,第 2 页。

目 录

总　序 ……………………………………………… 1

绪　论 ……………………………………………… 1
 第一节　法律文化界说 ……………………………… 1
 第二节　秦法律文化的特点 ………………………… 2
 第三节　秦法律文化的历史地位与影响 …………… 5

第一章　秦法律文化的渊源 ……………………… 11
 第一节　秦之游牧习俗 …………………………… 11
 第二节　秦立国之后的移风易俗 ………………… 13
 第三节　秦的统一与立法调整 …………………… 16

第二章　秦人的法律文化观念 …………………… 18
 第一节　周文化对秦法律文化的影响 …………… 18
 第二节　商鞅对秦法律文化的影响 ……………… 19
 第三节　申不害思想对秦法律文化的影响 ……… 23
 第四节　韩非子思想对秦法律文化的影响 ……… 26

第三章　秦的法律形式 …………………………… 31
 第一节　律的创制 ………………………………… 31
 第二节　秦令与诏令 ……………………………… 32
 第三节　法律解释 ………………………………… 35
 第四节　其他形式 ………………………………… 37

第四章　秦的刑罚文化

第一节　秦的刑罚概论 …… 43
第二节　刑罚适用上的收孥与连坐 …… 44
第三节　秦的死刑 …… 48
第四节　秦的肉刑与劳役刑 …… 55
第五节　秦的耻辱刑 …… 63
第六节　秦的迁刑与戍边 …… 65
第七节　秦的其他惩罚 …… 68
第八节　秦的购赏 …… 77

第五章　秦的刑罚适用原则

第一节　秦律中的刑事责任 …… 80
第二节　秦律中减轻刑罚的原则 …… 81
第三节　秦律中加重刑罚的原则 …… 86
第四节　秦律中的连坐原则 …… 88

第六章　秦律中的罪名

第一节　秦律中的罪与非罪 …… 93
第二节　秦律中的盗、群盗 …… 97
第三节　秦的杀伤类犯罪 …… 104
第四节　秦的奸非罪 …… 111
第五节　秦的思想言论犯罪 …… 113
第六节　秦的逃亡类犯罪 …… 116
第七节　其他罪名 …… 126

第七章　秦的民事法律与婚姻家庭继承

第一节　民事权利与行为能力 …… 133
第二节　所有权 …… 140
第三节　债权与债务 …… 142
第四节　家庭制度 …… 146

第五节　婚姻 …………………………………………… 148
　　第六节　继承 …………………………………………… 151

第八章　秦的经济法律制度 ………………………………… 154
　　第一节　农业法律制度 ………………………………… 154
　　第二节　林牧业法律制度 ……………………………… 158
　　第三节　手工业法律制度 ……………………………… 163
　　第四节　商业法律制度 ………………………………… 166
　　第五节　货币管理制度 ………………………………… 171
　　第六节　赋税法律制度 ………………………………… 173
　　第七节　财政法律制度 ………………………………… 178

第九章　秦的司法文化 ……………………………………… 182
　　第一节　秦的法官法吏 ………………………………… 182
　　第二节　秦的诉讼文化 ………………………………… 192
　　第三节　秦的审判文化 ………………………………… 197

第十章　秦的司法检验 ……………………………………… 205
　　第一节　秦的检验制度 ………………………………… 205
　　第二节　秦的尸体检验 ………………………………… 211
　　第三节　秦汉时期对疾病的诊验 ……………………… 214
　　第四节　其他司法检验 ………………………………… 215

第十一章　秦的监察法文化 ………………………………… 221
　　第一节　秦的监察思想 ………………………………… 221
　　第二节　秦的监察立法 ………………………………… 225
　　第三节　秦的监察活动 ………………………………… 232

后　记 ………………………………………………………… 239

绪　论

第一节　法律文化界说

文化是一个多义性的概念,这种多义性被中外文化学研究者所认识。文化概念的多义性、歧义性和不确定性,使人很难对其下一个确切的定义,以致许多历史学家、文化学家都不得不放弃对其下定义的打算。

我们研究的法律文化,具体来说,对象主要是法律现象,而法律现象主要表现为法律意识形态、法律制度、组织机构及其派生物(历史、行为、活动等)。刘作翔总结道:"法律文化有两大结构,七个层次。两大结构即法律文化的深层结构与法律文化的表层结构。七个层次是:1.法律心理层次;2.法律意识层次;3.法律思想体系层次;4.法律规范层次;5.法律制度层次;6.法律组织机构层次;7.法律设施层次。这个文化结构图式,实际上是对法律文化概念的深化和具体化。"[①]

用文化的眼光来研究是一种看问题的方法和思维模式,也体现了对世间万物的一种文化关怀。被称为一代"国学大师"的钱穆先生,就曾讲过这样一段话:"我认为今天以后,研究学问,都应该拿文化的眼光来研究。每种学问都是文化中间的一部分。在文化体系中,它所占的地位亦就是它的意义和价值。将来多方面的这样研究配合起来,才能成一个文化结构比较论。"[②]

[①] 刘作翔:《法律文化理论》,商务印书馆,2001年,第150页。
[②] 钱穆:《从中国历史来看中国民族性及中国文化》,(香港)中文大学出版社,1979年,第100页。

第二节　秦法律文化的特点

学术界对于秦法律文化特点及历史地位等较宏观层面问题的论述,大多带有那个时代的历史叙述的特征。如早年从事法律史研究的秦汉史专家林剑鸣教授认为,秦律"法网严密,条目繁杂",但法典化程度较低,"较之《唐律》,在系统、严密和统一方面都有相当距离";适用"轻罪重刑"和严刑酷罚,"在中国封建社会中是最为突出、最为野蛮的,表现了封建刑法初期的特点";在断狱方面,受儒家思想影响较小。[①]

刘海年也曾撰文,认为秦律除具有一般封建法律的共同特征之外,还有许多个性特征,如"法的形式多样,条目繁杂","在经济领域广泛适用法律","刑罚种类多,手段残酷","鼓励奴隶解放,又肯定大量奴隶制残余",等等。[②]

台湾学者吴福助也在《嬴秦法律的特质探析》[③]一文中列举了秦律的十个特点:(1)以法家学派的法治理论为思想指导;(2)以刑律为主,专律为辅,形式多样,体系完备,集春秋战国法典的大成;(3)刑事诉讼程序完备;(4)刑事诉讼文书规范化;(5)刑事勘察检验技术,已达相当的科学水准;(6)刑事侦查审判注重证据,体现"无罪推定"原则;(7)刑罚采用"重刑主义"政策;(8)大量运用奴役性的劳役刑,肉刑式微;(9)经济法规数量庞大,范围广泛;(10)整饬吏治,官吏行政过失多赀以甲盾。

秦律毕竟是大一统中央集权帝制形成时代的律法,仍处于立法探索的阶段,与《唐律》相比,还有诸多不完善之处。

第一,秦律具有较多原创的内容,很多名词术语的秦文化特征明显,或者说是秦国地域特征明显,在统一兼并过程中,秦律与六国法律和文化有激烈冲突。不少名词术语不见于汉以后律法,是历史选择的结果。

---

① 林剑鸣:《秦汉史》第二章第二节,上海人民出版社,2003年,第127—130页。
② 刘海年:《云梦秦简的发现与秦律研究》,《法学研究》1982年第1期。又收入刘海年:《战国秦代法制管窥》,法律出版社,2006年,第57页。
③ 吴福助:《睡虎地秦简论考》,文津出版社,1994年,第1页。

如"祠未阕""盗徙封""赘玉""篋面""臧(赃)人""介人""大误""羊躯"等皆为秦律中的专用术语。有些名词虽为汉律继承,但经魏晋社会变革后,已不见于唐以后律典,如"城旦舂""鬼薪白粲"等。

第二,唐宋律高度成熟发达,整齐划一,而秦律,包括沿袭秦律的汉律则具有早期法律的不成熟之处。这从以下三点可以看出:

1. 唐宋律皆以"诸"字起首,明清律以"凡"字起首。显然明清律中的"凡"由唐宋律"诸"字改变而来。诸,《经词衍释》:"诸,犹'凡'也。"① 杨树达《词诠》:"一切也。总指时用之。""诸""凡"可以互训,都有概莫能外的意思。法律所规定的法律行为具有高度概括性,用"诸"字或"凡"字起首,具有发凡起例的提示作用。而检诸睡虎地秦简,所载秦律未见用"诸"字者,新出的岳麓秦简中则有之,张家山汉简《二年律令》中已经出现以"诸"字起首者,但不多。秦汉令文也有以"诸"字起首,如张家山汉简《津关令》:"诸不幸死家在关外者,关发索之,不宜,其令勿索(索),具为令。"② 岳麓秦简第 1758 号:"令曰:诸有案行县官,县官敢屏匿其所案行事及壅塞止辞者,皆耐之。所屏匿罪当迁若耐以上,以其……"③

2.《唐律》是正刑定罪之法,除《名例律》外,其余十一篇律文都包括罪名、罪状与法定刑三个组成部分。"罪名、罪状与法定刑是刑律(刑法)条文内容的基本结构,同时也是刑律(刑法)法律分类上本质特点的反映。"④ 换句话说,《唐律》是纯粹的刑律。以此标准反观秦律,秦律甚至汉律则未必是单纯的刑律,如睡虎地秦简《效律》《田律》《仓律》《金布律》《关市》《工律》《徭律》《司空》《传食律》《行书》等大部分律文都不涉及罪名,尤其是不涉及相应的刑罚,张家山汉墓竹简《二年律令》中的《复律》《赐律》《田律》《秩律》《爵律》《史律》也是如此。这些早期律文并非完全是"正罪名"的,而恰恰是"存事制"的,秦汉律"驳杂不纯"的特点表现得尤为突出。

顺便一提,关于秦汉律与令的关系与区别,历来说法不一,中外研究者亦莫

---

① [清]吴昌莹:《经词衍释》,中华书局,2003 年,第 167 页。
② 张家山二四七号汉墓竹简整理小组:《张家山汉墓竹简〔二四七号墓〕(释文修订本)》(以下简称《张家山汉墓竹简》),文物出版社,2006 年,第 85 页。
③ 陈松长主编:《岳麓书院藏秦简(伍)》(放大本),上海辞书出版社,2017 年,第 56 页。
④ 钱大群:《唐律研究》,法律出版社,2000 年,第 67 页。

衷一是①。《汉书·杜周传》云:"前主所是著为律,后主所是疏为令。"②事实上,秦汉律令的区别含混不清,远不如唐宋的律令关系那样明确清楚,这也是早期律令的特征之一。

3.《唐律》十二篇之间结构严谨,《名例律》为总则,其余十一篇为分则,《名例律》中规定的原则贯彻于其余十一篇律中,有总有分,收放自如。其余十一篇之间的顺序排列也有讲究,如《卫禁律》放在第二篇,其理由如疏文所说,"敬上防非,于事尤重,故次名例之下,居诸篇之首"③;《职制律》排在第三,"宫卫事了,设官为次,故在卫禁之下"④;《户婚律》排在第四,"既论职司事讫,即户口、婚姻,故次职制之下"⑤;《厩库律》排在第五,"户事既终,厩库为次,故在户婚之下"⑥;等等。各篇依照统治者对被调整社会关系的评价安排顺序。又如,《杂律》起补充作用,防止罪名遗漏,"此篇拾遗补阙,错综成文,班杂不同,故次诈伪之下"⑦;第十一篇《捕亡律》,"此篇以上,质定刑名,若有逃亡,恐其滋蔓,故须捕系,以置疏网,故次杂律之下"⑧;第十二篇《断狱律》,"诸篇罪名,各有类例,讯舍出入,各立章程。此篇错综一部条流,以为决断之法,故承众篇之下"⑨。

《唐律》称得上是一部法典,是由于它结构严谨。刘俊文认为:"唐律始以总则,终以专则,先列事律,后列罪律,是一部内容丰富、体例整严的综合性法典。始以总则、终以专则的结构,反映出唐律在立法技术上已经达致相当高度的水准;先列事律、后列罪律的结构,则表明唐律把调整和强化封建国家的行政管理

---

① 如〔日〕大庭脩:《律令法体系的变迁与秦汉法典》,见〔日〕大庭脩著,林剑鸣等译:《秦汉法制史研究》第一篇第一章,上海人民出版社,1991年,第1页。〔日〕广濑薰雄:《秦汉时代律令辨》,见中国政法大学法律古籍整理研究所编:《中国古代法律文献研究 第七辑》,社会科学文献出版社,2013年,第111页。
② 〔汉〕班固撰,〔唐〕颜师古注:《汉书》卷六〇《杜周传》,中华书局,1962年,第2659页。
③ 岳纯之点校:《唐律疏议》,上海古籍出版社,2013年,第119页。
④ 《唐律疏议》,第148页。
⑤ 《唐律疏议》,第193页。
⑥ 《唐律疏议》,第230页。
⑦ 《唐律疏议》,第409页。
⑧ 《唐律疏议》,第446页。
⑨ 《唐律疏议》,第463页。

放在优先的地位。"①

相对照而言,秦律、汉律远未法典化,孟彦弘在《秦汉法典体系的演变》中认为,随着令的编修和完善,律由开放性体系变成固定和封闭的体系。② 由于学术界对秦律的开放性认识不足,以唐宋法典化来看待秦、汉律,才产生了许多误解。如盲目怀疑《九章律》是否存在,将《二年律令》的二十七篇强行与《九章律》挂钩,当然这些仍不失为学术研究上的有益探讨。

从目前出土文献来看,秦律仍处于初创阶段,很多法律乃因事立法,以单篇行用。由于秦各篇律非同时制定,先后篇目之间缺乏《唐律》的固定顺序。秦律如此,汉律亦如此,《二年律令》即可证明。大约迟至东汉,汉律篇目方较固定,湖南张家界古人堤出土汉律律目当是明证。

第三,秦律奉行重刑主张,刑罚残酷是其明显的缺陷。

《唐六典》卷六"刑部郎中、员外郎"条注云:"商鞅传之,改法为律,以相秦,增相坐之法,造参夷之诛,大辟加凿颠、抽胁、镬烹、车裂之制。"③事实上,凿颠、抽胁、镬烹、囊扑等酷刑并未见诸秦律律文,或为秦始皇因一时雷霆之怒而为之,或为汉儒传闻,但秦律刑罚偏重是不争的事实。

第三节 秦法律文化的历史地位与影响

如何看待秦律的影响,应该有一个具体客观的标准。睡虎地秦简中有《法律答问》,通过自设问答的形式,对法律名词、法律术语、法律条文的含义以及法律适用等问题做出解释。名词与术语的出现,说明秦的法律语言已不同于一般语言,有些术语从字面上已不能识别其精确的义项,故须做出义界的说明。专业术语的出现,显然是为了体现法律规定的严谨、严密,是为了更精准地表达法律条文的意蕴。名词术语本身具有的特殊性和专业性,也反映了秦律的发展程度。

秦律中的名词、术语有很多,从睡虎地秦简中就可看出。根据这些名词、术

---

① 刘俊文:《唐律疏议笺解·序论》,中华书局,1996年,第35页。
② 孟彦弘:《秦汉法典体系的演变》,《历史研究》2005年第3期。
③ [唐]李林甫等撰,陈仲夫点校:《唐六典》,中华书局,1992年,第180页。

语对后世的影响,也就是流传时间的长短,可细分为三类:第一类,仅见于秦律文献,其他典籍中难见踪迹,故整理小组的专家在对这些术语进行注解时,很难从文献中找到近似的用例,其对后世律的影响甚微;第二类,一些名词术语被汉律所承袭,但逐渐被汉之后的律弃绝;第三类,有些名词术语传承很久,一直沿用到明清律。通过分析这些名词术语,我们可以看出秦律对中国传统律的贡献和影响。传承愈久,其历史影响当然就愈大。下面依重要程度来论述。

一 秦律创制的名词和术语

"同居"一词最早应见于睡虎地秦简,有九处之多。《汉书·惠帝纪》:"今吏六百石以上父母妻子与同居,及故吏尝佩将军都尉印将兵及佩二千石官印者,家唯给军赋,他无有所与。"颜师古注:"同居,谓父母、妻子之外若兄弟及兄弟之子等见与同居业者。"①清沈家本《历代刑法考·同居考》认为,"同居"二字始见于惠帝此诏,为汉律名词,而汉人如何解释已不可考。可见,受当时客观条件限制,连沈家本都不知"同居"一词为秦律所创。"同居"一词在秦律中有其特定含义,不能任意解读。睡虎地秦简《法律答问》:"可(何)谓'同居'?户为'同居',坐隶,隶不坐户谓殹(也)。"②"可(何)谓'室人'?可(何)谓'同居'?'同居',独户母之谓殹(也)。'室人'者,一室,尽当坐罪人之谓殹(也)。"③

秦律"同居"一词,虽然界定的是人与人之间的一种法律关系,但往往涉及罪与非罪及是否要负连带法律责任等法律问题。如"盗及者(诸)它罪,同居所当坐"④,就是说盗犯的同居应连坐,不同居则否。而"父子同居,杀伤父臣妾、畜产及盗之,父已死,或告,勿听,是胃(谓)'家罪'"⑤,是说在父子同居的情况下,以上行为构成特殊的"家罪",从轻或免罪。如不同居,则为一般犯罪。"人奴妾盗其主之父母,为盗主,且不为?同居者为盗主,不同居不为盗主"⑥,如与主人父母同居,奴妾盗主人的父母即是盗主,不同居则不构成此罪。

---

① 《汉书》卷二《惠帝纪》,第85—88页。
② 睡虎地秦墓竹简整理小组:《睡虎地秦墓竹简》,文物出版社,1978年,第160页。
③ 《睡虎地秦墓竹简》,第238页。
④ 《睡虎地秦墓竹简》,第160页。
⑤ 《睡虎地秦墓竹简》,第197—198页。
⑥ 《睡虎地秦墓竹简》,第159页。

"同居"一词,不仅汉律沿用,由唐宋到明清的法律也都在使用。沈家本曾对颜师古"同居"注颇有微词,认为他身为唐人而不本《唐律》为说:"漫云同籍同财,《疏议》明言同居不限籍之同异,岂得以同籍为同居之限哉?自当以《疏议》之说为断。"①历代律典虽沿用"同居"一词,但对其的界定与使用,则微有不同。

秦律创制了许多法律名词,有一些如上文所举"同居"一词一样,一直沿用到清律,也有一些名词仅被汉律所继承和沿用,如"城旦""鬼薪""三环"等,还有一些仅见于秦律中,后世法律中未见使用,如"州告""公室告""非公室告"等。

二 秦律的基本原则

《唐律》中有《名例律》,属于定罪量刑的通则,这些原则大都是从唐以前各代法律中继承而来的,对此学界先贤都曾经指出过,如沈家本、徐朝阳等。睡虎地秦墓竹简发现后,也有学者指出有些通则是从秦律中沿袭而来,如日本学者堀毅在《唐律溯源考》一文中认为,唐律"二罪从重"的通则在秦律中已经确立②。

实际上,关于"犯罪自首"的规定亦当为秦律所确立。《汉书·淮南衡山济北王传》:"闻律先自告,除其罪。"沈家本认为,"此《汉律》也,可见此法甚古。汉世必有所承"③。从睡虎地秦简中可知,汉律之规定当承袭自秦律。"《尚书·康诰》:'既道极厥辜,时乃不可杀。'蔡传:'人有大罪,非是故犯,乃其过误,出于不幸,偶尔如此,既自称道,尽输其情,不敢隐匿,罪虽大时,乃不可杀,《舜典》所谓宥过无大也。诸葛孔明治蜀,服罪输情者,虽重必释。其既道极厥辜时乃不可杀之意欤?'"④

"反坐"之法,在《唐律》中主要适用于"诬告"类犯罪。所谓反坐,即"反坐致罪,准前人入罪法。至死而前人未决者,听减一等"⑤。

诬告罪名最早见于秦律,称为"诬人",汉律称"诬告",《汉书·宣帝纪》载,

---

① 〔清〕沈家本撰,邓经元、骈宇骞点校:《历代刑法考·同居考》,中华书局,1985年,第1325页。
② 〔日〕堀毅著,萧红燕等译:《秦汉法制史论考·唐律溯源考》,法律出版社,1988年,第368页。
③ 《历代刑法考·明律目笺》,第1803页。
④ 《历代刑法考·明律目笺》,第1803页。
⑤ 《唐律疏议》,第367页。

宣帝元康四年(68)规定"自今以来,诸年八十以上,非诬告杀伤人,佗皆勿坐"①。沈家本认为"诬告为害人之计画,汉法重之,即八十以上之人亦不在勿坐之列"②。虽然秦汉律中未见"诬告反坐"的明文,但可以推测"诬告反坐"的法律原则最早见于秦律。

"诬告"罪轻重悬殊,有诬告人致死罪乃至灭族者,也有轻罪微不足道者,不能一概而论。其罪名的成立在于所控告之事的虚与实,动机的"端"与"不端"。若所告属实,被告有罪,告人者无罪且有赏;若所告事为虚,被告无辜,告者故意陷人于罪,不能脱身事外,其诬告罪名成立。原告与被告罪名相互对立,"此有彼无"或"此无彼有",而犯罪情节依所告事之轻重而定,诬重则罪重,诬轻则罪轻。秦汉律中的"反其罪"也就是《唐律》中所谓的"反坐"法。诬告死罪,则根据是否论决来定罪。《唐律》云:"至死而前人未决者,听减一等。"张家山汉简《二年律令》:"译讯人为訑(诈)伪,以出入罪人,死罪,黥为城旦舂;它各以其所出入罪反罪之。"③二者显然一脉相承。

三 秦律的立法技术

"与同罪"最早见于秦律,体现了很高的立法技巧,历代律在《名例律》中对其含义、用法均有专门界定。睡虎地秦简《法律答问》:"律曰'与盗同法',有(又)曰'与同罪',此二物其同居、典、伍当坐之。云'与同罪',云'反其罪'者,弗当坐。人奴妾盗其主之父母,为盗主,且不为?同居者为盗主,不同居不为盗主。"④《唐律·名例律》:"诸称反坐及罪之、坐之、与同罪者,止坐其罪。"疏议:"止坐其罪者,谓从反坐以下,并止坐其罪,不同真犯。"⑤唐以后各代对"与同罪"的释义变化不大,如《明律》:"凡称与同罪者,止坐其罪,至死者,减一等,罪止杖一百,流三千里,不在刺字绞斩之律。若受财故纵与同罪者,全科。其故纵谋反叛逆者,皆依本律。"⑥通过对"与同罪"法理类型的分析,可以看出有以下特点:

---

① 《汉书》卷八《宣帝纪》,第258页。
② 《历代刑法考·汉律摭遗》卷六《囚律·告劾》,第1477页。
③ 《张家山汉墓竹简》,第24页。
④ 《睡虎地秦墓竹简》,第159页。
⑤ 《唐律疏议》,第111页。
⑥ 怀效锋点校:《大明律》,法律出版社,1999年,第21页。

首先,"与同罪"的律条规定了"谁"与"谁"同罪。这里涉及两个法律主体,前一个被称为"正犯",后一个在明清律中被称为"被累人"。"与同罪"条就是规定"被累人"与"正犯"同罪,而所谓被累人,"本皆无罪之人,因人连累者也。正犯之罪,轻重不一,连累之罪,准以科之,故有同罪之法"①。也就是说,连累之人与正犯罪本不同,仅因一事而连累,虽轻重不同,但不必另立罪名,准正犯之罪而科之。如张家山汉简《钱律》:"智(知)人盗铸钱,为买铜、炭,及为行其新钱,若为通之……与同罪。"②《史记·酷吏列传》:"汤欲致其文丞相见知,丞相患之。"裴骃《集解》:"张晏曰:'见知故纵,以其罪罪之。'"③

其次,"与同罪"条中之正犯为主动犯,被连累者为消极犯,故称"被累人"。一般先有"正犯",后有被累人。清代律学家总结了"与同罪"的三种类型,"有知而不举者,有知而听行者,有知情故纵者。揆之情法,虽应同科其罪,而究其致罪之由,则有差别"④,都是消极地"不作为"类型的犯罪。秦代"与同罪"的法条于睡虎地秦简中未见,《史记·秦始皇本纪》中有一条记载:"臣请史官非秦记皆烧之。非博士官所职,天下敢有藏《诗》、《书》、百家语者,悉诣守、尉杂烧之。有敢偶语《诗》《书》者弃市。以古非今者族。吏见知不举者与同罪。"⑤

《墨子·备城门》以下被认为是后期墨家作品,其中所载法令多为秦国之法令。⑥《墨子·号令》:"城上卒若吏各保其左右,若欲以城为外谋者,父母、妻子、

---

① [清]沈之奇撰,怀效锋、李俊点校:《大清律辑注》,法律出版社,2000年,第109页。
② 《张家山汉墓竹简》,第36页。
③ [汉]司马迁撰,[南朝宋]裴骃集解,[唐]司马贞索隐,[唐]张守节正义:《史记》卷一二二《酷吏列传》,中华书局,1959年,第3142—3143页。
④ 《大清律辑注》,第109页。
⑤ 《史记》卷六《秦始皇本纪》,第255页。
⑥ 苏时学:"若《号令》篇所言令丞尉、三老、五大夫、太守、关内侯、公乘,皆秦时官,其号令亦秦时法,而篇首称王,更非战国以前人语,此盖出商鞅辈所为,而世之为墨学者取以益其书也。倘以为墨子之言,则误矣。"见孙诒让《墨子间诂》第586页。蒙文通:"自《备城门》以下诸篇,备见秦人独有之制,何以谓其不为秦人之书?"岑仲勉:"今考此十一篇内所记官称,如役司马、都司空、次司空、丞、校、亭尉、门尉、县候、中涓等,参据明董说《七国考》,尚未见于其他六国,城旦之刑亦然,因此,认为这几篇最少一部分是秦人所写,殆已毫无疑问。亦唯如此而后它的文体何以与战国时东方齐鲁、三晋的作风不同,才得到合理解释。"见岑仲勉撰:《墨子城守各篇简注·再序》,中华书局,2004年。

同产皆断。左右知不捕告,皆与同罪。"①

第三,正犯罪重而被累人罪轻。"被累人"所犯之罪往往在律中无适当之罪名,但与正犯所犯罪行相关联,因而"此之所犯,即照彼之罪名科之",实际上是以正犯罪名为参照而定被累人罪之轻重、刑之轻重,也就是古人所说"上下比罪"在立法中的体现。明清律学家普遍认同明清律中凡"称'准'即与同罪之义",也一致认为"与同罪"者并非真犯,即不构成本罪名,王明德说:"准者,与真犯有间矣。"又说:"准者,用此准彼也。所犯情与事不同,而迹实相涉,算为前项所犯,惟合其罪而不概如其实,故曰准。"②

第四,律典设立与正犯"同罪"的条款,不只是为了科罪的需要,更重要的是为了量刑上的需要。既与正犯相关联,又能在量刑上区别对待。"揆之情法,虽应同科其罪,而究其致罪之由,则有差别,故正犯至死者,同罪之人减一等,罪止杖一百、流三千里,不在斩绞之律。若正犯系盗,止科其罪,不在刺字之律。"③可见,"与同罪"在量刑上要轻,一般无死刑,亦不刺字。

第五,在有所区别的前提下,同罪者在定罪量刑的幅度上随正犯罪之有无、刑之轻重而定。《读律佩觿》:"同罪者,同有罪也。按旧律官吏犯赃,与受同罪。官吏计赃,照各本律致罪矣。若与者,则按以有事以财行求律,坐赃论,折半科罪。此律中所谓同罪也,新律改为与受财人罪同,则有事以财行求之律,似乎可削矣。然又有断断不可削者,如犯罪人有事,以财行求,而有司官吏,举首到官,则并无受财之人矣。其与财者,又将与何人罪同?是新例人有所不能行,则舍行求之律,别无所为致罪之法矣。"④

---

① [清]孙诒让撰,孙启治点校:《墨子间诂》下,中华书局,1986年,第557页。
② [清]王明德撰,何勤华等点校:《读律佩觿》,法律出版社,2001年,第5页。
③ 《大清律辑注》,第109—110页。
④ 《读律佩觿》,第40页。

第一章 秦法律文化的渊源

第一节 秦之游牧习俗

《史记·秦本纪》:"秦之先,帝颛顼之苗裔孙曰女脩,女脩织,玄鸟陨卵,女脩吞之,生子大业。"张守节《正义》:"《列女传》云:'陶子生五岁而佐禹。'曹大家注云:'陶子者,皋陶之子伯益也。'按:此即知大业是皋陶。"①如果曹大家所言属实,秦之先祖大业即皋陶,那么秦人就有着悠久的法律传统。

秦之先世善畜牧,经济生活方式为游牧狩猎,此多见于文献记载,为不争的历史事实。早在舜帝时,其先祖大费就以"驯鸟兽"而著名,"佐舜调驯鸟兽,鸟兽多驯服,是为柏翳。舜赐姓嬴氏"②。

到夏商之际,"去夏归商,为汤御,以败桀于鸣条。大廉玄孙曰孟戏、中衍,鸟身人言。帝太戊闻而卜之使御,吉,遂致使御而妻之"③。

西周时,秦人又沦为周之附庸,长期为周天子养马。周穆王时,"造父以善御幸于周缪王,得骥、温骊、骅骝、騄耳之驷,西巡狩,乐而忘归。徐偃王作乱,造父为缪王御,长驱归周,一日千里以救乱"④。

周孝王时,"非子居犬丘,好马及畜,善养息之。犬丘人言之周孝王,孝王召使主马于汧渭之间,马大蕃息。孝王欲以为大骆適嗣。申侯之女为大骆妻,生子

---

① 《史记》卷五《秦本纪》,第173页。
② 《史记》卷五《秦本纪》,第173页。
③ 《史记》卷五《秦本纪》,第174页。
④ 《史记》卷五《秦本纪》,第175页。

成为適。申侯乃言孝王曰：'昔我先郦山之女，为戎胥轩妻，生中潏，以亲故归周，保西垂，西垂以其故和睦。今我复与大骆妻，生適子成。申骆重婚，西戎皆服，所以为王。王其图之。'于是孝王曰：'昔伯翳为舜主畜，畜多息，故有土，赐姓嬴。今其后世亦为朕息马，朕其分土为附庸。'邑之秦，使复续嬴氏祀，号曰秦嬴"①。

秦人善畜牧狩猎，与其所居处的地理环境有密切关系。其地多山丘草地林木，并与游牧的西戎杂处，自然环境及社会因素使秦人习俗与西戎无异。《汉书·地理志》："天水、陇西，山多林木，民以板为室屋。及安定、北地、上郡、西河，皆迫近戎狄，修习战备，高上气力，以射猎为先。故《秦诗》曰'在其板屋'，又曰'王于兴师，修我甲兵，与子偕行'。及《车辚》《四载》《小戎》之篇，皆言车马田狩之事。"②

秦人早期有哪些风俗习惯，历史文献没有明确记载。但可以肯定，秦人的风俗习惯与其生活环境、生活方式息息相关，有些习惯在之后的生活中被保留下来，甚至上升为法律。如睡虎地秦简《法律答问》载："'者（诸）侯客来者，以火炎其衡厄（轭）。'炎之可（何）？当者（诸）侯不治骚马，骚马虫皆丽衡厄（轭）鞅辕軜，是以炎之。"③长期的游牧生活使他们对养马积累了丰富的经验，他们意识到寄生虫对牛马的危害，并通过火燎的办法予以解决，这应该是秦人的生活经验被上升为法律的例证。

睡虎地秦简《法律杂抄》中还有一条"公车司马猎律"："射虎车二乘为曹。虎未越泛薛，从之，虎环（还），赀一甲。虎失（佚），不得，车赀一甲。虎欲犯，徒出射之，弗得，赀一甲。豹䝙（遂），不得，赀一盾。"④这显然是秦人狩猎活动中形成的纪律，并一直遵守。

此外，还有一些所谓的"戎翟之教"，如《史记·商君列传》"父子无别，同室而居"，《春秋穀梁传》"（秦）徒乱人子女之教，无男女之别"。《后汉书·西羌传》："昭王立，义渠王朝秦，遂与昭王母宣太后通，生二子。至王赧四十三年，宣

---

① 《史记》卷五《秦本纪》，第 177 页。
② 《汉书》卷二八下《地理志》，第 1644 页。
③ 《睡虎地秦墓竹简》，第 227—228 页。
④ 《睡虎地秦墓竹简》，第 140 页。参看曹旅宁：《秦律新探·秦律探源·从秦简〈公车司马猎律〉看秦律的历史渊源》，中国社会科学出版社，2002 年，第 19—33 页。

太后诱杀义渠王于甘泉宫,因起兵灭之,始置陇西、北地、上郡焉。"①蒙文通云:"宣后义渠之事,于华夏为异闻。在秦人视之,敌国君后为婚媾,倘为见惯。"②《后汉书·郑太传》:"关西诸郡,颇习兵事,自顷以来,数与羌战,妇女犹戴戟操矛,挟弓负矢。"③蒙文通:"自陇以西,妇人任战之习,汉末犹然。秦起汧渭之首,当战国之世,决有此俗,夫复何疑。"④

蒙文通甚至认为"秦为戎族",不但男女无别,亦且"贱嫡贵仲",无嫡庶之别,他说:"《春秋·昭五年》秋:'秦伯卒。'《公羊传》曰:'何以不名?秦者夷也,匿嫡之名也。其名何?嫡得之也。'何氏《解诂》曰:'嫡子生,不以名,令于四境择勇猛者而立之,独礜稻以嫡得立,故名也。'马长寿君谓:贱嫡贵次,为由母系社会过渡至父系社会必有之现象。秦人匿嫡,正此故耳。……秦贱嫡故贵仲,其在春秋,秦嫡之得立者仅二人。由战国至始皇,嫡仲之争亦每见。则贵嫡为东方之习,不足语于秦也。"⑤秦人早期的习惯和他们的谋生方式有着密切关系,受生活的自然环境和社会生产方式影响,有其内在合理性,为了生存不得不如此。⑥

第二节 秦立国之后的移风易俗

据《史记·秦本纪》载,周平王东迁,秦襄公领兵护送,周平王"赐之以岐西之地。曰:'戎无道,侵夺我岐、丰之地,秦能攻逐戎,即有其地。'……三年,文公以兵七百人东猎。四年,至汧渭之会……即营邑之"⑦。

---

① [宋]范晔撰,[唐]李贤等注:《后汉书》卷八七《西羌传》,中华书局,1965 年,第 2874 页。
② 蒙文通:《古史甄微·秦之社会》,巴蜀书社,1999 年,第 219 页。
③ 《后汉书》卷七〇《郑孔荀列传》,第 2258 页。
④ 《古史甄微·秦之社会》,第 219 页。
⑤ 《古史甄微·秦之社会》,第 219—220 页。
⑥ 孟德斯鸠曾说:"法律和各民族谋生的方式有着非常密切的关系。""法律应该和国家的自然状态有关系;和寒、热、温的气候有关系;和土地的质量、形势与面积有关系;和农、猎、牧各种人民的生活方式有关系。"见《论法的精神》上册,商务印书馆,1961 年,第 284 页、7 页。
⑦ 《史记》卷五《秦本纪》,第 179 页。

秦人进入关中的农业区,开始了农耕生活,但长时间内仍保留着以前游猎放牧的传统和习俗,如秦穆公仍于岐下牧马。祭祀仍遵从西戎旧俗,与中原迥然不同,如"襄公于是始国,与诸侯通使聘享之礼,乃用骊驹、黄牛、羝羊各三,祠上帝西畤"①。商鞅变法时,秦国"初为赋"。《史记集解》引徐广曰:"制贡赋之法也。"《史记索隐》引谯周云:"初为军赋也。"②大概之前没有此法,沿用旧俗。

可见,直到商鞅变法以前,秦人的旧俗仍然大量保留,因此中原诸侯多以"秦僻在雍州,不与中国诸侯之会盟,夷翟遇之"③。

秦人从游牧过渡到农业,法律成了生活所必需,孟德斯鸠说:"一个从事商业与航海的民族比一个只满足于耕种土地的民族所需要的法典,范围要广得多。从事农业的民族比那些以牧畜为生的民族所需要的法典,内容要多得多。从事牧畜的民族比以狩猎为生的民族所需要的法典,内容那就更多了。"④

事实上,秦人立国后就开始设立国家的各种典章制度,《史记·秦本纪》载"初有史以纪事",文公二十年(前746)"法初有三族之罪",武公三年(前688)依法"诛三父等而夷三族",穆公时,对食善马之三百多野人由"吏逐得,欲法之",等等,都说明秦国开始明确立法,并以法律御众。

秦国早期法律有两个渊源,一是由秦的早期习惯风俗、生活经验、生产纪律等转化而来,一是进入周人故地后承袭了周人的一些礼俗文化,如祭礼、谥法等⑤。秦国早期的法律实际上是以秦人传统习惯和承袭的周人礼俗为基础的。

秦国早期的习惯法律存在着很多的问题,这是孝公之所以要急切变法的原因。《韩非子·奸劫弑臣》:"古秦之俗,君臣废法而服私,是以国乱兵弱而主卑。商君说秦孝公以变法易俗而明公道,赏告奸,困末作而利本事,当此之时,秦民习

---

① 《史记》卷五《秦本纪》,第179页。
② 《史记》卷五《秦本纪》,第203—204页。
③ 《史记》卷五《秦本纪》,第202页。
④ 〔法〕孟德斯鸠著,张雁深译:《论法的精神》上册,商务印书馆,1961年,第284页。
⑤ 据传谥法为周公所作。秦国从襄公立国就开始使用谥法,后来被秦始皇废止。《史记·始皇本纪》:"制曰:'朕闻太古有号毋谥,中古有号,死而以行为谥。如此,则子议父,臣议君也,甚无谓,朕弗取焉。自今已来,除谥法。朕为始皇帝。后世以计数,二世三世至于万世,传之无穷。'"

故俗之有罪可以得免,无功可以得尊显也,故轻犯新法。"①蒋礼鸿:"据韩非之说,则卖官冀迁,孝公前非不可有。韩非纵有夸饰,当亦不能尽诬。"②

商鞅变法,实质上是秦国历史上一次大规模的"移风易俗",是对秦人旧俗、旧礼、旧法的一次彻底改造。其主要内容是"耕战",即"内务耕稼,外劝战死之赏罚"。"耕稼"意味着彻底放弃以往的狩猎、游牧等落后的生活方式和习惯,以较先进的农业"耕稼"为主要生活方式。"废井田,开阡陌"就是对旧有土地制度的改造和创新,使秦国的耕稼更具活力。从出土的青川秦牍《为田律》及龙岗秦简的内容都可以看出来,这些做法非秦之旧俗,亦非周的传统,自然遭到一些人的反对,如"甘龙、杜挚等弗然,相与争之"③。这次变法是一次彻底的社会变革,使秦国法律制度焕然一新,也使秦的国力大增。

以贾谊为代表的汉儒对商鞅变法持批评的态度,他说:"商君遗礼义,弃仁恩,并心于进取,行之二岁,秦俗日败。故秦人家富子壮则出分,家贫子壮则出赘。借父耰锄,虑有德色;母取箕帚,立而谇语。抱哺其子,与公并倨;妇姑不相说,则反唇而相稽。其慈子耆利,不同禽兽者亡几耳。然并心而赴时,犹曰蹶六国,兼天下。"④不可否认,商鞅变法对秦的风俗的因势利导,更加背离了儒家的价值标准,但事实上也为秦国"蹶六国,兼天下"打下了坚实基础。

《荀子·强国篇》:"应侯问孙卿子曰:'入秦何见?'孙卿子曰:'……入境,观其风俗,其百姓朴,其声乐不流污,其服不挑,甚畏有司而顺,古之民也。及都邑官府,其百吏肃然,莫不恭俭敦敬,忠信而不楛,古之吏也。入其国,观其士大夫,出于其门,入于公门,出于公门,归于其家,无有私事也。不比周,不朋党,倜然莫不明通而公也,古之士大夫也。观其朝廷,其间听决百事不留,恬然如无治者,古之朝也。故四世有胜,非幸也,数也。是所见也。故曰:佚而治,约而详,不烦而功,治之至也。秦类之矣。虽然,则有其諰矣,兼是数具者而尽有之,然而县之以王者之功名,则倜倜然其不及远矣。是何也?则其殆无儒邪!故曰:粹而王,驳而霸,无一焉而亡。此亦秦之所短也。'"⑤

---

① 梁启雄:《韩子浅解》,中华书局,1960年,第105—106页。
② 蒋礼鸿:《商君书锥指·叙》,中华书局,1986年,第2页。
③ 《史记》卷五《秦本纪》,第203页。
④ 《汉书》卷四八《贾谊传》,第2244页。
⑤ 王先谦:《荀子集解》,中华书局,1981年,第202—203页。

商鞅变法也使急功近利的法家思想成了秦文化的主色调。众所周知,法家人物非秦地出生,其思想及文化亦非秦之本土文化。但从商鞅变法开始,法家对秦国原有法律进行了改造,法家思想成了秦律的主导思想。

第三节 秦的统一与立法调整

在秦统一之前,秦的政治精英已做了政治思想上的准备,如吕不韦早就主张"必同法令,所以一心也""故一则治,异则乱;一则安,异则危"①。随着秦国不断扩张,秦军铁蹄所踏之处无不被纳入秦帝国版图,秦的法吏和法律也随之建立。沈家本说:"春秋战国之时,诸侯各自为法令,势难统一。秦并天下,改封建为郡县,法令遂由一统,当必有统一法令之书。"②睡虎地秦简在楚国故地被发现,本身就说明秦吏带来的秦律已然取代了楚国的法律。以南郡守腾和墓主人"喜"为代表的秦国官员和法吏正忙于颁布法律令及须贯彻执行的文告,改变楚国的故有法律及顽固的风俗习惯。

实际上,当时的统治者对在原六国故土推行秦律所遇到的阻力有充分的预估和思想准备,并采取了强有力的对策。如南郡守腾发布的文书说:"民各有乡俗,其所利及好恶不同,或不便于民,害于邦。"③说明他意识到推行秦法政的阻力来自不同的习俗和文化。面对"今法律令已具矣,而吏民莫用,乡俗淫失(泆)之民不止"及"今法律令已布,闻吏民犯法为间私者不止,私好、乡俗之心不变"④的情形,南郡守腾采用了高压的手段,并加大执行的力度,"今且令人案行之,举劾不从令者,致以律,论及令、丞"⑤,即不断派人巡查,并追究地方官的法律责任。

随着六国被扫灭,秦律已然由诸侯国的地域性法律演化为大一统王朝的

---

① [汉]高诱注,[清]毕沅校,徐小蛮标点:《吕氏春秋·审分览·不二》,上海古籍出版社,2014年,第404页。
② 《历代刑法考》第二册《律令二》,第848页。
③ 《睡虎地秦墓竹简》,第15页。
④ 《睡虎地秦墓竹简》,第15页。
⑤ 《睡虎地秦墓竹简》,第16页。

法律。

  秦王朝法律的发展和演变，大抵可分为前后两个阶段。前一阶段是秦始皇二十六年至三十三年（前221—前214），在这七八年里，秦始皇在完成军事统一的基础上，进一步进行政治、经济、思想、文化方面的统一，颁行了一系列新法律，如实行郡县制、销兵铸金人、统一度量衡、统一文字等，并在全国各地普遍实施。此外也颁布了关于皇帝尊号、皇帝制诏以及除谥法等中央集权制的君主专制政治制度中关于加强君权、维护君主地位的法律。这期间，就刑法制度而言，似乎依然奉行秦国传统的刑律，并没有比以前增添什么新的内容。后一阶段即秦始皇三十四年至三十七年（前213—前210），这三四年间是秦法律的转变期。以三十四年李斯请焚书为导火线，先后颁布焚书令、挟书令，禁止法家以外其他学派的活动与存在，对谈论《诗》《书》和援古非今等罪确定了量刑标准，并对侵犯君主尊严及人身安全等的谋反罪、诽谤罪、诅咒罪等大规模地处以族议，"更为法律""用法益刻深"，又采纳李斯的督责之术，实施司法镇压，并增加"失期法皆斩"之类的苛法，使得"秦法繁于秋荼，而网密于凝脂"①，更趋于暴虐淫滥，最终导致庞大的法治王朝的覆亡。

  综上所述，秦律是中华法系的第一部律，具有原发性。秦以后历代王朝的律实际上都是对前一王朝成型法律的继承，而秦律则是从秦人的本土文化中破土而出、茁壮成长起来的。秦人立国后，秦人的习惯法开始成文化，并先后吸收了周人的礼法文化以及三晋地区的法文化，改法为律，成为当时最先进的法文化，并在一统天下的过程中，由地方性的法律转化为大一统中央集权王朝的法律。

---

  ① ［汉］桓宽撰，王利器校注：《盐铁论校注·刑德》，中华书局，1992年，第565页。

第二章 秦人的法律文化观念

第一节 周文化对秦法律文化的影响

秦人自襄公立国以后,进入关中。而关中为周人的传统农业区,盛行周之礼乐文化。秦人作为一个落后的游牧民族,如何对待先进的周文化,周文化又在多大程度上影响了秦文化乃至秦的法律文化呢?《毛诗序》云:"《蒹葭》,刺襄公也。未能用周礼,将无以固其国焉。"《郑笺》曰:"秦处周之旧土,其人被周之德教日久矣,今襄公新为诸侯,未习周之礼法,故国人未服焉。"蒙文通说:"三代之文,于周为最,酆鄗旧京,尤礼义德教所从出。及秦有关中,而虞夏商周之化扫地以尽,岂无故哉?鲁仲连曰:'彼秦者,弃礼义而尚首功之国也,权使其士,虏使其民,彼即肆然而为帝,过而为政于天下,则连有蹈东海而死耳,吾不忍为之民也。'殆以戎、夏之不并立,俗化之不两容,仲连之所为慷慨者,正以激于种族之悲、而文化之痛故也。"①

蒙文通先生目光如炬,秦文化摈弃礼义,崇尚功利,但秦人在进入周人故地后,未尝没有受到周礼文化的影响而简单模仿学习之。如殉葬制度为秦文化所本无,武公二十年(前678),"武公卒,葬雍平阳。初以人从死,从死者六十六人"②。穆公"三十九年,缪公卒,葬雍。从死者百七十七人,秦之良臣子舆氏三人名曰奄息、仲行、鍼虎,亦在从死之中。秦人哀之,为作歌《黄鸟》之诗"③。"献

---

① 《古史甄微·秦之社会》,第 217 页。
② 《史记》卷五《秦本纪》,第 183 页。
③ 《史记》卷五《秦本纪》,第 194 页。

公元年,止从死"①。

秦穆公时,"戎王使由余于秦"。"秦缪公示以宫室、积聚。由余曰:'使鬼为之,则劳神矣。使人为之,亦苦民矣。'缪公怪之,问曰:'中国以诗书礼乐法度为政,然尚时乱,今戎夷无此,何以为治,不亦难乎?'由余笑曰:'此乃中国所以乱也。夫自上圣黄帝作为礼乐法度,身以先之,仅以小治。及其后世,日以骄淫。阻法度之威,以责督于下,下罢极则以仁义怨望于上,上下交争怨而相篡弑,至于灭宗,皆以此类也。夫戎夷不然。上含淳德以遇其下,下怀忠信以事其上,一国之政犹一身之治,不知所以治,此真圣人之治也。'"②

秦穆公对由余夸示"宫室、积聚",而由余惊叹"使鬼为之,则劳神矣。使人为之,亦苦民矣",可见穆公时宫室之壮丽远非早期简陋之"板屋"可比,积聚也多,居然以"中国"自视,可见秦人对周文化、中原先进文化是艳羡的。

第二节　商鞅对秦法律文化的影响

桓谭《新论》:"魏文侯师李悝,著《法经》,以为王者之政,莫急于盗贼。故其律始于《盗》《贼》,盗贼须劾捕,故著《囚》《捕》二篇。其轻狡、越城、博戏、假借、不廉、淫侈、逾制为《杂律》一篇。又以《具律》具其加减,所著六篇而已。卫鞅受之,入相于秦。是以秦、魏二国,深文峻法相近。"③

桓谭认为秦律受了魏国《法经》的影响,因此"秦、魏二国,深文峻法相近"。实际上不仅如此,以商鞅为代表的三晋法家文化对秦文化产生了重大影响。董仲舒曾指出,秦"师申商之法,行韩非之说,憎帝王之道,以贪狼为俗,非有文德以教训于下也。诛名而不察实,为善者不必免,而犯恶者未必刑也。是以百官皆饰虚辞而不顾实,外有事君之礼,内有背上之心,造伪饰诈,趣利无耻;又好用憯酷之吏,赋敛亡度,竭民财力,百姓散亡,不得从耕织之业,群盗并起。是以刑者

---

① 《史记》卷五《秦本纪》,第201页。
② 《史记》卷五《秦本纪》,第192—193页。
③ [汉]桓谭撰,朱谦之校辑:《新辑本桓谭新论》,中华书局,2009年,第5页。

甚众,死者相望,而奸不息,俗化使然也"①。

关于商鞅思想的学术渊源,《史记·商君列传》云:"商君者,卫之诸庶孽公子也,名鞅,姓公孙氏,其祖本姬姓也。鞅少好刑名之学,事魏相公叔座(痤)为中庶子。"②而卫国为殷文化的重镇,是西周灭商以后为安置殷遗民而建立的。《史记·周本纪》:"颇收殷余民,以封武王少弟封为卫康叔。"③《史记·管蔡世家》:"而分殷余民为二:其一封微子启于宋,以续殷祀;其一封康叔为卫君,是为卫康叔。"④而殷的法律文化高度发达,具有鲜明特色,因此,蒋礼鸿认为:"商君者,盖尝学殷道,而变本加厉,以严罚壹其民者也。《书》称殷罚有伦,罚蔽殷彝;荀卿言刑名从商。刑罚之起虽自远古,要其有伦有彝,则始殷时。李斯上二世书、刘向《说苑》并云商君之法刑弃灰于道者,而韩非书以此为殷法。非说为后人所不信,然观《礼·表记》称殷人先罚而后赏,其民之弊,荡而不静,胜而无耻,则殷罚固重,韩非之说不尽为诬,而商君之严刑当即滥觞于殷法也。"⑤

商鞅认为,"神农既没,以强胜弱,以众暴寡,故黄帝作为君臣上下之义、父子兄弟之礼、夫妇妃匹之合,内行刀锯,外用甲兵,故时变也。由此观之,神农非高于黄帝也,然其名尊者,以适于时也"⑥。法律是历史的产物,而且法律并非一成不变。古代帝王都是"各当时而立法,因事而制礼,礼法以时而定,制令各顺其宜",因此"治世不一道,便国不必法古"。⑦

基于以上认识,商鞅从壮大秦国力量出发,认为必须富国强兵。为了富国强兵,商鞅主张必须实行"法治",具体内容即"壹赏""壹刑""壹教"。

所谓"壹赏",就是指赏赐只能施于有功于农战和告奸的人,要求"利禄官爵抟出于兵,无有异施也"⑧。坚持"国以功授官予爵",而"不滥富贵其臣",做到

---

① 《汉书》卷五六《董仲舒传》,第 2510—2511 页。
② 《史记》卷六八《商君列传》,第 2227 页。
③ 《史记》卷四《周本纪》,第 132 页。
④ 《史记》卷三五《管蔡世家》,第 1565 页。
⑤ 《商君书锥指·叙》,第 1 页。
⑥ 《商君书锥指·画策》,第 107 页。
⑦ 《商君书锥指·更法》,第 4—5 页。
⑧ 《商君书锥指·赏刑》,第 96 页。

"有功者显荣,无功者虽富无所芬华"①。为了奖励军功,商鞅还重订军功爵二十级,斩得敌人甲士首一级,即赐爵一级。按照爵位高低授予种种特权,包括犯罪也可减刑的特权,这在《游士律》中有所反映,"有为故秦人出,削籍,上造以上为鬼薪,公士以下刑为城旦"②。帮助秦人出境,或除去名籍的,上造以上罚为鬼薪,公士以下刑为城旦。

所谓"壹刑",是指"刑无等级,自卿相、将军以至大夫、庶人,有不从王令,犯国禁,乱上制者,罪死不赦"③。法是天下之公器,适用法律必须一律平等。商鞅坚决贯彻这一用刑原则,因为这是关系"法治"能否实行、国家能否富强的关键。商鞅在总结前人推行"法治"经验的基础上得出一条教训,就是"法之不行,自上犯之"。因此一反过去"刑不上大夫"的旧传统,执法雷厉风行。秦孝公太子犯法。鞅曰:"法之不行,自上犯之。"要以法来惩办太子。因为太子为君嗣,不可施刑,"刑其傅公子虔,黥其师公孙贾。明日,秦人皆趋令"④。

需要注意的是,"刑过不避大臣,赏善不遗匹夫"⑤主要是指适用法律的原则。这一原则与等级制度并不根本对立,当时的法律本身就有维护等级制度、下不僭上的规定,秦律的许多条款也体现出对等级和地位高的人的优待。

所谓"壹教",是指取缔一切不符合法令、不利于农战的思想言论。商鞅把他认为不利于农战的"礼乐、《诗》《书》、修善、孝弟、诚信、贞廉、仁义、非兵、羞战"说成是"六虱",反对"国以六虱授官予爵"⑥,并不许"私议",实际上就是要用法家所主张的法令来统一思想,取缔其他各家特别是儒家思想,甚至发展到"燔诗书而明法令",要在意识形态领域实行文化的大一统。

商鞅的法治概括起来就是重刑厚赏,就是充分利用人性的弱点来驱策百姓为秦国的富国强兵来效力。法家认为赏罚之所以有效,即在于人都有"好利恶害"的本性。这种人性论正是法家主张"法治"的主要理论根据。商鞅多次谈到

---

① 《史记》卷六八《商君列传》,第 2230 页。
② 《睡虎地秦墓竹简》,第 130 页。
③ 《商君书锥指·赏刑》,第 100 页。
④ 《史记》卷六八《商君列传》,第 2231 页。
⑤ 《韩子浅解·有度》,第 41 页。
⑥ 《商君书锥指·靳令》,第 79—80 页。

"民之性,饥而求食,劳而求佚,苦则索乐,辱则求荣"①。在此人性论基础上,通过刑过与赏善来掌控和驱使百姓,"夫过有厚薄,则刑有轻重;善有大小,则赏有多少。此二者世之常用也"②。正因为人性"好爵禄而恶刑罚",所以就赏善罚过,用奖赏的办法来鼓励他们努力从事农战,用惩罚的办法来制止他们去做有害于农战的事情。所以"刑赏"是治国的"二柄"。

商鞅还论述了实行厚赏重刑的理由和目的:"夫刑者所以夺禁邪也,而赏者所以助禁也。羞辱劳苦者,民之所恶也;显荣佚乐者,民之所务也。故其国刑不可恶(刑罚不被人憎恶),而爵禄不足务也(爵禄不被人追求),此亡国之兆也。"③"夫利天下之民者莫大于治,而治莫康于立君。立君之道,莫广于胜法。胜法之务,莫急于去奸。去奸之本,莫深于严刑。故王者以赏禁,以刑劝,求过不求善,藉刑以去刑。"④

商鞅反对"重重而轻轻"的用刑原则,宣扬"重刑轻罪"说:"故行刑重其轻者,轻者不生,则重者无从至矣。此谓治之于其治也。行刑重其重者,轻其轻者,轻者不止,则重者无从止矣。此谓治之于其乱也。故重轻,则刑去事成,国强;重重而轻轻,则刑至而事生,国削。"⑤

通过"重刑"达到"无刑""去刑"和预防犯罪的社会效果:"重刑,连其罪,则民不敢试。民不敢试,故无刑也。夫先王之禁,刺杀,断人之足,黥人之面,非求伤民也,以禁奸止过也。故禁奸止过,莫若重刑。刑重而必得,则民不敢试,故国无刑民。国无刑民,故曰:明刑不戮。"⑥

只有重刑驱民,才可以国强民勇。"以刑去刑,国治;以刑致刑,国乱。故曰:行刑重轻,刑去事成,国强;重重而轻轻,刑至事生,国削。刑生力,力生强,强生威,威生惠,惠生于力。举力以成勇战,战以成知谋。"⑦"民勇,则赏之以其所

---

① 《商君书锥指·算地》,第45页。
② 《商君书锥指·开塞》,第57页。
③ 《商君书锥指·算地》,第49页。
④ 《商君书锥指·开塞》,第58页。
⑤ 《商君书锥指·说民》,第37页。
⑥ 《商君书锥指·赏刑》,第101页。
⑦ 《商君书锥指·去强》,第32页。

欲；民怯，则杀之以其所恶。故怯民使之以刑则勇，勇民使之以赏则死。"①

商鞅认为道德教化不但于治国无用，反会助长奸邪。小罪不断，以致大罪不止，即所谓"以刑至刑"。而法家主张重刑，"民莫敢非"，就可以达到"刑措不用"的效果，是最好的治国之法。

商鞅反对"刑加于罪所终，则奸不去；赏施于民所义，则过不止。刑不能去奸而赏不能止过者，必乱"，主张"刑用于将过"。把刑罚用在将要犯罪的时候，可谓预防刑，即对预谋犯、预备犯、未遂犯、轻微违法行为，都要进行处罚。商鞅说："故王者刑用于将过，则大邪不生。"②

在法律制订上，商鞅要求："故圣人为法，必使之明白易知，名正愚智遍能知之。为置法官，置主法之吏以为天下师，令万民无陷于险危。故圣人立天下而无刑死者，非不刑杀也，行法令明白易知，为置法官吏为之师以道之，知万民皆知所避就，避祸就福而皆以自治也。"③

"秦孝公卒，太子立。公子虔之徒告商君欲反，发吏捕商君。商君亡至关下，欲舍客舍。客人不知其是商君也，曰：'商君之法，舍人无验者坐之。'商君喟然叹曰：'嗟乎，为法之敝一至此哉！'"④

商鞅虽死，但为秦开帝业奠定了扫灭群雄、统一中国的基础。从其变法是为了富国强兵的初衷来看，商鞅变法无疑是成功的。"商君治秦，法令至行，公平无私，罚不讳强大，赏不私亲近，法及太子，黥劓其傅。期年之后，道不拾遗，民不妄取，兵革大强，诸侯畏惧。然刻深寡恩，特以强服之耳。"⑤

第三节　申不害思想对秦法律文化的影响

申不害，郑国人。《史记·老子韩非列传》载："申不害者，京人也，故郑之贱

---

① 《商君书锥指·说民》，第 38 页。
② 《商君书锥指·开塞》，第 57 页。
③ 《商君书锥指·定分》，第 146 页。
④ 《史记》卷六八《商君列传》，第 2236—2237 页。
⑤ [汉]刘向集录，[南宋]姚宏、鲍彪等注：《战国策》卷三《秦一》，上海古籍出版社，2015 年，第 43 页。

臣。学术以干韩昭侯,昭侯用为相。内修政教,外应诸侯,十五年。终申子之身,国治兵强,无侵韩者。申子之学本于黄老而主刑名。著书二篇,号曰《申子》。"①

申子之学"本于黄老而主刑名",其思想带有道家痕迹。他把法家的"法治"和道家的"君人南面之术"结合起来。申不害重视术,目的在于维护君主专制政体,防备贵族势力"蔽君之明,塞君之聪,夺之政而专其令,有其民而取其国"。申不害的"术"大致有两个方面的内容:

一是任免、监督、考核臣下之术。即韩非所谓"术者,因任而授官,循名而责实,操杀生之柄,课君臣之能者也"②。根据才能来授予官职,又根据其职责来考查其政绩,以此定其黜陟赏罚。韩昭侯正是这种原则的忠实执行者,《韩非子·二柄》载:"昔者韩昭侯醉而寝,典冠者见君之寒也,故加衣于君之上。觉寝而说,问左右曰:'谁加衣者?'左右对曰:'典冠。'君因兼罪典衣与典冠。其罪典衣,以为其失事也;其罪典冠,以为越其职也。"申不害"循名查实",既不许失职,又不许越权,所谓"功当其事,事当其言,则赏;功不当其事,事不当其言,则罚","臣不得越官而有功,不得陈言而不当。越官则死,不当则罪"。③

二是驾驭臣下、防范百官之术。即韩非所谓"术者,藏之于胸中以偶众端,而潜御群臣者也"④。要求君主"去听""去视""去智",因为"去听无以闻则聪,去视无以见则明,去智无以知则公。去三者不任则治,三者任则乱"⑤,即君王要装作没听见、没看见、不知道,不暴露自己的真实意图,使臣下觉得君王高深莫测,无法揣度其真实想法,无法找到其弱点,就没有空子可钻,而臣下也就无法隐藏自己的短处和过失。于是,"惟无为可以规(窥)之"。

韩昭侯是相当厉害的人物,却也是一位爱使小智小慧、自作聪明的人。《韩非子·内储说上》:"韩昭侯握爪,而佯亡一爪,求之甚急。左右因割其爪而效之。昭侯以此察左右之不诚。"⑥《吕氏春秋·任数》:"韩昭釐侯视所以祠庙之牲,其豕小,昭釐侯令官更之。官以是豕来也,昭釐侯曰:'是非向者之豕邪?'官

---

① 《史记》卷六三《老子韩非列传》,第2146页。
② 《韩子浅解·定法》,第406页。
③ 《韩子浅解·二柄》,第44—45页。
④ 《韩子浅解·难三》,第381页。
⑤ 《吕氏春秋·审分览·任数》,第388页。
⑥ 《韩子浅解·内储说上》,第245页。

无以对。命吏罪之。从者曰：'君王何以知之？'君曰：'吾以其耳也。'"①

督责，《史记索隐·李斯列传》："督者，察也。察其罪，责之以刑罚也。"申不害的这种思想对秦的统治阶层有重大影响。如秦末，"李斯子由为三川守，群盗吴广等西略地，过去弗能禁。章邯以破逐广等兵，使者覆案三川相属，诮让斯居三公位，如何令盗如此。李斯恐惧，重爵禄，不知所出，乃阿二世意，欲求容"②，于是上书二世，大谈特谈"督责之术"：

> 夫贤主者，必且能全道而行督责之术者也。督责之，则臣不敢不竭能以徇其主矣。此臣主之分定，上下之义明，则天下贤不肖莫敢不尽力竭任以徇其君矣。是故主独制于天下而无所制也。能穷乐之极矣，贤明之主也，可不察焉！

> 故申子曰"有天下而不恣睢，命之曰以天下为桎梏"者，无他焉，不能督责，而顾以其身劳于天下之民，若尧、禹然，故谓之"桎梏"也。夫不能修申、韩之明术，行督责之道，专以天下自适也，而徒务苦形劳神，以身徇百姓，则是黔首之役，非畜天下者也，何足贵哉！夫以人徇己，则己贵而人贱；以己徇人，则己贱而人贵。故徇人者贱，而人所徇者贵，自古及今，未有不然者也。凡古之所为尊贤者，为其贵也；而所为恶不肖者，为其贱也。而尧、禹以身徇天下者也，因随而尊之，则亦失所为尊贤之心矣，夫可谓大缪矣。谓之为"桎梏"，不亦宜乎？不能督责之过也。
> ……
> 明主圣王之所以能久处尊位，长执重势，而独擅天下之利者，非有异道也，能独断而审督责，必深罚，故天下不敢犯也。……

> 是以明君独断，故权不在臣也。然后能灭仁义之涂，掩驰说之口，困烈士之行，塞聪掩明，内独视听，故外不可倾以仁义烈士之行，而内不可夺以谏说忿争之辩。故能荦然独行恣睢之心而莫之敢逆。若此然后可谓能明申、韩之术，而修商君之法。法修术明而天下乱者，未之闻也。故曰"王道约而易操"也。唯明主为能行之。若此则谓督责之诚则臣无邪，臣无邪则天下安，天下安则主严尊，主严尊则督责必，督责必则所

---

① 《吕氏春秋·审分览·任数》，第387—388页。
② 《史记》卷八七《李斯列传》，第2554页。

求得,所求得则国家富,国家富则君乐丰。故督责之术设,则所欲无不得矣。群臣百姓救过不给,何变之敢图?若此则帝道备,而可谓能明君臣之术矣。虽申、韩复生,不能加也。①

书上奏后,二世甚悦。"于是行督责益严,税民深者为明吏。二世曰:'若此则可谓能督责矣。'刑者相半于道,而死人日成积于市。杀人众者为忠臣。二世曰:'若此则可谓能督责矣。'"②

可见,申不害的督责之术对李斯、对秦二世产生了很大的影响,秦帝国二世而亡,亡于秦二世的"能督责"矣。王夫之在《读通鉴论》中感慨:"尽古今概贤不肖,无有忍言此者,而昌言之不忌。呜呼,亦何至此哉!斯亦尝学于荀卿氏矣,亦尝与始皇谋天下而天下并矣。岂其飞廉、恶来之所不忍言者而言之不忌,斯之心其固以为然乎?苟非二世之愚,即始皇之骄悖,能受此言而不谴乎?斯抑谓天下后世之不以己为戎首而无所恤乎?无他,畏死患失之心迫而有所不避耳。"③

第四节　韩非子思想对秦法律文化的影响

韩非是先秦法家思想的集大成者。《史记·老子韩非列传》载:"韩非者,韩之诸公子也。喜刑名法术之学,而其归本于黄老。非为人口吃,不能道说,而善著书。与李斯俱事荀卿,斯自以为不如非。非见韩之削弱,数以书谏韩王,韩王不能用。"韩非著有《孤愤》《五蠹》《内外储》《说林》《说难》十余万言。"人或传其书至秦。秦王见《孤愤》《五蠹》之书,曰:'嗟乎,寡人得见此人与之游,死不恨矣!'"后秦国攻打韩国,韩王派韩非出使秦国,"秦王悦之,未信用。李斯、姚贾害之"。④ 后下狱经年,被迫自杀。《韩非子》五十五篇,绝大部分是韩非所作。韩非总结了法家诸流派的法律观点和主张,在更高的理论层次上建立了完整的法律思想体系,这就是法、势、术相结合的统治理论。

---

① 《史记》卷八七《李斯列传》,第 2554—2557 页。
② 《史记》卷八七《李斯列传》,第 2557 页。
③ [清]王夫之:《读通鉴论》卷一《二世》,中华书局,1975 年,第 4—5 页。
④ 《史记》卷六三《老子韩非列传》,第 2147、2155 页。

第一，好利恶害的人性论。韩非进一步发挥商鞅"好利恶害"的人性说，否认儒家的性善、仁爱、亲情说，认为人与人之间只有一种现实、功利的关系。"夫卖庸而播耕者，主人费家而美食，调布而求易钱者，非爱庸客也，曰：如是，耕者且深，耨者熟耘也。庸客致力而疾耘耕者，尽巧而正畦陌畦畤者，非爱主人也，曰：如是，羹且美，钱布且易云也。"①"医善吮人之伤，含人之血，非骨肉之亲也，利所加也。故舆人成舆，则欲人之富贵，匠人成棺，则欲人之夭死也。非舆人仁而匠人贼也，人不贵则舆不售，人不死则棺不卖。情非憎人也，利在人之死也。"②

君臣之间的关系也是一种利益交换，"臣尽死力以与君市，君垂爵禄以与臣市，君臣之际，非父子亲也，计数之所出也"③。韩非"好利恶害"的人性论弥补了国家法律起源说逻辑上的欠缺。法家把赏与刑称作治国的"二柄"，就是对人性弱点赤裸裸的肆意运用。"赏以利诱，刑以禁害，赏大则诱大，刑重则禁重"④，"赏莫如厚而信，使民利之；罚莫如重而必，使民畏之；法莫如一而固，使民知之"⑤。

第二，韩非"法治"论。韩非说："释法术而任心治，尧不能正一国；去规矩而妄意度，奚仲不能成一轮；废尺寸而差短长，王尔不能半中。使中主守法术，拙匠守规矩尺寸，则万不失矣。君人者能去贤巧之所不能，守中拙之所万不失，则人力尽而功名立。"⑥就是说，无论做什么事，都需要依靠一种客观标准，而不能依靠主观判断。韩非在这里所说的"法术"，意思就是法，是指一种客观标准。

有了这种标准以后，君臣上下都要以它作为判断是非、指导行为的标准。韩非说："故明主使其群臣不游意于法之外，不为惠于法之内，动无非法。"⑦"不游意于法之外"是说，不仅言论、行为不能出乎法之外，就是思想也不能出乎法之外。"不为惠于法之内"是说，在法之内，思想和行动也只是照客观的法办，而不是出于个人的恩惠或者智慧。必须达到这个程度，才是"动无非法"，才合乎守

---

① 《韩子浅解·外储说左上》，第280—281页。
② 《韩子浅解·备内》，第124页。
③ 《韩子浅解·难一》，第351页。
④ 郭沫若：《十批判书·韩非子的批判》，东方出版社，1996年，第396页。
⑤ 《韩子浅解·五蠹》，第474页。
⑥ 《韩子浅解·用人》，第218页。
⑦ 《韩子浅解·有度》，第40页。

法的标准。

第三,"轻刑伤民"的重刑说。韩非认为儒家的德教说无济于事,对坏人、恶人不起作用。"今有不才之子,父母怒之弗为改,乡人谯之弗为动,师长教之弗为变。夫以父母之爱,乡人之行,师长之智,三美加焉而终不动,其胫毛不改;州部之吏,操官兵,推公法而求索奸人,然后恐惧,变其节,易其行矣。故父母之爱不足以教子,必待州部之严刑者,民固骄于爱,听于威矣。"①韩非赞同商鞅主张的"重刑轻罪"说,认为"公孙鞅之法也重轻罪。重罪者,人之所难犯也;而小过者,人之所易去也。使人去其所易,无离其所难,此治之道。夫小过不生,大罪不至,是人无罪而乱不生也"②。韩非进一步分析,如果犯罪行为所获的利大而所受的刑罚轻,那就无异于鼓励人们冒险犯法;相反,如果犯罪行为所受的刑罚大大超过所获的利益,那么人们就不敢轻易以身试法。"是以上设重刑者而奸尽止,奸尽止则此奚伤于民也!所谓重刑者,奸之所利者细,而上之所加焉者大也。民不以小利蒙大罪,故奸必止者也。所谓轻刑者,奸之所利者大,上之所加焉者小也。民慕其利而傲其罪,故奸不止也。故先圣有谚曰:'不躓于山,而躓于垤。'山者大,故人顺之;垤微小,故人易之也。今轻刑罚,民必易之。犯而不诛,是驱国而弃之也;犯而诛之,是为民设陷也。是故轻罪者,民之垤也。是以轻罪之为民道也,非乱国也,则设民陷也,此则可谓伤民矣。"③

"重刑厚赏"的意义是扩大法律的影响,提高统治效率。"重一奸之罪而止境内之邪,此所以为治也。重罚者盗贼也,而悼惧者良民也,欲治者奚疑于重刑!若夫厚赏者,非独赏功也,又劝一国。受赏者甘利,未赏者慕业,是报一人之功而劝境内之众也,欲治者何疑于厚赏!"④

第四,"抱法处势"的法势统一说。韩非指出,一个政权想推行它的法令,必须有专政的权力,这个权力就是"势"。"尧为匹夫,不能治三人;而桀为天子,能乱天下;吾以此知势位之足恃,而贤智之不足慕也。"⑤势力具体的表现就是赏罚,亦称为刑赏或刑德。韩非称赏罚为君的"二柄",他说:"明主之所导制其臣

---

① 《韩子浅解·五蠹》,第 473—474 页。
② 《韩子浅解·内储说上》,第 236—237 页。
③ 《韩子浅解·六反》,第 433 页。
④ 《韩子浅解·六反》,第 432 页。
⑤ 《韩子浅解·难势》,第 391 页。

者,二柄而已矣。二柄者,刑、德也。何谓刑、德? 杀戮之谓刑,庆赏之谓德。为人臣者,畏诛罚而利庆赏,故人主自用其刑、德,则群臣畏其威而归其利矣。"①

第五,"不可一无"的法术兼重说。韩非认为"法"与"术"两者不可或缺,"君无术则弊于上,臣无法则乱于下,此不可一无,皆帝王之具也"。韩非认为商鞅的不足之处是"徒法而无术",只知变法和加强法制,却"无术以知奸",导致权贵阶级渐渐把持了国政。"及孝公、商君死,惠王即位,秦法未败也,而张仪以秦殉韩魏。惠王死,武王即位,甘茂以秦殉周。武王死,昭襄王即位,穰侯越韩魏而东攻齐,五年而秦不益一尺之地,乃成其陶邑之封;应侯攻韩八年,成其汝南之封。自是以来,诸用秦者,皆应、穰之类也。故战胜则大臣尊,益地则私封立,主无术以知奸也。商君虽十饰其法,人臣反用其资,故乘强秦之资数十年而不至于帝王者,法不勤饰于官,主无术于上之患也。"②

国家虽然富强了,但没有用术治来识别奸臣,"则以其富强也资人臣而已"。国家打了胜仗,扩大了版图,"故战胜则大臣尊,益地则私封立"。不用术治对官吏进行整顿,即使不断加强法制而使国富兵强,也只是被臣下用来为自己牟利,而不能使君王完成帝业、一统天下。这就是没有运用术治的祸患。

韩非子还指出了申不害"徒术而无法"的缺点,只知用术去驾驭臣下,却不注意维护法的统一性。"韩者,晋之别国也。晋之故法未息,而韩之新法又生。先君(晋君)之令未收,而后君(韩君)之令又下。申不害不擅其法,不一其宪令,则奸多,故利在故法前令则道之,利在新法后令则道之。利在故新相反,前后相悖,则申不害虽十使昭侯用术,而奸臣犹有所谲其辞矣。故托万乘之劲韩,七十年而不至于霸王者,虽用术于上,法不勤饰于官之患也。"③

韩非的"术"名目颇多,有"疑诏诡使""挟知而问""倒言反事""众端参观""一听责下""信赏尽能""必罚明威"。"众端参观"是说对众人所言和所行之事做参验比较,观察长短得失,不偏听偏信;"挟知而问"即明知故问;"倒言反事"就是或倒其言说反话,或反行其事,则奸情可得尽知;"必罚明威"就是不以仁慈之爱乱法,凡有罪者必受罚,以显示法度的威严和不可侵犯;"疑诏诡使",疑诏

---

① 《韩子浅解·二柄》,第 43 页。
② 《韩子浅解·定法》,第 406—409 页。
③ 《韩子浅解·定法》,第 407 页。

指"使臣下疑其所诏也",诡使即"言近而示之远,远而示之近,反其所使也"①。

郭沫若在《十批判书》中说:"术是运用之妙存乎一心的东西,玩弄起来,似乎很不容易捉摩。韩非自己也说过:'明主之行制也天,其用人也鬼。'不过,无论是怎样神秘,已经写成文字、着了迹象的东西,我们总可以追求得一个大概的。……似乎也不外下列的七种:(一)权势不可假人;(二)深藏不露;(三)把人当成坏蛋;(四)毁坏一切伦理价值;(五)励行愚民政策;(六)罚须严峻,赏须审慎;(七)遇必要时不择手段。"②

韩非子的思想对秦的统治阶层有巨大影响。侯生和卢生说秦始皇为人"天性刚戾自用""乐以刑杀为威"③;贾谊说秦始皇"废王道,立私权,禁文书而酷刑法","以暴虐为天下始"④;班固说秦始皇"毁先王之法,灭礼谊之官,专任刑罚"⑤。秦始皇的这种性格、思想、态度与他所信奉的法家学说有密切关系。郭沫若曾说:"韩非虽然身死于秦,但他的学说实为秦所采用,李斯、姚贾、秦始皇、秦二世实际上都是他的高足弟子。秦始皇的作风,除掉迷信方士、妄图长生之外,没有一样不是按照韩非的法术行事的,焚书坑儒的两项大德政正好是一对铁证。焚书本出于李斯的拟议,其议辞和令文,不仅精神是采自韩非,连字句都有好些是雷同的。"⑥

---

① 《韩子浅解·内储说上》,第227页。
② 《十批判书·韩非子的批判》,第370页。
③ 《史记》卷六《秦始皇本纪》,第258页。
④ 《史记》卷六《秦始皇本纪》,第283页。
⑤ 《汉书》卷二三《刑法志》,第1096页。
⑥ 《十批判书·韩非子的批判》,第406页。

第三章　秦的法律形式

从战国时代开始,中国进入了律令法时代。律与令是两种最基本、最主要的法律形式。杜预云:"律以正罪名,令以存事制。"① 也就是说,律是关于定罪量刑的常法,令是发号施令的行政法,一偏重于消极方面,一偏重于积极方面。秦代除了律、令两种主要的法律形式外,还有法律解释、程、式、行事等法律形式作为补充。

第一节　律的创制

秦律是中国历史上的第一部律典,也就是说,律作为法律形式是秦国首创的。《唐律疏议》:"战国异制,魏文侯师于里(李)悝,集诸国刑典,造《法经》六篇,一盗法,二贼法,三囚法,四捕法,五杂法,六具法。商鞅传授,改法为律。"②

祝总斌在《关于我国古代的"改法为律"问题》一文中认为,商鞅本人并没有改法为律,因为从商鞅著作、同时期兵家和儒家著作及其他著作中都找不到法律意义上的"律"字,其他各国也没有改法为律,因此商鞅改法为律的说法不可信。但他无可否认,四川青川出土有秦武王二年的《为田律》,睡虎地秦简中有《魏户律》《奔命律》以及大量的秦律律名,于是祝总斌将法律之"律"字开始使用的上限定为仅比睡虎地秦简中的《魏户律》《奔命律》早几年而已。③ 实际上,祝总斌

---

① [宋]李昉撰:《太平御览》卷六三八《刑法部四》,四部丛刊三编景宋本。
② 《唐律疏议》,第2—3页。
③ 祝总斌:《关于我国古代的"改法为律"问题》,《北京大学学报》1992年第2期;亦见祝总斌著:《材不材斋史学丛稿》,中华书局,2009年,第437页。

先生用战国文献上出现的"律"字进行统计分析,看似严密,但并不可靠。笔者倒是赞同张建国的观点,秦武王二年(前309)更修《为田律》,说明之前已有《为田律》,而商鞅变法时又"为田开阡陌",丞相甘茂于武王二年更修《为田律》与商鞅去世相隔不到30年,说明商鞅变法时很可能已制定了"为田律"。①

目前,仅从睡虎地秦简和岳麓书院藏秦简中就统计出律名达33种之多,如《司空律》《田律》《徭律》《关市律》《杂律》《具律》《置吏律》《贼律》《兴律》《狱校律》《金布律》《行书律》《戍律》《奔敬(警)律》《仓律》《傅律》《内史杂律》《尉卒律》《亡律》《效律》《厩苑律》《军爵律》《均工律》《传食律》《尉杂律》《属邦律》等。

除了所谓商鞅"改法为律",即将李悝《法经》中的"六法"改为"六律"(《盗律》《贼律》《囚律》《捕律》《杂律》《具律》)外,尚有汉初萧何撰《九章律》时增加的《户律》《厩律》《兴律》,其中《户律》《厩律》见于睡虎地秦简之《魏户律》《厩苑律》,《兴律》则见于岳麓书院藏秦简。此外,《司空律》《田律》《徭律》《关市律》《置吏律》《狱校律》《金布律》《行书律》《戍律》《奔敬(警)律》《仓律》《傅律》《内史杂律》《尉卒律》《亡律》《效律》《军爵律》《均工律》《传食律》《尉杂律》《属邦律》等律名则未见于其他传世文献中。

第二节 秦令与诏令

日本学者富谷至认为令即诏,秦令即是诏令,认为秦没有类似汉令那样的令,对秦令的存在持质疑的态度。② 但从里耶秦简、岳麓书院藏秦简等出土文献来看,秦令确实是存在的,是律的重要补充。见于出土文献和传世文献的秦令计有《分户令》《田令》《垦草令》《焚书令》,及岳麓秦简中的《挟兵令》等。除了诏令,各级官员也可颁发各种即时性命令。

---

① 张建国:《中国律令法体系概论》,《北京大学学报》1998年第5期;又见张建国著:《帝制时代的中国法》,法律出版社,1999年,第3页。
② 〔日〕富谷至著,朱腾译:《通往晋泰始律令之路(I):秦汉的律与令》,中国政法大学法律史学研究院编:《日本学者中国法论著选译》(上册),中国政法大学出版社,2012年,第124页。

南玉泉在《秦律研究》中把秦令按发布的机构分为"行政之令""君王之令""命令与制诏",他认为"行政之令的最高级别自然是君王之令","国家最高级别的长官所发布的行政命令,如果具有稳定的、长期的、普遍的约束力,那就与法律没有区别了。因此,这种最高级别的行政命令具有向法律形式转化的潜力。秦国变法到秦国统一天下,时值政治制度、经济制度、法律制度的变革时期,这种具有稳定的、长期的、普遍约束力的君王之令、皇帝之令的数量应当较多。随着形势的发展,皇帝之令指向的范围会更广泛,时效性也更长,最终会成为正式的国家制度"。①

令源于君主或皇帝的命令,如《史记·秦始皇本纪》云"命为制,令为诏",且秦令具有较强的针对性,往往为单行法令,为一事一时之法。如张家山汉简《奏谳书》所载:"令:所取荆新地多群盗,吏所兴与群盗遇,去北,以儋乏不斗律论;律:儋乏不斗,斩。"②显然,先有"儋乏不斗,斩"之律,后有针对荆新地多有群盗,官府兴兵征讨,士卒与盗相遇,不斗而逃,亦适用此律的令文,是对律的补充。睡虎地秦墓竹简《语书》云"法律未足,民多诈巧,故后有间令下者"③,也说明了这一点。秦国在商鞅变法时曾颁布《垦草令》《分户令》等。

除了帝王颁令,地方行政官员亦可在职权范围内颁发命令。睡虎地秦简《语书》:"故腾为是而修法律令、田令及为间私方而下之,令吏明布,令吏民皆明智(知)之,毋巨(岠)于罪。今法律令已布,闻吏民犯法为间私者不止,私好、乡俗之心不变,自从令、丞以下智(知)而弗举论,是即明避主之明法殹(也),而养匿邪避(僻)之民。"④此段话中提到"法律令",可见令是与律同等重要的法律形式,都是南郡守腾治理地方的法律依据。另外,南郡守腾还特别提到了《田令》,当是一种在南郡亟待推行的法令。

南郡守腾紧接着又说:"今且令人案行之,举劾不从令者,致以律,论及令、丞。有(又)且课县官,独多犯令而令、丞弗得者,以令、丞闻。"⑤南郡守腾督责下属执行律令,在这篇文告中特别指出"不从令""犯令"的法律责任。

---

① 陈伟主编,徐世虹等著:《秦律研究》,武汉大学出版社,2017年,第61—63页。
② 《张家山汉墓竹简》,第104页。
③ 《睡虎地秦墓竹简》,第15页。
④ 《睡虎地秦墓竹简》,第15页。
⑤ 《睡虎地秦墓竹简》,第16页。

秦令具有较高的法律效力,在秦律中设有"不从令""不如令""违令""犯令"的罪名。《田律》:"百姓居田舍者毋敢(酤)酉(酒),田啬夫、部佐谨禁御之,有不从令者有罪。"①《仓律》:"日食城旦,尽月而以其余益为后九月禀所。城旦为安事而益其食,以犯令律论吏主者。减春城旦月不盈之禀。"②《金布律》:"县、都官坐效、计以负赏(偿)者,已论,啬夫即以其直(值)钱分负其官长及冗吏,而人与参辨券,以效少内,少内以收责之。其入赢者,亦官与辨券,入之。其责(债)毋敢隃(逾)岁,隃(逾)岁而弗入及不如令者,皆以律论之。"③《关市》:"为作务及官府市,受钱必辄入其钱缿中,令市者见其入,不从令者赀一甲。"④《内史杂》:"官啬夫免,□□□□□□其官亟置啬夫。过二月弗置啬夫,令、丞为不从令。"⑤"令赦史毋从事官府。非史子殹(也),毋敢学学室,犯令者有罪。"⑥"有不从令而亡、有败、失火,官吏有重罪,大啬夫、丞任之。"⑦

实际上,秦令从内容上可以分为禁令和使令,禁令规定不能或不要做的事,使令规定应该做或要求做的事。只要所作所为与命令违背就是"不如令""不从令"。违反禁令称"犯令",违反使令称"废令"。《法律答问》:"可(何)如为'犯令''法(废)令'?律所谓者,令曰勿为,而为之,是谓'犯令';令曰为之,弗为,是谓'法(废)令'殹(也)。廷行事皆以'犯令'论。"⑧

唐律中的相关规定显然是沿袭了秦的做法。《唐律·杂律》:"诸违令者,笞五十(谓令有禁制而律无罪名者)。"疏议曰:"令有禁制,谓仪制令,行路,贱避贵,去避来之类,此是令有禁制,律无罪名,违者得笞五十。"⑨与秦律规定如出一辙,其间承继关系不言自明。

---

① 《睡虎地秦墓竹简》,第30页。
② 《睡虎地秦墓竹简》,第52页。
③ 《睡虎地秦墓竹简》,第61—62页。
④ 《睡虎地秦墓竹简》,第68页。
⑤ 《睡虎地秦墓竹简》,第106页。
⑥ 《睡虎地秦墓竹简》,第106—107页。
⑦ 《睡虎地秦墓竹简》,第108页。
⑧ 《睡虎地秦墓竹简》,第211—212页。
⑨ 《唐律疏议》,第445页。

第三节　法律解释

《商君书·定分》:"为法令,置官吏朴足以知法令之谓者,以为天下正,则奏天子。天子则各主法令之。皆降,受命发官,各主法令之。民敢忘行主法令之所谓之名,各以其所忘之法令名罪之。主法令之吏有迁徙物故,辄使学读法令所谓。为之程式,使日数而知法令之所谓。不中程,为法令以罪之。有敢剟定法令一字以上,罪死不赦。诸官吏及民有问法令之所谓也于主法令之吏,皆各以其故所欲问之法令明告之,各为尺六寸之符,明书年、月、日、时,所问法令之名以告吏民。主法令之吏不告及之罪而法令之所谓也,皆以吏民之所问法令之罪各罪主法令之吏。即以左券予吏之问法令者,主法令之吏谨藏其右券,木押以室藏之,封以法令之长印。即后有物故,以券书从事。法令皆副置。一副天子之殿中。为法令为禁室,有铤钥为禁而以封之。内藏法令。一副禁室中,封以禁印。有擅发禁室印,及入禁室视禁法令,及禁剟一字以上,罪皆死不赦。"

"吏民〔欲〕知法令者,皆问法官。故天下之吏民无不知法者。吏明知民知法令也,故吏不敢以非法遇民,民不敢犯法以干法官也。遇民不(修)〔循〕法,则问法官,法官即以法之罪告之。民即以法官之言正告之吏,吏知其如此,故吏不敢以非法遇民,民又不敢犯法。如此,天下之吏民虽有贤良辩慧,不敢开一言以枉法。虽有千金,不能以用一铢。"①

睡虎地秦简中有《法律答问》,说明秦已有法律解释,并且是迄今为止已知最早的法律解释。李学勤先生认为《法律答问》类似于汉代的"律说",所以他提出可以把睡虎地秦简的《法律答问》看作"秦律说"。② 可见,秦的法律解释对汉的法律解释有直接影响,对汉以后的法律解释也产生了深远影响。

关于《法律答问》,睡虎地秦墓竹简整理小组认为:"《法律答问》所引用的某些律文的形成年代是很早的。例如律文说'公祠',解释的部分则说'王室祠'。

---

① 《商君书锥指·定分》,第140—144页。
② 李学勤:《简帛佚籍与学术史》,江西教育出版社,2001年,第104页。

看来律文应形成于秦称王以前,很可能是商鞅时期制订的原文。"①睡虎地秦简发现之初,学术界对《法律答问》的研究形成了基本共识,即赞同整理小组的看法:《法律答问》是国君设置官吏统一解释法令,绝不会是私人对法律的任意解释,是有法律效力的法律解释。但随着研究的深入,在对某些问题的看法上产生了分歧。如有的学者认为《法律答问》应为秦的立法解释,其解释权在中央;而张伯元先生认为《法律答问》可能是私家解释,是一种司法解释②;也有学者认为《法律答问》"为法律实务题集"③。

《法律答问》主要是对秦法律适用中疑难问题的解释,如:"求盗盗,当刑为城旦,问罪当驾(加)如害盗不当? 当。"④"人臣甲谋遣人妾乙盗主牛,买(卖),把钱偕邦亡,出徼,得,论各可(何)殹(也)? 当城旦黥之,各畀主。"⑤"或盗采人桑叶,臧(赃)不盈一钱,可(何)论? 赀繇(徭)三旬。"⑥也有对术语语义的界定,如:"可(何)谓'匿面'? '匿面'者,耤(藉)秦人使,它邦耐吏、行謄与偕者,命客吏曰'匿',行謄曰'面'。"⑦"可(何)谓'臧(赃)人'? '臧(赃)人'者,甲把其衣钱匿臧(藏)乙室,即告亡,欲令乙为盗之,而实弗盗之谓殹(也)。"⑧"可(何)谓'室人'? 可(何)谓'同居'? '同居',独户母之谓殹(也)。'室人'者,一室,尽当坐罪人之谓殹(也)。"⑨"甲乙雅不相智(知),甲往盗丙,毚(才)到,乙亦往盗丙,与甲言,即各盗,其臧(赃)直(值)各四百,已去而偕得。其前谋,当并臧(赃)以论;不谋,各坐臧(赃)。"⑩

在解释法令时以"甲""乙"虚拟法律主体及案情来设问的这种方法,被《唐律疏议》等历代律的解释所借鉴。

---

① 《睡虎地秦墓竹简》,第 149 页。
② 张伯元:《秦简〈法律答问〉与秦代法律解释》,《华东政法学院学报》1999 年第 3 期。
③ 曹旅宁:《秦汉魏晋法制探微·睡虎地秦简〈法律答问〉为法律实务题集说》,人民出版社,2013 年,第 80—91 页。
④ 《睡虎地秦墓竹简》,第 151—152 页。
⑤ 《睡虎地秦墓竹简》,第 152 页。
⑥ 《睡虎地秦墓竹简》,第 154 页。
⑦ 《睡虎地秦墓竹简》,第 240 页。
⑧ 《睡虎地秦墓竹简》,第 240 页。
⑨ 《睡虎地秦墓竹简》,第 238 页。
⑩ 《睡虎地秦墓竹简》,第 156 页。

秦对法律条文及法律术语的解释，除了使官吏对律义有进一步的精确理解外，还有一个重要原因：秦律是秦文化的产物，秦文化虽然与三晋文化、楚文化、齐鲁文化、吴越文化同属周文化衍生而来的地方文化，有共通之处，但其差异性也十分明显，随着秦统一战争的推进，秦的法律也被法官法吏带到了具有不同文化背景的异"国"他乡，为了使被征服地区的百姓更好地接受、理解并遵守秦的法律，需要对秦律特别是最具秦地域特点的法律条文乃至法律术语进行解释。如《法律答问》："可（何）如为'大误'？人户、马牛及者（诸）货材（财）直（值）过六百六十钱为'大误'，其它为小。"①"可（何）谓'羊駆'？'羊駆'，草实可食殹（也）。"②"可（何）谓'人貉'？谓'人貉'者，其子入养主之谓也。不入养主，当收；虽不养主而入量（粮）者，不收，畀其主。"③"可（何）谓'甸人'？'甸人'守孝公、濑（献）公冢者殹（也）。"④其中错算人户、牛马以及价值超过六百六十钱的财货才算是"大误"，"六百六十钱"以上这种划分等差方式大概只有秦国才有。"羊駆"是一种可以吃的草籽，这种叫法后世文献未见，当是关中或故秦地牧区的叫法。

第四节　其他形式

一　程

关于"程"，多见诸秦汉典籍，不妨罗列有关资料加以探究：《说文解字》："程，品也。十发为程，一程为分，十分为寸。从禾呈声。"段玉裁注："品者，众庶也。因众庶而立之法则，斯谓之程品。"⑤此显然是指汉制而言。程的本义指人们对实物进行计量时的一种规定或约定，并与人们熟悉的农作物有密切联系，如《说文解字》对"称"的解释为："铨也，从禾尔声。春分而禾生，日夏至晷景可度。

---

① 《睡虎地秦墓竹简》，第242页。
② 《睡虎地秦墓竹简》，第242页。
③ 《睡虎地秦墓竹简》，第235页。
④ 《睡虎地秦墓竹简》，第233页。
⑤ ［清］段玉裁：《说文解字注》，上海古籍出版社，1988年，第327页。

禾有秒,秋分而秒定,律数十二。十二秒而当一分,十分而寸,其以为重。十二粟为一分,十二分为一铢。故诸程品皆从禾。"①从这里可以看出,程的本义与计量有关,后来凡与计量有关的法律也都称为程。与程意义相近的还有"科",《说文解字》:"科,程也。从禾斗。斗者,量也。"《广韵》:"程也,条也,本也,品也。"②用定量性法律去考课、监督也称为"程",如《汉书·主父偃传》:"上自虞夏殷周,固不程督。"师古注曰:"程,课也。督,视责也。"③《汉书·谷永传》:"明度量以程能,考功实以定德。"师古注曰:"程,效也。"④秦汉时期程、科义同,那么汉代所谓的"科"是否就指程,这尚需进一步考证。科又称"课",在出土文献中有"邮书课"等。

《荀子·致仕篇》:"程者物之准也,礼者节之准也。程以立数,礼以定伦。"注:"程者,度量之总名也。"⑤"《诗·鲁颂》'奚斯所作',注:'奚斯作者,教护属功课章程也。'疏:'《汉书》称高祖使张苍定章程,谓定百工用材多少之量及制度之程品,是谓章程之事也。'"⑥《史记·秦始皇本纪》:"上至以衡石量书,日夜有呈,不中呈不得休息。"《正义》:"言表笺奏请,称取一石,日夜有程期,不满不休息。"⑦《汉书·景十三王传》"不中程辄掠",师古曰:"程者,作之课也。"⑧《汉书·陈万年传》"为地曰木杵,舂不中程",《文选·魏都赋》"明宵有程",李善注:"程犹限也。'程'与'呈'通。"⑨又,《樊安碑》有"作呈作式",《冀州从事郭君碑》有"先民有呈",睡虎地秦简《为吏之道》有"作务员程"⑩。睡虎地秦简《尉杂》云:"□其官之吏□□□□□□□□□法律程籍,勿敢行,行者有罪。"⑪睡虎地秦简《效律》中也有所谓"律程":"计脱实及出实多于律程,及不当出而出

---

① 《说文解字注》,第327页。
② 《说文解字注》,第327页。
③ 《汉书》卷六四上《严朱吾丘主父徐严终王贾传》,第2801页。
④ 《汉书》卷八五《谷永杜邺传》,第3448页。
⑤ 《荀子集解》,第174页。
⑥ 《历代刑法考》第二册《律令二》,第866页。
⑦ 《史记》卷六《秦始皇本纪》,第258页。
⑧ 《汉书》卷五三《景十三王传》,第2416页。
⑨ [梁]萧统编,[唐]李善注:《文选》,上海古籍出版社,1986年,第274页。
⑩ 《睡虎地秦墓竹简》,第286页。
⑪ 《睡虎地秦墓竹简》,第110页。

之,直(值)其贾(价),不盈廿二钱,除;廿二钱以到六百六十钱,赀官啬夫一盾;过六百六十钱以上,赀官啬夫一甲,而复责其出殹(也)。人户、马牛一以上为大误。误自重殹(也)。"①

彭浩先生认为,"'程'是政府对某种物品计量带有法律性质的规定"②。他的看法是有见地的,程是由国家对需要做出定量限制的各有关方面的一种带有强制性的定量、限量等,章程又与律、令等法律形式有着密不可分的关系,很有可能,程不是一种具有独立品格的立法形式,沈家本先生认为,"《高纪》张苍定章程,与萧何次律令,韩信申军法,陆贾造《新语》同相提并论,是章程非律令书也"③。事实上,章程与律令是不可分的,它是融合在律、令等法律形式中的一种具有计量性质的法律条款。

睡虎地秦简《工人程》:"隶臣、下吏、城旦与工从事者冬作,为矢程,赋之三日而当夏二日。冗隶妾二人当工一人,更隶妾四人当工〔一〕人,小隶臣妾可使者五人当工一人。隶妾及女子用箴(针)为缗绣它物,女子一人当男子一人。"睡虎地秦简《徭律》:"县为恒事及漱有为殹(也),吏程攻(功),赢员及减员自二日以上,为不察。上之所兴,其程攻(功)而不当者,如县然。"④

二 廷行事

秦法还有一种"判例法"渊源,即"廷行事"。睡虎地秦简《法律答问》中"廷行事"凡十一例。于豪亮先生认为,"廷行事"即"判例"之义,相当于汉代的"决事比"。⑤ "廷行事"的特点如下:

第一,"廷行事"指成例,或已生效的判例、先例。《法律答问》:"告人盗百一十,问盗百,告者可(何)论?当赀二甲。盗百,即端盗驾(加)十钱,问告者可(何)论?当赀一盾。赀一盾应律,虽然,廷行事以不审论,赀二甲。"整理小组注:"廷行事,法廷成例。《汉书·翟方进传》:'时庆有章劾,自道:行事以赎论。'(师古)注引刘敞云:'汉时人言"行事""成事",皆已行、已成事也。'王念孙《读

---

① 《睡虎地秦墓竹简》,第 125—126 页。
② 彭浩:《中国最早的数学著作〈算数书〉》,《文物》2000 年第 9 期。
③ 《历代刑法考》第三册《汉律摭遗》,第 1390 页。
④ 《睡虎地秦墓竹简》,第 73—75、77 页。
⑤ 于豪亮:《于豪亮学术文存·秦律丛考·廷行事》,中华书局,1985 年,第 131 页。

书杂志》四之十二《行事》:'行事者,言已行之事,旧例成法也。'"①

廷行事在司法实践中产生,大都是在律令无明确规定的情况下,由司法者创制,带有法官主法的倾向。睡虎地秦简《法律答问》:"实官户关不致,容指若抉,廷行事赀一甲。""仓鼠穴几可(何)而当论及谇? 廷行事鼠穴三以上赀一盾,二以下谇。䶂穴三当一鼠穴。""实官户扇不致,禾稼能出,《廷行事》赀一甲。""甲告乙盗直(值)□□,问乙盗卅,甲诬驾(加)乙五十,其卅不审,问甲当论不当? 廷行事赀二甲。"②

从以上几例可以看出,廷行事的出现是在立法不完善或有漏洞的情况下出现的,而且廷行事是在司法过程中创制的,带有法官立法的特点。

第二,廷行事具有释疑的功能。廷行事具有较高的法律效力,司法官员每遇到疑难案件或律无明文的情况,往往援引廷行事以为法律依据。睡虎地秦简《法律答问》:"可(何)如为'犯令''法(废)令'? 律所谓者,令曰勿为,而为之,是谓'犯令';令曰为之,弗为,是谓'法(废)令'殹(也)。廷行事皆以'犯令'论。"③这里,律与令显然不一致,廷行事是为了调和律与令之矛盾。《法律答问》:"封啬夫可(何)论? 廷行事以伪写印。"④显然是补充律之不足。

第三,廷行事并非具体案例,而是具有高度概括性的规定。如:"廷行事有罪当迁,已断已令,未行而死若亡,其所包当诣迁所。""廷行事吏为诅伪,赀盾以上,行其论,有(又)废之。""'百姓有责(债),勿敢擅强质,擅强质及和受质者,皆赀二甲。'廷行事强质人者论,鼠(予)者不论;和受质者,鼠(予)者□论。""求盗追捕罪人,罪人挌(格)杀求盗,问杀人者为贼杀人,且斲(斗)杀? 斲(斗)杀人,廷行事为贼。"⑤

三 封诊式

睡虎地秦简中有《封诊式》,整理小组在说明中认为,封诊式是"对案件进行调查、检验、审讯等程序的文书程式,其中包括了各类案例,以供有关官吏学习,

---

① 《睡虎地秦墓竹简》,第 167 页。
② 《睡虎地秦墓竹简》,第 215—216、168—169 页。
③ 《睡虎地秦墓竹简》第 211—212 页。
④ 《睡虎地秦墓竹简》,第 175 页。
⑤ 《睡虎地秦墓竹简》,第 177、176、214、180 页。

并在处理案件时参照执行"①。实际上,《封诊式》大多内容为"爰书"范本,供司法官吏在撰写司法文书时作为范式参考。《说文》:"式,法也。"

"封守 乡某爰书:以某县丞某书,封有鞫者某里士五(伍)甲家室、妻、子、臣妾、衣器、畜产。甲室、人:一宇二内,各有户,内室皆瓦盖,木大具,门桑十木。妻曰某,亡,不会封。子大女子某,未有夫。子小男子某,高六尺五寸。臣某,妾小女子某。牡犬一。几讯典某某、甲伍公士某某:'甲觉(徜)有〔它〕当封守而某等脱弗占书,且有罪。'某等皆言曰:'甲封具此,毋(无)它当封者。'即以甲封付某等,与里人更守之,侍(待)令。"②

四 语书

《语书》是秦王政(始皇)二十年(前227)四月初二日南郡的郡守腾颁发给本郡各县、道的一篇文告。文书中提到的江陵,就是楚国的旧都郢。当时,秦在南郡地方已统治了半个世纪,但当地的楚人势力还有很大影响,同时楚国也在力图夺回这一地区。因此,郡守腾在文告中指出:"今法律令已具矣,而吏民莫用,乡俗淫失(泆)之民不止,是即法(废)主之明法殹(也),而长邪避(僻)淫失(泆)之民,甚害于邦,不便于民。故腾为是而修法律令、田令及为间私方而下之,令吏明布,令吏民皆明智(知)之,毋巨(讵)于罪。"又说:"今法律令已布,闻吏民犯法为间私者不止,私好、乡俗之心不变,自从令、丞以下智(知)而弗举论,是即明避主之明法殹(也),而养匿邪避(僻)之民。如此,则为人臣亦不忠矣。若弗智(知),是即不胜任、不智殹(也);智(知)而弗敢论,是即不廉殹(也)。此皆大罪殹(也),而令、丞弗明智(知),甚不便。今且令人案行之,举劾不从令者,致以律,论及令、丞。有(又)且课县官,独多犯令而令、丞弗得者,以令、丞闻。"③

刘海年认为:"《语书》既有一般原则性的论述,又有具体规定,还提出了实施办法,所以它是一篇首尾完具的法规。由于它是南郡守腾发布的,针对的是南郡地区的具体情况,其法律效力也只限于南郡辖区,所以它是一篇地方性的

---

① 《睡虎地秦墓竹简》,第244页。
② 《睡虎地秦墓竹简》,第249页。
③ 《睡虎地秦墓竹简》,第16页。

法规。"①

五 课

睡虎地秦简《秦律杂抄》中有《牛羊课》,整理小组认为,"牛羊课,关于考核牛羊畜养的法律"②。徐世虹先生却指出,"牛羊课"从性质上看属于制裁规范而非行政文书,所以秦的法源中有无"课"这样一种法律形式,尚有探讨的必要。③

睡虎地秦简《牛羊课》:"牛大牝十,其六毋(无)子,赀啬夫、佐各一盾。羊牝十,其四毋(无)子,赀啬夫、佐各一盾。"④

---

① 刘海年:《云梦秦简〈语书〉探析——秦始皇时期颁行的一个地方性法规》,《学习与探索》1984 年第 6 期;又收入《战国秦代法制管窥》,第 84 页。
② 《睡虎地秦墓竹简》,第 143 页。
③ 徐世虹:《秦"课"刍议》,见《简帛 第八辑》,上海古籍出版社,2013 年,第 251 页。
④ 《睡虎地秦墓竹简》,第 142—143 页。

第四章　秦的刑罚文化

第一节　秦的刑罚概论

秦文化受法家思想影响很大，从人性恶出发，利用人们趋利避害的特性，奉行"刑重而必""赏厚而信"的"重刑厚赏"理念，认为只有重刑轻罪方可"禁奸止过"，因此，秦的刑罚制度原本就比较严厉，统一以后又吸收了六国的刑制，使其体系更为复杂，手段更为残酷。① 汉初的统治者从秦亡的教训中取得在刑罚方面应"罪大者罚重，罪小者罚轻"的普遍共识，因此其刑罚制度发生很大变化，形成了汉初"刑"与"罚"相互配合的刑罚体系。

《尚书·吕刑》："两造具备，师听五辞。五辞简孚，正于五刑。五刑不简，正于五罚。"②这里的"刑"专指死刑和肉刑，针对的是重罪；"罚"，《吕刑》中指赎刑，适用于"疑罪"及"罪之小者"③，次于"五刑"。秦的刑罚体系由作为惩戒手段的非正刑"笞"，作为小罪、过失犯罪的"罚"（包括罚金、赎刑）和作为正"刑"的无期劳役（包括司寇、隶臣妾、鬼薪白粲、城旦舂）、肉刑（黥、劓、斩左止、斩右止、腐）、死刑（弃市、腰斩、枭首、磔）组成，并将肉刑与劳役结合起来，形成一个从轻到重、从生到死，相互衔接而有等次的刑罚统一体。主观上的过误、特殊的犯罪主体以及轻罪，往往适用较轻的罚金和赎刑。主观上的故意、严重违犯伦理秩序等重罪，则适

---

① 刘海年：《秦律刑罚考析》，见《云梦秦简研究》，中华书局，1981年，第171页；栗劲：《秦律通论》第五章《秦律的刑罚体系》，山东人民出版社，1985年，第236页。
② ［汉］孔安国撰，［唐］陆德明音义：《尚书》卷十二，四部丛刊景宋本。
③ 《说文解字注》，第182页。

用较重的劳役刑、肉刑乃至死刑。肉刑一般不单独运用,往往根据罪行轻重先处以不同肉刑,"刑尽"即施加肉刑后,又罚以各种劳役,实际上是肉刑与无期劳役并处,这是汉文帝刑制改革的基础。刑制改革以后,笞刑取代了肉刑,劳役由无期变为有期,因此,刑罚体系中除死刑外,主要刑罚就是有期劳役附加不同数量的笞刑了,笞刑成为一种主刑。汉初刑罚体系明显受到先秦刑罚思想的影响,刑罚被视为对犯罪者的"报复",带有强烈的特殊预防和一般预防的色彩。

第二节 刑罚适用上的收孥与连坐

收,又称"收孥制",指古代将罪犯一定范围内的亲属收捕,并使之成为罪隶的制度。"收孥"起源很早,《尚书·泰誓》"罪人以族",孔传:"一人有罪,刑及父母、兄弟、妻子。"①《泰誓》虽"为东晋人伪作",但沈家本认为"其语亦必有所本,非尽臆造"②。"收孥"很可能是氏族社会的遗俗,秦国早在文公二十年(前746)就设立了"三族之罪",这种族刑也是由"原始社会部落战争中胜利一方屠杀战败一方全体族类的习惯发展而来的"③。秦孝公时,商鞅正式设立"收孥之法"。可以看出,"收孥"虽由来已久,并非战国时期法家的发明创造,但这种传统在法家"行刑重轻"思想的影响下得到了进一步的强化,使"父母妻子同产相坐及收,所以累其心,使重犯法也"④,通过加重犯罪成本以达到预防犯罪的目的。

汉《收律》应是从秦律直接继承而来⑤,汉文帝废除的《收律》⑥,在景帝时恢

---

① 《尚书》卷六,四部丛刊景宋本。
② 《历代刑法考》,第71页。
③ 《秦律通论》,第17页。
④ 《汉书》卷二三《刑法志》,第1104页。
⑤ 《汉书·文帝纪》注引应劭曰:"秦法,一人有罪,并其室家。"
⑥ 《汉书》的两处记载不一致,《文帝纪》记载"(元年十二月)尽除收帑相坐律令",《刑法志》则记载为"孝文二年"。司马迁在《史记·汉兴以来将相名臣年表》中记载为"孝文元年,除收帑相坐律",《史记·文帝纪》中的记载相同。司马迁生活于武帝时期,距文帝不远,其记载应更可靠,因此应认定《收律》除于文帝元年。日本泷川资言亦云:"《汉书·刑法志》为文帝二年事,误。"见《史记会注考证》卷十。

复①。《史记·商君列传》："事末利及怠而贫者，举以为收孥。"②沈家本说："汉之收律，承秦之旧，其应收者，不仅罢民，而罢民其一端也。"③

秦汉时期的连坐与"收"近似，但也有明显不同之处：(1)对象不同，收孥在汉律中仅以妻子儿女为对象，连坐除妻子外，还可能包括父母、兄弟、同产等亲属，甚至监临部主、邻伍等非亲属。沈家本说："收者，收其孥坐，不独罪及什五，即监临部主亦连坐矣。"④(2)收孥为原始社会的氏族习惯，连坐则是法家的创制，"至于战国，韩任申子，秦用商鞅，连相坐之法，造参夷之诛"⑤。(3)收孥以血缘关系为基础，连坐以地缘关系为基础。汉代连坐法应是从秦律继承而来，《史记·商君列传》云"匿奸者与降敌同罚"，沈家本说："同罚即连坐之事。一家有罪，九家连坐，不论其为亲族与否，与并坐家室之律不同，盖即《文纪》之相坐法。"⑥(4)收孥是将正犯的妻、子变为官奴婢，连坐者视正犯罪行而定，如因谋反被缘坐者，"其父母妻子同产无少长皆弃市"⑦。(5)收孥"所以累其心，使重犯法也"，连坐则在于让邻伍之间"相收司"，相互伺察、相互监督及举告非法。当然，收孥与连坐有较多共通之处，后世不加区分，统称为"缘坐"。清代王明德说："缘坐者，孽非本犯所自作，罪非本犯所自取，缘乎犯法之人罪大恶极，法无可加，因以及其所亲所密而坐之以罪。"⑧

汉《收律》规定："罪人完城旦舂、鬼薪以上，及坐奸府(腐)者，皆收其妻、子、财、田宅。"⑨由此可见，"收"是针对正犯犯了完城旦、鬼薪白粲以上较重的罪。秦律近似，"夫盗三百钱，告妻，妻与共饮食之，可(何)以论妻？非前谋殹(也)，当为收；其前谋，同罪"，"夫盗千钱，妻所匿三百，可(何)以论妻？妻智(知)夫盗

---

① 《汉书·武帝纪》载，建元元年五月，"赦吴楚七国帑输在官者"。颜师古注引应劭曰："吴楚七国反时，其首事者妻子没入为官奴婢，武帝哀焉，皆赦遣之也。"
② 《史记》卷六八《商君列传》，第2230页。
③ 《历代刑法考》，第82页。
④ 《历代刑法考》，第83—84页。
⑤ 《汉书》卷二三《刑法志》，第1096页。
⑥ 《历代刑法考》，第82页。
⑦ 《汉书》卷四九《爰盎晁错传》，第2302页。
⑧ 《读律佩觿》卷三，第57页。
⑨ 《张家山汉墓竹简》，第32页。

而匿之,当以三百论为盗;不智(知),为收"①。据秦律,"不盈五人,盗过六百六十钱,黥劓(劓)以为城旦;不盈六百六十钱到二百廿钱,黥为城旦;不盈二百廿以下到一钱,迁之"②。那么,盗三百钱者应黥为城旦舂,盗千钱者应劓为城旦,并收其妻。谋反大逆等重罪,就不能仅"收孥",而是正犯的父母、妻子、同产皆弃市③。

"收人",包括罪犯的妻、子。在秦律中,还有收其"外妻"及所生子的规定,"隶臣将城旦,亡之,完为城旦,收其外妻、子。子小未可别,令从母为收"④。

还会没收罪犯的田宅财产。睡虎地秦简《法律答问》:"妻有罪以收,妻媵(媵)臣妾、衣器当收,且畀夫?畀夫。"⑤汉简《收律》:"当收者,令狱史与官啬夫、吏杂封之,上其物数县廷,以临计。"⑥

子女免于"收"的规定包括:其一,"其子有妻、夫,若为户、有爵,及年十七以上,若为人妻而弃、寡者,皆勿收"⑦。这里,"其子"兼指儿女,意思是正犯之子有妻、正犯之女有夫,或另立为户、有爵位,及年龄在十七岁以上,或为他人妻子而被休弃、守寡者,皆不得收。后世法律即有"女嫁不坐"或"许嫁不坐"的规定,此外还有"出养、入道"不坐⑧等规定。其二,妇女没有丈夫,及为他人偏房,或另立门户不同户籍者,有罪应收为官婢者,"毋收其子",即不得将其子女收为官奴婢。

"毋收"妻或夫妻互相"免于收"的情况包括:首先,夫妻是利害关系的共同体,所以秦律规定:"夫有罪,妻先告,不收。"⑨汉律也规定:"夫有罪,妻告之,除于收及论;妻有罪,夫告之,亦除其夫罪。"⑩其次,在丈夫"坐奸、略妻及伤其妻"的情形下,可不收其妻。

---

① 《睡虎地秦墓竹简》,第157页。
② 《睡虎地秦墓竹简》,第150页。
③ 如汉《贼律》规定:"以城邑亭障反,降诸侯,及守乘城亭障,诸侯人来攻盗,不坚守而弃去之若降之,及谋反者,皆要(腰)斩。其父母、妻子、同产,无少长皆弃市。"
④ 《睡虎地秦墓竹简》,第201页。
⑤ 《睡虎地秦墓竹简》,第224页。
⑥ 《张家山汉墓竹简》,第32页。
⑦ 《张家山汉墓竹简》,第32页。
⑧ 参看《唐律疏议笺解》(下),第1249页。
⑨ 《睡虎地秦墓竹简》,第224页。
⑩ 《张家山汉墓竹简》,第32页。

汉律还规定："奴有罪,毋收其妻子为奴婢者。"①就是说,私奴有罪,不收其为奴的妻、子。但奴有罪已被告而尚未逮捕就已死亡者,其妻、子收为官奴婢。藏匿者,与盗同法。因为奴婢"律比畜产",藏匿应被收的奴婢,以盗窃罪来论处。唐以后法律也规定,奴婢"犯反逆者,止坐其身"②。

一般认为"收"就是"罪人妻子没为奴婢"。《初学记》引应劭《风俗通》云:"古制本无奴婢,即犯事者或原之,臧者,被赃罪,没入为官奴婢,获者逃亡,获得为奴婢也。"③但张家山汉简公布后,人们发现汉简《金布律》明确规定:"诸收人,皆入以为隶臣妾。"④有学者根据这条资料提出,"收人"与"隶臣妾"地位相同,收人即没入为官奴婢,社会地位卑下,相当于徒刑之隶臣妾。⑤ 但问题是关于"隶臣妾"的性质,本身就存在着学术观点上的分歧,有的学者认为"隶臣妾"是刑徒罪犯,有的学者认为"隶臣妾"是官奴婢,也有学者认为"隶臣妾"既是刑徒又是官奴婢。因此,要想弄清"收人"的法律地位,必须先厘清"隶臣妾"的问题⑥,才能进一步弄清楚"收人"与"隶臣妾"有什么不同。

根据汉简,"隶臣妾"无疑是汉代刑罚种类中的一种,有时也指被处该刑罚的刑徒。《盗律》:"诸当坐劫人以论者,其前有罪隶臣妾以上,及奴婢,毋坐,为民;为民者亦勿坐。"⑦这里所谓"其前有罪隶臣妾以上"就是指犯有前科、曾被判处隶臣妾刑的人,这就清楚表明"隶臣妾"是基于一定的犯罪行为而被判处的刑徒。作为劳役刑之一种,"隶臣妾"重于司寇,轻于鬼薪白粲。那么据前引简文

---

① 《张家山汉墓竹简》,第32页。
② 《唐律疏议》,第273页。
③ [唐]徐坚等著:《初学记》第二册卷一九,中华书局,1962年,第463页。
④ 此条疑为《收律》内容。
⑤ 李均明:《张家山汉简〈收律〉与家族连坐》,《文物》2002年第9期。
⑥ 关于"隶臣妾",在睡虎地秦简发现和公布以前,学术界对"隶臣妾"的身份并无异议。自秦简公布以后,秦律中的"隶臣妾"问题遂成了学术界争论的焦点问题之一。1977年,高恒在《文物》上发表《秦律中"隶臣妾"问题的探讨》一文,引起了学术界对"隶臣妾"问题的热烈讨论。这种讨论持续了很长时间,据粗略统计,发表的文章及有关论著有30多种,参与讨论的学者也近30位。张家山汉简公布以后,李学勤先生指出:"张家山简有关材料不少,在几个关键方面都较秦律更为清楚,促使众说有以折中。"总之,"隶臣妾"问题及相关讨论极其复杂,本人对此有专文阐述。
⑦ 《张家山汉墓竹简》,第18页。

"诸收人,皆入以为隶臣妾"的法律规定,"收人"所服劳役及待遇应与"隶臣妾"同,因此《二年律令》中常将"收人"与"隶臣妾"相提并论,如《钱律》:"捕盗铸钱及佐者死罪一人,予爵一级。其欲以免除罪人者,许之。捕一人,免除死罪一人,若城旦舂、鬼薪白粲二人,隶臣妾、收人、司空三人以为庶人。"①《亡律》:"隶臣妾、收人亡,盈卒岁,系城旦舂六岁;不盈卒岁,系三岁。自出殹,笞百。其去系三岁亡,系六岁;去系六岁亡,完为城旦舂。"②

但是,"收人"毕竟不同于"隶臣妾":(1)"隶臣妾"一般为正犯,身自犯法;而"收人"一般为正犯之妻子,非身自犯法。(2)汉初,"隶臣妾"刑期不定,文帝以后改为有期,所谓"罪人各以轻重,不亡逃,有年而免"③,晁错称为"罪人有期"④;"收人"被限制人身自由、强制服劳役的期限则视正犯而定。

第三节　秦的死刑

一　车裂

秦有车裂之刑,用以惩罚谋反叛逆者。如《史记》中《商君列传》记载:"秦惠王车裂商君以徇,曰:'莫如商鞅反者!'"《秦始皇本纪》载,嫪毐作乱,"卫尉竭、内史肆、佐弋竭、中大夫令齐等二十人皆枭首。车裂以徇,灭其宗。及其舍人,轻者为鬼薪。及夺爵迁蜀四千余家,家房陵",又云"子婴车裂赵高"。《陈涉世家》:"宋留以军降秦。秦传留至咸阳,车裂留以徇。"但车裂之刑似非秦所独有,《苏秦列传》:"苏秦且死,乃谓齐王曰:'臣即死,车裂臣以徇于市,曰"苏秦为燕作乱于齐",如此则臣之贼必得矣。'"⑤反映出齐国也有此刑,但汉代时似乎已不用此刑。

---

① 《张家山汉墓竹简》,第36页。
② 《张家山汉墓竹简》,第31页。
③ 《汉书》卷二三《刑法志》,第1098页。
④ 《汉书》卷四九《爰盎晁错传》,第2296页。
⑤ 以上引文见《史记》第2237、227、293、1959、2265—2266页。

二 枭首

《史记·秦始皇本纪》"卫尉竭、内史肆、佐弋竭、中大夫令齐等二十人皆枭首",《集解》:"县首于木上曰枭。"①程树德说:"秦杀嫪毐,其徒二十人皆枭首,是枭首本秦制。"②但《史记》记载秦之枭首刑仅此一例,睡虎地秦简中竟未见此刑。《墨子·备城门》以下各篇被认为是反映战国晚期秦国法律制度的文献,其《号令》篇云:"禁无得举矢书,若以书射寇,犯令者父母、妻子皆断,身枭城上。"③枭首被视为死刑中最严厉的一种,《通典》所谓"枭首者恶之长,斩刑者罪之大,弃市者死之下"④,《大戴礼记》中有所谓的"逆人伦者"⑤,枭首主要针对这类犯罪。古人以为鸱枭为不孝之鸟,"方生之初,母为多方哺食,尽极劬劳。及其羽翼将成,母则目盲力竭,不复能为攫取以供,乳枭遂群唼其母以供饱。母不能避,惟坚啮木枝,任其肆食而毙……其不尽者,惟余一首,空悬木枝之上",因此,"人主即其义而取之以警乎众"。⑥

枭首在汉代为常见死刑,主要针对的是"无尊上、非圣人、不孝者"等被认为极其严重的犯罪。沈家本《历代刑法考·汉律摭遗》中归纳了汉枭首刑之适用:

《栾布传》:"汉召彭越,责以谋反,夷三族,枭首雒阳。(下)布还,奏事彭越头下,祠而哭之。"此谋反之枭首也。《外戚传》:"女子楚服等坐为皇后巫蛊祠祭祝诅,大逆无道,相连及诛者三百余人,楚服枭首于市。"《刘屈氂传》:"妻子枭首。"此大逆之枭首也。殴父枭首见《董仲舒决狱》。梁平王之后任后亦以不孝枭首于市。此不孝之枭首也。并与此言合。然汉之枭首亦只此三者用之,它不用也。其有于律外用之者,非法也。楚服、屈氂妻、任后皆妇女,亦枭首。与今法不同。今法妇女

---

① 《史记》卷六《秦始皇本纪》,第227—229页。
② 程树德:《九朝律考》卷一,商务印书馆,2017年,第45页。
③ 《墨子间诂》下,第558页。
④ [唐]杜佑撰:《通典》卷一六四《刑二》,清武英殿刻本。
⑤ 《大戴礼记·本命》云:"大罪有五:逆天地者,罪及五世;诬文武者,罪及四世;逆人伦者,罪及三世;诬鬼神者,罪及二世;杀人者,罪止其身。故大罪有五,杀人为下。"
⑥ 《读律佩觿》,第139页。

不枲。①

三　腰斩

《史记·商君列传》："卒定变法之令。令民为什伍，而相牧司连坐。不告奸者腰斩，告奸者与斩敌首同赏，匿奸者与降敌同罚。……事末利及怠而贫者，举以为收孥。"②《史记》还记载李斯被具五刑，腰斩于咸阳市，因此程树德认为腰斩本秦制。

刘熙《释名·释丧制》曰："斩腰曰腰斩。"《战国策·秦策》载范雎曰："今臣之胸不足以当椹质，要（腰）不足以待斧钺。"沈家本认为："范雎谓胸当椹质，要待斧钺。言胸伏于椹质之上，而以斧钺斩其要也，其状甚明。"③"要斩"皆裸身受刑，《汉书·张苍传》载"苍当斩，解衣伏质，身长大，肥白如瓠"④。

《春秋公羊传·文公十六年》："无营上、犯军法者斩要。"《国语·鲁语》韦昭注："斧钺，军戮。《书》曰：'后至者斩。'"古时候将军出征，帝王赐以斧钺，以示有专征专伐之权。

四　磔

清段玉裁《说文解字注》："言磔者，开也，张也，剔其胸腹而张之，令其干枯不收。"《史记·李斯列传》："杀大臣蒙毅等，公子十二人僇死咸阳市，十公主矺死于杜。"《索隐》云矺与磔同。⑤ 汉初承袭秦律，景帝中元二年（前148）"改磔曰弃市"。《周礼·秋官司寇·掌戮》注："膊谓去衣磔之。"正因为此，妇女一般无磔刑，因此，张家山汉简《二年律令》中有"女子当磔若要（腰）斩者，弃市"⑥的规定。

五　弃市

弃市不仅剥夺罪犯的生命，而且带有很大的侮辱性，《释名》："市死曰弃市，

---

① 《历代刑法考》，第1549页。
② 《史记》卷六八《商君列传》，第2229—2230页。
③ 《历代刑法考·刑法分考三》，第115页。
④ 《汉书》卷四二《张周赵任申屠传》，第2093页。
⑤ 《史记》卷八七《李斯列传》，第2552页。
⑥ 《张家山汉墓竹简》，第21页。

市众所聚,言与众人共弃之也。"《史记·高祖本纪》索隐:"按:《礼》云'刑人于市,与众弃之',故今律谓绞刑为'弃市'也。"① 湖南益阳兔子山遗址九号井秦简:"十月己酉,劾曰:女子尊择不取行钱,问辞如劾,鞫审。己未,益阳守起、丞章、史完论刑煞尊市,即弃死市盈十日,令徒徙弃冢间。"② 实际上弃市就是不许收尸,兔子山秦简则提供了弃市十日不许收尸并弃尸于乱冢间的证据。

弃市是死刑中最轻的一等,沈家本认为,"汉之弃市,斩首之刑也"③。曹旅宁据《左传》中秦国间谍被弃市八日后复苏以及放马滩秦简《墓主记》弃市后复活的材料,认为"弃市"应为绞杀④,祝总斌先生也认为魏晋南北朝"弃市"为绞刑⑤。

秦律《法律答问》:"同母异父相与奸,可(何)论?弃市。""士五(伍)甲毋(无)子,其弟子以为后,与同居,而擅杀之,当弃市。"⑥《史记·秦始皇本纪》:"有敢偶语《诗》《书》者弃市。"

汉代弃市继承了秦制,《汉书·景帝纪》记载,中元二年,"改磔曰弃市,勿复磔"。《汉书注》引应劭曰:"先此诸死刑皆磔于市,今改曰弃市,自非妖逆不复磔也。"⑦ 可见,在秦的死刑种类中,磔要重于弃市。

六 囊扑

《史记·秦始皇本纪》正义引《说苑》云:"秦始皇太后不谨,幸郎嫪毐,始皇取毒四支车裂之,取两弟扑杀之,取太后迁之咸阳宫。下令曰:'以太后事谏者,戮而杀之,蒺藜其脊。'谏而死者二十七人。茅焦乃上说曰:'齐客茅焦,愿以太

---

① 《史记》卷八《高祖本纪》,第363页。
② 湖南省文物考古研究所、益阳市文物处撰:《湖南益阳兔子山遗址九号井发掘简报》,《文物》2016年第5期。
③ 《历代刑法考·汉律摭遗》,第1548页。
④ 曹旅宁:《秦律新探·从天水放马滩秦简看秦代的弃市》,中国社会科学出版社,2002年,第179页。
⑤ 祝总斌:《关于魏晋南北朝"弃市"刑为绞刑说》,《黎虎教授古稀纪念中国古代史论丛》,世界知识出版社,2006年,第65页。
⑥ 《睡虎地秦墓竹简》,第225、81—82页。
⑦ 《汉书》卷五《景帝纪》,第145—146页。

后事谏。'皇帝曰:'走告若,不见阙下积死人耶?'使者问焦。焦曰:'陛下车裂假父,有嫉妒之心;囊扑两弟,有不慈之名;迁母咸阳,有不孝之行;蒺藜谏士,有桀纣之治。天下闻之,尽瓦解,无向秦者。'王乃自迎太后归咸阳,立茅焦为傅,又爵之上卿。"①

七　定杀

定杀作为死刑,初见于秦简。为现存史籍和古代律典所不载。睡虎地秦简《法律答问》:"'疠者有罪,定杀。''定杀'可(何)如?生定杀水中之谓殹(也)。或曰生埋,生埋之异事殹(也)。""甲有完城旦罪,未断,今甲疠,问甲可(何)以论?当迁疠所处之;或曰当迁迁所定杀。"②从内容来看,定杀主要是针对麻风病人,活着投入水中淹死,而且特别说明不是活埋,大概是因为麻风病传染性极强。

八　戮与戮尸

戮,《说文解字》:"戮,杀也。又辱也。"《周礼·秋官司寇·掌戮》郑注:"戮,犹辱也,既斩杀又辱之。"《史记正义》所谓"戮而杀之"应指刑辱而后杀之。《法律答问》:"'誉适(敌)以恐众心者,翏(戮)。''翏(戮)'者可(何)如?生翏(戮),翏(戮)之已乃斩之之谓殹(也)。"③什么叫"戮"?先活着刑辱示众,然后斩首。但如何刑辱示众,简文中未见有具体说明。《左传·昭公四年》记载了楚王戮齐庆封的过程:"执齐庆封而尽灭其族。将戮庆封,椒举曰:'臣闻无瑕者可以戮人。庆封唯逆命,是以在此,其肯从于戮乎?播于诸侯,焉用之?'王弗听。负之斧钺,以徇于诸侯,使言曰:'无或如齐庆封,弑其君,弱其孤,以盟其大夫。'庆封曰:'无或如楚共王之庶子围,弑其君兄之子麇而代之,以盟诸侯。'王使速杀之。"④楚王戮庆封,就是让庆封背着斧钺到诸侯面前去宣布自己的罪状,然后再斩杀。结果庆封不仅未按楚王的要求宣布自己的罪状,反而揭了楚王的老底,

---

① 《史记》卷六《秦始皇本纪》,第 229 页。
② 《睡虎地秦墓竹简》,第 203、204 页。
③ 《睡虎地秦墓竹简》,第 173 页。
④ [战国]左丘明撰,[西晋]杜预集解:《左传》,上海古籍出版社,2015 年,第 728 页。

楚王不得不把他"速杀之"。刘海年认为"秦律所记载的刑的方法,与《左传》的记载是一致的"①。

戮尸是对有罪死者的尸体施加刑辱。《史记·秦始皇本纪》载,秦王政八年(前239),"王弟长安君成蟜将军击赵,反,死屯留,军吏皆斩死,迁其民于临洮。将军壁死,卒屯留、蒲鹖反,戮其尸"②。《国语·晋语九》:"杀其生者,而戮其死者。"韦昭注:"陈尸为戮。"《韩非子·内储说上》:"齐桓公患之,以告管仲,曰:'布帛尽则无以为币,材木尽则无以为守备,而人厚葬之不休,禁之奈何?'管仲对曰:'凡人之有为也,非名之则利之也。'于是乃下令曰:'棺椁过度者戮其尸,罪夫当丧者。'"③

九　坑

坑,指活埋。《史记·天官书》:"项羽救钜鹿,枉矢西流,山东遂合从诸侯,西坑秦人,诛屠咸阳。"④坑,往往是将多人集体活埋。《史记·秦始皇本纪》:"秦王之邯郸,诸尝与王生赵时母家有仇怨,皆坑之。""始皇闻亡,乃大怒曰:'……诸生在咸阳者,吾使人廉问,或为訞言以乱黔首。'于是使御史悉案问诸生,诸生传相告引,乃自除犯禁者四百六十余人,皆坑之咸阳,使天下知之,以惩后。"⑤《法律答问》:"'疠者有罪,定杀。''定杀'可(何)如?生定杀水中之谓殹(也)。或曰生埋,生埋之异事殹(也)。"⑥

十　赐死

赐死之刑,古代为优待大臣的制度。《汉书·贾谊传》:"故其在大谴大何之域者,闻谴何则白冠氂缨,盘水加剑,造请室而请罪耳,上不执缚系引而行也。其有中罪者,闻命而自弛,上不使人颈盭而加也。其有大罪者,闻命则北面再拜,跪

---

① 《战国秦代法制管窥·秦律刑罚考析》,第94页。
② 《史记》卷六《秦始皇本纪》,第224—225页。
③ 《韩子浅解·内储说上》,第238—239页。
④ 《史记》卷二七《天官书》,第1348页。
⑤ 《史记》卷六《秦始皇本纪》,第233、258页。
⑥ 《睡虎地秦墓竹简》,第203页。

而自裁,上不使捽抑而刑之也。"①

秦国史料中"赐死"之记载也多用于国君所亲近之臣子及功勋卓著者。《史记·秦始皇本纪》:"高乃与公子胡亥、丞相斯阴谋破去始皇所封书赐公子扶苏者……更为书赐公子扶苏、蒙恬,数以罪,赐死。"②《史记·李斯列传》记录了诏书内容及赐死过程:

> 更为书赐长子扶苏曰:"朕巡天下,祷祠名山诸神以延寿命。今扶苏与将军蒙恬将师数十万以屯边,十有余年矣,不能进而前,士卒多耗,无尺寸之功,乃反数上书直言诽谤我所为,以不得罢归为太子,日夜怨望。扶苏为人子不孝,其赐剑以自裁!将军恬与扶苏居外,不匡正,宜知其谋。为人臣不忠,其赐死,以兵属裨将王离。"封其书以皇帝玺,遣胡亥客奉书赐扶苏于上郡。
>
> 使者至,发书,扶苏泣,入内舍,欲自杀。蒙恬止扶苏曰:"陛下居外,未立太子,使臣将三十万众守边,公子为监,此天下重任也。今一使者来,即自杀,安知其非诈?请复请,复请而后死,未暮也。"使者数趣之。扶苏为人仁,谓蒙恬曰:"父而赐子死,尚安复请!"即自杀。③

《史记·秦始皇本纪》:"秦法,不得兼方不验,辄死。"《正义》:"言秦施法不得兼方者,令民之有方伎不得兼两齐,试不验,辄赐死。言法酷。"④

《史记·项羽本纪》:"陈馀亦遗章邯书曰:'白起为秦将,南征鄢郢,北坑马服,攻城略地,不可胜计,而竟赐死。'"⑤

此外,《汉书·刑法志》还提到秦有凿颠、抽胁之刑。

---

① 《汉书》卷四八《贾谊传》,第 2257 页。
② 《史记》卷六《秦始皇本纪》,第 264 页。
③ 《史记》卷八七《李斯列传》,第 2551 页。
④ 《史记》卷六《秦始皇本纪》,第 258—259 页。
⑤ 《史记》卷七《项羽本纪》,第 308 页。

第四节 秦的肉刑与劳役刑

一 肉刑

肉刑有五等,黥最轻,腐刑即宫刑最重。张家山汉简《具律》规定:"有罪当黥,故黥者劓之,故劓者斩左止(趾),斩左止(趾)者斩右止(趾),斩右止(趾)者府(腐)之。"①此当承袭秦律。肉刑主要针对男性,《左传》:"妇人无刑。虽有刑,不在朝市。"

(一)黥

黥,《说文解字》云"墨刑在面也",郑玄谓"先刻其面,以墨窒之"②。先秦时期,黥刑还针对严重的失信行为,《周礼·秋官司寇·司约》:"凡大约剂书于宗彝,小约剂书于丹图。若有讼者,则珥而辟藏,其不信者服墨刑。"③《尚书大传》:"非事而事之,出入不以道义,而诵不祥之辞者,其刑墨。"郑玄注:"'非事而事之',今所不当得为也。"

汉孝文帝废肉刑以前,东周各国大约皆用黥刑,《史记·孙子吴起列传》:"膑至,庞涓恐其贤于己,疾之,则以法刑断其两足而黥之,欲隐勿见。"④秦国亦有此刑,而且使用得较为广泛。《史记·秦本纪》:"鞅之初为秦施法,法不行,太子犯禁。鞅曰:'法之不行,自于贵戚。君必欲行法,先于太子。太子不可黥,黥其傅师。'于是法大用,秦人治。"⑤《史记·范雎传》:"须贾辞于范雎,范雎大供具,尽请诸侯使,与坐堂上,食饮甚设。而坐须贾于堂下,置莝豆其前,令两黥徒夹而马食之。"⑥《史记·张耳陈馀列传》:"秦法重,足下为范阳令十年矣,杀人之

---

① 《张家山汉墓竹简》,第 21 页。
② [汉]郑玄注,[唐]陆德明音义:《周礼》卷九,四部丛刊明翻宋岳氏本。
③ 《周礼》卷九,四部丛刊明翻宋岳氏本。
④ 《史记》卷六五《孙子吴起列传》,第 2162 页。
⑤ 《史记》卷五《秦本纪》,第 205 页。
⑥ 《史记》卷七九《范雎蔡泽列传》,第 2414 页。

父,孤人之子,断人之足,黥人之首,不可胜数。"①《史记·黥布列传》:"秦时为布衣。少年,有客相之曰:'当刑而王。'及壮,坐法黥。"②

黥刑是肉刑中最轻的一等,一般不单独施用,《史记·秦始皇本纪》:"臣请史官非秦记皆烧之。非博士官所职,天下敢有藏《诗》《书》、百家语者,悉诣守、尉杂烧之。有敢偶语《诗》《书》者弃市。以古非今者族。吏见知不举者与同罪。令下三十日不烧,黥为城旦。"③

"伤人者刑"为古代法律的一般性原则及通例,故黥刑亦多用于故意伤人者。睡虎地秦简《法律答问》:"斗以箴(针)、鈹、锥,若箴(针)、鈹、锥伤人,各可(何)论?斗,当赀二甲;贼,当黥为城旦。""殴大父母,黥为城旦舂。"④

根据法律规定,完城旦舂罪要加重一等时,往往附加以黥刑,或直接对某些犯罪处以黥为城旦舂。《法律答问》:"完城旦,以黥城旦诬人。可(何)论?当黥。""当黥城旦而以完城旦诬人,可(何)论?当黥劓(劓)。"⑤

同时期,少数民族有以墨面为俗者,如《史记·匈奴传》载:"匈奴法,汉使非去节而以墨黥其面者不得入穹庐。王乌,北地人,习胡俗,去其节,黥面,得入穹庐。单于爱之,详许甘言,为遣其太子入汉为质,以求和亲。"⑥但南越国则以黥为刑,显然与中原风俗相同,《史记·南越列传》记载武帝灭南越,"除其故黥劓刑,用汉法,比内诸侯"⑦。

(二)劓

劓,即截鼻之刑。劓刑为传说中皋陶五刑之一。《史记·五帝本纪》:"舜曰:'皋陶,蛮夷猾夏,寇贼奸轨,汝作士,五刑有服,五服三就;五流有度,五度三居:维明能信。'"《集解》引马融曰:"五刑,墨、劓、剕、宫、大辟。"⑧《尚书大传》:"觸易君命,革舆服制度,奸轨盗攘伤人者,其刑劓。"睡虎地秦简《法律答问》:

---

① 《史记》卷八九《张耳陈馀列传》,第 2574 页。
② 《史记》卷九一《黥布列传》,第 2597 页。
③ 《史记》卷六《秦始皇本纪》,第 255 页。
④ 《睡虎地秦墓竹简》,第 188、184 页。
⑤ 《睡虎地秦墓竹简》,第 203 页。
⑥ 《史记》卷一〇一《匈奴列传》,第 2913 页。
⑦ 《史记》卷一一三《南越列传》,第 2972 页。
⑧ 《史记》卷一《五帝本纪》,第 39—40 页。

"不盈五人,盗过六百六十钱,黥劓(劓)以为城旦。"①汉简《具律》规定有罪当黥,"故黥者劓之",也就是说,以往曾因犯罪被处以黥刑者加重,处以劓刑,"赎劓、黥,金一斤"。

秦国有劓刑,《史记·商君列传》:"行之四年,公子虔复犯约,劓之。"②而且秦国使用劓刑较多,崔寔《政论》云:"秦割六国之君,劓杀其民,于是赭衣塞路,有鼻者丑,故百姓鸟惊兽骇,不知所归命。"劓刑也见于关东六国,如《史记·田单列传》记载,田单奉一士卒为师,"每出约束,必称神师。乃宣言曰:'吾唯惧燕军之劓所得齐卒,置之前行,与我战,即墨败矣。'燕人闻之,如其言。城中人见齐诸降者尽劓,皆怒,坚守,唯恐见得"③。《韩非子·奸劫弑臣》:"及襄子之杀智伯也,豫让乃自黔劓,败其形容,以为智伯报襄子之仇。"④

汉初也一直沿用劓刑,直到文景帝废肉刑为止。《楚汉春秋》载:"正疆数言事而当,上使参乘,解玉剑以佩之。天下定,以为守。有告之者,上曰:'天下方急,汝何在?'曰:'亡。'上曰:'正疆沐浴霜露与我从军,而汝亡,告之何也!'下廷尉,劓。"⑤

(三)斩左止

斩左止就是"断足"之刑,即古之刖刑。沈家本说:"古者之刖,初犯刖左足,复犯刖右足。"⑥实际上,"止"即"脚趾"的象形,斩止即断去脚掌之刑,不包括脚后跟。《说文解字》认为"跀"又作"𨂂",也可省作"兀"。如《庄子》中常提到"兀者",据李颐注:"刖足曰兀。"《德充符》:"鲁有兀者叔山无趾,踵见仲尼。"兀者叔山即受了刖刑而无趾即无脚,所以只能用脚后跟走路去见仲尼。⑦

古代斩止一般适用于"决关梁、逾城郭而略盗"⑧者,如"卫国之法,窃驾君车

---

① 《睡虎地秦墓竹简》,第150页。
② 《史记》卷六八《商君列传》,第2232页。
③ 《史记》卷八二《田单列传》,第2454页。
④ 《韩子浅解·奸劫弑臣》,第110页。
⑤ 引自《太平御览》卷六四八《刑法部十四》。
⑥ 《历代刑法考》,第199页。
⑦ 参见吴荣曾:《读史丛考·〈周礼〉和六国刑制》,中华书局,2014年,第57页。
⑧ 《尚书大传》:"决关梁、逾城郭而略盗者,其刑膑。"《三国志·魏书·陈群传》:"使淫者下蚕室,盗者刖其足,则永无淫放穿窬之奸矣。"

者罪至刖"①。秦律继承了这个传统,睡虎地秦简《法律答问》:"五人盗,臧(赃)一钱以上,斩左止,有(又)黥以为城旦。"②"群盗赦为庶人,将盗戒(械)囚刑罪以上,亡,以故罪论,斩左止为城旦,后自捕所亡,是谓'处隐官'。"③汉简《津关令》:"越塞,斩左止(趾)为城旦。"④汉简《具律》规定:"有罪当黥……故劓者斩左止(趾),斩左止(趾)者斩右止(趾)。"⑤也就是说,规定有罪当黥,以往曾犯罪被处以劓刑者加重处以斩左趾,因犯罪已被处斩左趾刑者,再加重处以斩右趾。

(四)斩右止

《汉书·刑法志》:"诸当完者,完为城旦舂;当黥者,髡钳为城旦舂;当劓者,笞三百;当斩左止者,笞五百;当斩右止,及杀人先自告,及吏坐受赇枉法,守县官财物而即盗之,已论命复有笞罪者,皆弃市。"⑥在汉文帝未除肉刑以前,汉代的刑制当是承袭秦制,可见秦律中一般不直接判处斩右趾,已被处斩左趾罪者要加重处以斩右趾,一方面说明斩左趾为初犯斩趾刑,斩右趾为再犯斩趾重罪,另一方面说明斩右趾重于斩左趾,所以文帝废除肉刑时,将斩右趾加重为弃市。据说,孝景帝时又恢复。⑦

《史记·鲁仲连邹阳列传》"昔卞和献宝,楚王刖之"。《集解》引应劭曰:"卞和得玉璞,献之武王。武王示玉人,玉人曰'石也'。刖右足。武王没,复献文王,玉人复曰'石也'。刖其左足。至成王时,卞和抱璞哭于郊,乃使玉尹攻之,果得宝玉。"《索隐》:"楚人卞和得玉璞事见《国语》及吕氏《春秋》。案世家,楚武王名熊通。"⑧

鋈足,见于睡虎地秦简《法律答问》:"葆子□□未断而诬告人,其罪当刑城旦,耐以为鬼薪而鋈足。"整理小组注:"鋈(wò,沃),读为杤,《广雅·释诂一》:

---

① 《史记》卷六三《老子韩非列传》,第2154页。
② 《睡虎地秦墓竹简》,第150页。
③ 《睡虎地秦墓竹简》,第205页。
④ 《张家山汉墓竹简》,第83页。
⑤ 《张家山汉墓竹简》,第21页。
⑥ 《汉书》卷二三《刑法志》,第1099页。
⑦ 《三国志·魏书·锺繇传》:"孝景之令,其当弃市欲斩右趾者许之。"
⑧ 《史记》卷八三《鲁仲连邹阳列传》,第2471页。

'折也。'鋈足,意为刖足。一说,鋈足应为在足部施加刑械,与钛足、锴足类似。"①《史记》《汉书》中常见"钛足",如《史记·平准书》"钛左趾",《集解》引韦昭曰:"钛,以铁为之,著左趾以代刖也。"引张斐《汉晋律序》云:"状如跟衣,著(足)〔左〕足下,重六斤,以代膑,至魏武改以代刖也。"②睡虎地秦简《秦律十八种·司空》:"公士以下居赎刑罪、死罪者,居于城旦舂,毋赤其衣,勿枸椟欙杕。鬼薪白粲,群下吏毋耐者,人奴妾居赎贷责(债)于城旦,皆赤其衣,枸椟欙杕,将司之;其或亡之,有罪。葆子以上居赎刑以上到赎死,居于官府,皆勿将司。"整理小组注:"枸椟欙杕,均为刑具。枸椟应为木械,如枷或桎梏之类。欙,读为缧(léi,雷),系在囚徒颈上的黑索。杕,读为钛(dì,第),套在囚徒足胫的铁钳。"③因此,刘海年认为:"杕即钛。字形书写的变化,表明刑具用料发生了变化。这种刑具可能由最初的以铁为之,改变为后来的以木为之,或者铁木交互使用。近几年在考古发掘中,获得了战国和西汉时的铁钳,从实物上印证了秦鋈足刑罚的存在。秦律中的鋈足,应是钛刑的一种。按照法律规定,在某些情况下,对于某种人,它可以取代刖刑。"④

(五)腐刑

腐即宫刑,是"次死之刑"。苏林曰:"宫刑,其创腐臭,故曰腐也。"如淳曰:"腐,宫刑也。丈夫割势,不能复生子,如腐木不生实。"⑤腐刑严重毁坏男性的生理机能,而且带有极大的侮辱性,专门针对男性奸非犯罪。《尚书大传》:"男女不以义交者,其刑宫。"

《史记·吕不韦列传》:"始皇帝益壮,太后淫不止。吕不韦恐觉祸及己,乃私求大阴人嫪毐以为舍人,时纵倡乐,使毐以其阴关桐轮而行,令太后闻之,以啖太后。太后闻,果欲私得之。吕不韦乃进嫪毐,诈令人以腐罪告之。不韦又阴谓太后曰:'可事诈腐,则得给事中。'太后乃阴厚赐主腐者吏,诈论之,拔其须眉为宦者,遂得侍太后。"⑥可见,秦朝的腐刑由专门机构施行,汉代亦复如是。汉《囚

---

① 《睡虎地秦墓竹简》,第198、199页。
② 《史记》卷三〇《平准书》,第1429页。
③ 《睡虎地秦墓竹简》,第84、86页。
④ 《战国秦代法制管窥·秦律刑罚考析》,第94页。
⑤ 《汉书》卷五《景帝纪》,第147页。
⑥ 《史记》卷八五《吕不韦列传》,第2511页。

律》规定:"有罪当府(腐)者,移内官,内官府(腐)之。"①

二 劳役

关于秦的劳役刑问题,学术界至今存在争议,有主张无期说的,也有主张有期说的,这个争议在"隶臣妾"问题上表现得尤为突出。现在看来,无期说是有一定道理的。秦的劳役刑是由"城旦舂""鬼薪白粲""隶臣、妾""司寇、候"组成的一个刑罚等级序列,"自城旦而下逐次降低。把劳作工种,劳役强度,服刑役加刑具、色衣、监视与否,以及加肉刑情况诸方面统一结合起来,就构成为各种刑徒的名称和轻重不同的等级序列"②,而且都无固定期限。这个等级序列为汉代所继承,文帝以后改无期为有期,《汉书·刑法志》所谓"罪人各以轻重,不亡逃,有年而免",晁错称为"罪人有期"。

(一)司寇

司寇是较轻的劳役,《汉官旧仪》:"司寇男备守,女为作如司寇,皆作二岁。"《后汉书·张皓传》注:"司寇,二岁刑也。输作司寇,因以名焉。"③沈家本说:"司,犹察也。古别无'伺'字,司即伺察之字。司寇,伺察寇盗也,男以备守,其义盖如此。"④蔡枢衡认为"司寇作实是笞箠斫,亦即以编织精致竹器为内容的自由和劳动刑"⑤。

睡虎地秦简中多见"司寇"。《秦律十八种·仓律》:"城旦之垣及它事而劳与垣等者,旦半夕参;其守署及为它事者,参食之。其病者,称议食之,令吏主。城旦舂、舂司寇、白粲操土攻(功),参食之;不操土攻(功),以律食之。"⑥规定了包括"舂司寇"在内的各种刑徒的伙食定量。"舂司寇"是指女司寇参加舂米劳役。

《秦律十八种·司空》:"司寇勿以为仆、养、守官府及除有为殹(也)。有上

---

① 《张家山汉墓竹简》,第25页。
② 张金光:《秦制研究》第七章《刑徒制度》,上海古籍出版社,2004年,第530页。
③ 《后汉书》卷五六《张王种陈列传》,第1816页。
④ 《历代刑法考》,第298页。
⑤ 蔡枢衡:《中国刑法史》第六章《刑罚体系的产生和演变(下)》,广西人民出版社,1983年,第87页。
⑥ 《睡虎地秦墓竹简》,第51页。

令除之,必复请之。"①不得任用司寇做赶车、烹炊、看守官府或其他的事。如有上级命令任用他们,一定要重新请示。

《秦律十八种·内史杂》:"侯(候)、司寇及群下吏毋敢为官府佐、史及禁苑宪盗。"②候、司寇以及众下吏,都不准做官府的佐、史和禁苑的宪盗。

《法律答问》:"当耐司寇而以耐隶臣诬人,可(何)论?当耐为隶臣。当耐为侯(候)罪诬人,可(何)论?当耐为司寇。"③

(二)隶臣妾

作为劳役刑之一种,"隶臣妾"重于司寇,轻于鬼薪白粲。睡虎地秦简被发现后,学术界曾就"隶臣妾"问题展开激烈争论,观点不一,有"刑徒"说,有"官奴隶"说,还有"刑徒"兼"奴隶"说。如果从劳役的等级序列和整个刑罚体系来看,"隶臣妾"应为刑徒。

(三)鬼薪白粲

鬼薪白粲,其得名是由于服此役者,男犯"取薪给宗庙为鬼薪",女犯"坐择米使正白为白粲"。鬼薪白粲轻于"城旦舂",而且不施加肉刑。因此,"鬼薪白粲"成为对有一定身份者犯重罪的优待,如《汉书·惠帝纪》记载惠帝即位,下诏"上造以上及内外公孙耳孙有罪当刑及当为城旦舂者,皆耐为鬼薪白粲"。④

睡虎地秦简《秦律杂抄·游士律》:"有为故秦人出,削籍,上造以上为鬼薪,公士以下刑为城旦。"⑤

《法律答问》:"葆子□□未断而诬告人,其罪当刑城旦,耐以为鬼薪鋈足。""可(何)谓'当刑为鬼薪'?当耐为鬼薪未断,以当刑隶臣及完城旦诬告人,是谓'当刑鬼薪'。""可(何)谓'赎鬼薪鋈足'?可(何)谓'赎宫'?臣邦真戎君长,爵当上造以上,有罪当赎者,其为群盗,令赎鬼薪鋈足;其有府(腐)罪,〔赎〕宫。其它罪比群盗者亦如此。"⑥

"鬼薪白粲"为官府服杂役,如牧马、牛、羊等,如果马、牛、羊食人稼穑,"鬼

---

① 《睡虎地秦墓竹简》,第91页。
② 《睡虎地秦墓竹简》,第107页。
③ 《睡虎地秦墓竹简》,第202页。
④ 《汉书》卷二《惠帝纪》,第87、85页。
⑤ 《睡虎地秦墓竹简》,第130页。
⑥ 《睡虎地秦墓竹简》,第198—200页。

薪白粲"将被笞打一百,并"禁毋牧",并由"县官皆为赏(偿)主"。"鬼薪白粲"有一定的人身自由,但其家室不能"居民里中",否则以亡论。其诉讼权利受到限制,"城旦舂、鬼薪白粲告人,皆勿听"。①

(四)城旦舂

"城旦舂"是最重的一种劳役刑,其得名与所服苦役有关,《汉书·惠帝纪》注引应劭曰"城旦者,旦起行治城;舂者,妇人不豫外徭,但舂作米"。《汉书·外戚传》有关于城旦舂服刑的描述:"高祖崩,惠帝立,吕后为皇太后,乃令永巷囚戚夫人,髡钳衣赭衣,令舂。戚夫人舂且歌曰:'子为王,母为虏,终日舂薄暮,常与死为伍! 相离三千里,当谁使告女?'"②城旦舂可分为几种:只服"城旦舂"苦役,"不加肉刑髡剃"者称为完城旦舂;在服"城旦舂"苦役前若施黥、劓、斩趾等刑,称为"刑城旦舂",如"黥为城旦舂""斩左趾以为城旦舂",作为对某些犯罪加重的刑等。

《史记集解》引如淳曰:"律说'论决为髡钳,输边筑长城,昼日伺寇虏,夜暮筑长城'。城旦,四岁刑。"③城旦舂为"四岁刑",应是文帝以后的制度,从秦到汉初,"城旦舂"应无明确刑期。汉简《具律》:"隶臣妾及收人有耐罪,系城旦舂六岁。系日未备而复有耐罪,完为城旦舂。城旦舂有罪耐以上,黥之。"④《亡律》:"隶臣妾、收人亡,盈卒岁,系城旦舂六岁;不盈卒岁,系三岁。自出殹(也),笞百。其去系三岁亡,系六岁;去系六岁亡,完为城旦舂。"⑤

睡虎地秦简《法律答问》中有大量适用城旦刑的法律解释,城旦刑主要用于:

第一,赃数较大的盗窃罪,分别处以完城旦或黥城旦。如:"五人盗,臧(赃)一钱以上,斩左止,有(又)黥以为城旦;不盈五人,盗过六百六十钱,黥劓(劓)以为城旦;不盈六百六十到二百廿钱,黥为城旦;不盈二百廿以下到一钱,迁(迁)之。""人臣甲谋遣人妾乙盗主牛,买(卖),把钱偕邦亡,出徼,得,论各可(何)殹(也)? 当城旦黥之,各畀主。""甲盗牛,盗牛时高六尺,系一岁,复丈,高六尺七

---

① 《张家山汉墓竹简》,第27页。
② 《汉书》卷九七上《外戚传》,第3957页。
③ 《史记》卷六《秦始皇本纪》,第255页。
④ 《张家山汉墓竹简》,第21页。
⑤ 《张家山汉墓竹简》,第31页。

寸,问甲可(何)论?当完城旦。""士五(伍)甲盗,以得时直(值)臧(赃),臧(赃)直(值)过六百六十,吏弗直(值),其狱鞫乃直(值)臧(赃),臧(赃)直(值)百一十,以论耐,问甲及吏可(何)论?甲当黥为城旦;吏为失刑罪,或端为,为不直。""上造甲盗一羊,狱未断,诬人曰盗一猪,论可(何)殹(也)?当完城旦。"①

第二,擅杀罪。擅杀虽为杀人,但杀人者往往为被杀者之尊长,对其拥有一定的人身权,故此类杀人量刑较轻。"擅杀子,黥为城旦舂。其子新生而有怪物其身及不全而杀之,勿罪。""人奴擅杀子,城旦黥之,畀主。"②

第三,情节较重的伤人罪。"殴大父母,黥为城旦舂。""或与人斗,缚而尽拔其须麋(眉),论可(何)殹(也)?当完城旦。""士五(伍)甲斗,拔剑伐,斩人发结,可(何)论?当完为城旦。"③

第五节　秦的耻辱刑

一　髡

"髡"即将人的头发薙掉,其作为一种刑罚似乎较晚,《尚书》的五刑中没有髡,《周礼》的《司刑》中也没有髡,但《掌戮》中有"髡者使守积"的规定,与刖、墨、宫等刑余之人同等待遇。古代罪人与奴隶不分,因而奴隶皆髡发,如战国时齐人淳于髡,《史记·滑稽列传》说他是"齐之赘婿也"。平民转化为奴,亦必髡发。《史记·季布传》:"乃髡钳季布,衣褐衣,置广柳车中,并与其家僮数十人,之鲁朱家所卖之。朱家心知是季布,乃买而置之田。诫其子曰:田事听此奴,必与同食。"④

髡为奴辱之刑,与肉刑有相似之处,就是将人体之一部分切割。在古人心目中,发肤与身体的其他部分同样重要。但髡又明显轻于肉刑,即髡刑不流血,无

---

① 《睡虎地秦墓竹简》,第 150、152、153、165、173 页。
② 《睡虎地秦墓竹简》,第 181、183 页。
③ 《睡虎地秦墓竹简》,第 184、186、187 页。
④ 《史记》卷一〇〇《季布栾布列传》,第 2729 页。

肉体之痛苦,且头发具有再生功能,故髡刑不在五刑之内,是一种仅能造成精神痛苦和形象毁损的耻辱刑。

睡虎地秦简《法律答问》:"士五(伍)甲斗,拔剑伐,斩人发结,可(何)论?当完为城旦。""或与人斗,缚而尽拔其须麋(眉),论可(何)殹(也)?当完城旦。"①

以上两例犯罪有"斩人发结""拔其须麋(眉)"的行为,按照"以牙还牙,以眼还眼"同态复仇的用刑原则,两种犯罪均"当完城旦",即髡其发而为城旦。

二 耐

《史记·淮南衡山列传》"臣之愚计,可伪为丞相御史请书,徙郡国豪桀任侠及有耐罪以上",《史记集解》应劭曰:"轻罪不至于髡,完其耏鬓,故曰耏。古'耏'字从'彡',发肤之意。杜林以为法度之字皆从'寸',后改如是。耐音若能。"引如淳曰:"律'耐为司寇,耐为鬼薪、白粲'。耐犹任也。"苏林曰:"一岁为罚作,二岁刑已上为耐。耐,能任其罪。"②

《史记·廉颇蔺相如列传》索隐:"江遂曰:'汉令称完而不髡曰耐,是完士未免从军也。'"③

三 完

《法律答问》:"女子为隶臣妻,有子焉,今隶臣死,女子北其子,以为非隶臣子殹(也),问女子论可(何)殹(也)?或黥颜䫾为隶妾,或曰完,完之当殹(也)。"④

历来对髡、耐、完的解释有矛盾之处。段玉裁《说文解字注》云:"髡者,剃发也。不剃其发,仅去须鬓,是曰耐,亦曰完。谓之完者,言完其发也。"⑤按段玉裁的解释,髡是一个等级,耐与完是另一个等级。《史记·廉颇蔺相如列传》索隐云"汉令称完而不髡曰耐",是以耐即不髡。这就是说,耐刑仅剃去鬓毛和胡须,

---

① 《睡虎地秦墓竹简》,第187、186页。
② 《史记》卷一一八《淮南衡山列传》,第3090、3092页。
③ 《史记》卷八一《廉颇蔺相如列传》,第2446页。
④ 《睡虎地秦墓竹简》,第225页。
⑤ 《说文解字注》,第454页。

完其发,所以又称完刑,耐与完是同一种刑罚的两种称呼。历来对髡、耐、完三者关系的说法颇多矛盾,但有一点大家均无疑问,髡、耐、完可以单独用来惩罚犯罪,也可以作为附加刑和徒刑结合使用。

吴荣曾认为:"髡也可写成完字,完、髡音近,可以通假。如《周礼》的'髡者使守积',而《汉书·刑法》引这句话,写作'完者使守积',可以为证。另外如张家山出土汉简中所引用的《鲁法》,其中有'完为倡'之语。这个'完'字和秦的完城旦之'完'一样,即髡之假借。倡是乐人,属于官奴身份,官奴是要髡首的。"①

韩树峰也认为:"秦至汉文帝改制前,徒刑中最重的城旦舂既可附加肉刑,亦可附加剃去发须的耐刑、髡刑。肉刑'断支体,伤肌肤',犯人受刑后,形貌无法恢复,而剃去发须的耐、髡之刑虽然暂时改变了形貌,但以后仍可复原。为强化对比,因此前者常称为'刑城旦',后者则称为'完城旦'。较轻的司寇、隶臣妾、鬼薪白粲等徒刑一般不附加肉刑,而是附加剃去发须之刑。由于没有肉刑相对照,所以称为'耐司寇''耐隶臣妾''耐鬼薪白粲',而不称完刑。"②

第六节 秦的迁刑与戍边

一 迁

迁,义为放逐、贬谪。秦从商鞅变法时便开始实行这种刑罚。商鞅曾把他认为的"乱化之民""尽迁之于边城"③,秦昭王和始皇时也都曾广泛运用此法。秦的迁刑近于后世的流刑,但和后世的流刑有区别。

秦律中施用迁刑的有夺爵者,也有不夺爵而迁者。如《史记·秦始皇本纪》载,嫪毐谋反,"中大夫令齐等二十人皆枭首。车裂以徇,灭其宗。及其舍人,轻者为鬼薪。及夺爵迁蜀四千余家,家房陵"④,此为夺爵的例子。也有保留了爵位的,如始皇"十二年,文信侯不韦死,窃葬。其舍人临者,晋人也逐出之;秦人

---

① 《读史丛考·〈周礼〉和六国刑制》,第59页。
② 韩树峰:《汉魏法律与社会——以简牍、文书为中心的考察》,社会科学文献出版社,2011年,第23页。
③ 《史记》卷六八《商君列传》,第2231页。
④ 《史记》卷六《秦始皇本纪》,第227页。

六百石以上夺爵,迁;五百石以下不临,迁,勿夺爵"①,此例中两种情况皆有。可见,秦律中判处迁刑的不一定是很重的罪,甚至无罪之人也可能被迁徙戍边,如"陈涉,瓮牖绳枢之子,甿隶之人,而迁徙之徒"②。

从迁刑适用的罪名来看,亦皆轻罪。《法律答问》:"五人盗,臧(赃)一钱以上,斩左止,有(又)黥以为城旦;不盈五人,盗过六百六十钱,黥劓以为城旦;不盈六百六十到二百廿钱,黥为城旦;不盈二百廿以下到一钱,迁(迁)之。"③此例中所迁者为最轻微的盗罪。

《秦律杂抄·傅律》:"匿敖童,及占癃(癃)不审,典、老赎耐。百姓不当老,至老时不用请,敢为酢(诈)伪者,赀二甲;典、老弗告,赀各一甲;伍人,户一盾,皆迁(迁)之。"④这是一例在申报户籍时弄虚作假的案例,按秦律规定,隐匿成童及申报废疾不确实,里典、伍老应赎耐。百姓不应免老,或已应免老而不加申报、敢弄虚作假的,罚二甲;里典、伍老不加告发,各罚一甲;同伍的人,每家罚一盾,并处以迁刑。

《秦律杂抄》:"吏自佐、史以上负从马、守书私卒,令市取钱焉,皆迁。"⑤自佐、史以上的官吏有驮运行李的马和看守文书的私卒,若将其用以贸易牟利,均处以迁刑。可见迁刑针对的都是轻微的犯罪。秦律规定"皆迁",说明秦的迁刑在刑罚等级上较徒刑城旦轻。整理小组将秦律中的"迁"解释为"流放",容易引起歧义,因为隋唐以后各封建王朝的流刑,则是仅次于绞、斩的重刑。

秦律规定,处迁刑,犯罪者的家人要一起被迁徙。《法律答问》:"啬夫不以官为事,以奸为事,论可(何)殹(也)? 当迁(迁)。迁(迁)者妻当包不当? 不当包。"⑥即使其妻子有自首行为,也不能免除被迁的连带处罚,《法律答问》:"当迁(迁),其妻先自告,当包。"⑦

迁刑也是对"疠"者的一种安置措施。《法律答问》:"甲有完城旦罪,未断,

---

① 《史记》卷六《秦始皇本纪》,第231页。
② 《史记》卷六《秦始皇本纪》,第281页。
③ 《睡虎地秦墓竹简》,第150页。
④ 《睡虎地秦墓竹简》,第143页。
⑤ 《睡虎地秦墓竹简》,第133页。
⑥ 《睡虎地秦墓竹简》,第177页。
⑦ 《睡虎地秦墓竹简》,第178页。

今甲疠,问甲可(何)以论?当嚣(迁)疠所处之;或曰当嚣(迁)嚣(迁)所定杀。"
"城旦、鬼薪疠,可(何)论?当嚣(迁)疠嚣(迁)所。"①

《封诊式》:"嚣(迁)子爰书:某里士五(伍)甲告曰:'谒鋈亲子同里士五(伍)丙足,嚣(迁)蜀边县,令终身毋得去嚣(迁)所,敢告。'告法(废)丘主:士五(伍)咸阳才(在)某里曰丙,坐父甲谒鋈其足,嚣(迁)蜀边县,令终身毋得去嚣(迁)所论之,嚣(迁)丙如甲告,以律包。今鋈丙足,令吏徒将传及恒书一封诣令史,可受代吏徒,以县次传诣成都,成都上恒书太守处,以律食。法(废)丘已传,为报,敢告主。"②此例中,其子被迁,是在父亲请求下,政府按父亲的意愿要求而对其子做出的一种安置,不问缘由,有求必应,甚至"鋈其足"。

二 戍

戍即戍边,是一种对过错的惩罚性措施。在秦律中往往见"戍一岁""戍三岁"之语,而且与赀刑并列。文献中常见"谪戍"。《史记·秦始皇本纪》:"徙谪,实之初县。"《索隐》:"徙有罪而谪之,以实初县,即上'自榆中属阴山,以为三十四县'是也。故汉七科谪亦因于秦。"③《史记·郦生陆贾列传》:"夫敖仓,天下转输久矣,臣闻其下乃有藏粟甚多。楚人拔荥阳,不坚守敖仓,乃引而东,令適卒分守成皋,此乃天所以资汉也。"《索隐》案:"《通俗文》云'罚罪云谪',即所谓谪戍。"④《汉书·晁错传》:"秦之戍卒不能其水土,戍者死于边,输者偾于道。秦民见行,如往弃市,因以谪发之,名曰'谪戍'。先发吏有谪及赘婿、贾人,后以尝有市籍者,又后以大父母、父母尝有市籍者,后入闾,取其左。"⑤文献中所见为徙民实边戍边的政策,当为终身戍边。秦简所见为短期戍边,可见其所犯罪错轻微。如《秦律杂抄》:"不当禀军中而禀者,皆赀二甲,法(废);非吏殹(也),戍二岁;徒食、敦(屯)长、仆射弗告,赀戍一岁;令、尉、士吏弗得,赀一甲。军人买(卖)禀禀所及过县,赀戍二岁;同车食、敦(屯)长、仆射弗告,戍一岁;县司空、司空佐

---

① 《睡虎地秦墓竹简》,第204页。
② 《睡虎地秦墓竹简》,第261—262页。
③ 《史记》卷六《秦始皇本纪》,第253—254页。
④ 《史记》卷九七《郦生陆贾列传》,第2694页。
⑤ 《汉书》卷四九《爰盎晁错传》,第2284页。

史、士吏将者弗得,赀一甲;邦司空一盾。"①从此例可以看出,秦律既有"戍一岁""戍二岁",还有"赀戍",也就是出钱免戍。当然也有自愿戍边者,如《秦律十八种·司空》:"百姓有母及同牲(生)为隶妾,非適(谪)罪殴(也)而欲为冗边五岁,毋赏(偿)兴日,以免一人为庶人,许之。"②

第七节 秦的其他惩罚

一 赎刑

赎刑起源很早,西周时期,为了防止刑罚冤滥,对于"疑罪从赦",用赎刑来代替肉刑和死刑,即所谓"金作赎刑"。春秋时期,齐国赎罪以甲、盾,桓公是以称霸。以往,学术界限于文献资料,一般认为"汉初承秦苛法之余,未有赎罪之制"③,赎刑为"武帝以后事"④。睡虎地秦简的发现,说明秦律不仅有赎刑⑤,而且可以金钱、谷物、布帛甚至奴婢等收赎。⑥

汉初赎刑分六等:"赎死,金二斤八两。赎城旦舂、鬼薪白粲,金一斤八两。赎斩、府(腐),金一斤四两。赎劓、黥,金一斤。赎耐,金十二两。赎迁,金八两。"⑦从前引汉简《金布律》可知,汉初既可以金赎罪⑧,也可以平价入钱,还可为他人纳赎除罪。

---

① 《睡虎地秦墓竹简》,第133—134页。
② 《睡虎地秦墓竹简》,第91页。
③ 程树德:《九朝律考》,中华书局,2003年,第46页。
④ 《历代刑法考》,第329页。
⑤ 《法律答问》:"内公孙毋爵者当赎刑,得比公士赎耐不得?得比焉。"见《睡虎地秦墓竹简》第231页。
⑥ 《墨子·号令》:"邑人知识、昆弟有罪,虽不在县中而欲为赎,若以粟米、钱金、布帛、他财物免出者,令许之。"见《墨子间诂》,第554页。
⑦ 《张家山汉墓竹简》,第25页。
⑧ 东汉可以谷物、布帛等赎罪,《后汉书·显宗孝明帝纪》诏曰:"其敕有司务顺时气,使无烦扰。天下亡命殊死以下,听得赎论;死罪入缣二十匹,右趾至髡钳城旦舂十匹,完城旦舂至司寇作三匹。其未发觉,诏书到先自告者,半入赎。"

赎刑重于罚金,轻于劳役刑,汉《告律》规定"告不审及有罪先自告,各减其罪一等"①,司寇减轻为赎刑。沈家本说:"凡言赎者,皆有本刑,而以财易其刑,故曰赎。"②从张家山汉简来看,汉初法律往往直接规定某种犯罪处以某等赎刑,可见,一方面,赎刑在汉初作为规定刑,适用于全体犯罪者;另一方面,汉初法律也规定,某种法定刑基于某种理由或法律规定可以收赎,主要是针对身份特殊者,赎刑则成为这些享有特权者的一种替代刑或换刑③。具体地讲,赎刑适用有以下特点:

1. 一些主观非故意犯罪的法定刑。

马融说,汉代法律规定"意善功恶,使出金赎罪,坐不戒慎者"④。江声《尚书集注音疏》曰:"功谓事也,谓意本无恶而所为之事或不戒慎而有伤害,纵之则无所惩,刑之则恐枉滥,姑使出金赎之。"汉简《具律》规定:"其非故也,而失不审者,以其赎论之。"⑤张斐曰"赎罚者误之诫"⑥,后世基本遵守这个原则,《唐律疏议》:"诸过失杀伤人者,各依其状以赎论。"⑦从张家山汉简看,汉律中过失犯、误犯、主观无恶意等犯罪一般都规定了相应的赎刑。

(1)行为人有一定的过失。汉《贼律》规定:"其过失及戏而杀人,赎死。""船人渡人而流杀人,耐之;船啬夫、吏主者赎耐。其杀马牛及伤人,船人赎耐;船啬夫、吏赎迁。"⑧

(2)行为人主观无恶意。依据封建伦理,父母有教诫子女、使之改恶从善之权责,但在行家法时使"子及奴婢以殴笞辜死",汉《贼律》规定处以"赎死"。官

---

① 《张家山汉墓竹简》,第 26 页。
② 《历代刑法考》,第 330 页。
③ 日本学者角谷常子认为,秦的赎刑大致可分为两类,"即作为身份性的特权而得到认可的换刑"和"作为规定刑"(见角谷常子著,陈青、胡平生译:《秦汉时代的赎刑》,《简帛研究二〇〇一》,广西师范大学出版社,2001 年,第 587 页)。张建国认为,汉初的赎"既可以与刑名后所附实刑的名称相关,也可与其无关,因此既可以体现为代替刑,也可以体现为独立刑"(见张建国《论西汉初期的赎》,《政法论坛》2002 年第 5 期)。
④ 《史记·五帝本纪》集解引马融语,见《史记》第 28 页。
⑤ 《张家山汉墓竹简》,第 22 页。
⑥ [唐]房玄龄等撰:《晋书·刑法志》,中华书局,1974 年,第 931 页。
⑦ 《唐律疏议》,第 365 页。
⑧ 《张家山汉墓竹简》,第 11、8 页。

员有劾奏他人失职违法行为之权责,但如"劾人不审为失,以其赎半论之"①。此外,"诸吏以县官事笞城旦舂、鬼薪白粲,以辜死,令赎死"②。

(3)行为人在不知的情形下误犯。如:"诸舍亡人及罪人亡者,不智(知)其亡,盈五日以上,所舍罪当黥☐赎耐;完城旦舂以下到耐罪,及亡收、隶臣妾、奴婢及亡盈十二月以上,赎耐。"③

(4)行为人在不知的情形下不作为。《津关令》规定,"诈伪出马",津关吏卒、吏卒乘塞者"弗智(知),皆赎耐"④。

2. 一些轻罪的法定刑。

沈家本说"汉时自有赎论之律,为情罪之轻者"⑤,即轻罪可以判处赎刑。此类包括:

(1)犯罪未遂,如"诸詐(诈)袭人符传出入塞之津关,未出入而得,皆赎城旦舂",又如"越邑里、官市院垣,若故坏决道出入,及盗启门户,皆赎黥"⑥。

(2)赎刑本质上仍属于财产刑,非法获利往往处以赎刑,如"田宅当入县官而詐(诈)代其户者,令赎城旦,没入田宅"⑦。

(3)行为人客观上不作为或能力上不能够。如盗铸钱"同居不告,赎耐";如越塞阑关,吏卒主者弗得,赎耐;民宅园户籍、年细籍、田比地籍、田命籍、田租籍,"其或为詐(诈)伪,有增减也,而弗能得,赎耐";"当戍,已受令而逋不行盈七日,若戍盗去署及亡盈一日到七日,赎耐"⑧。

3. 特殊身份者犯罪的换刑。

汉代,有爵者犯罪可以收赎。商鞅为秦制爵二十级,"赐爵者,有罪得赎,贫者得卖与人"⑨。《墨子·号令》反映了战国时期秦国的法律制度:"其不欲为吏,

---

① 胡平生 张德芳:《敦煌悬泉汉简释粹》,上海古籍出版社,2001 年,第 17 页。
② 《张家山汉墓竹简》,第 15 页。
③ 《张家山汉墓竹简》,第 31 页。
④ 《张家山汉墓竹简》,第 86 页。
⑤ 《历代刑法考》第三册《汉律摭遗》卷十,第 1554 页。
⑥ 《张家山汉墓竹简》,第 84、33 页。
⑦ 《张家山汉墓竹简》,第 53 页。
⑧ 《张家山汉墓竹简》,第 35、19、54、62 页。
⑨ 《后汉书》卷二《显宗孝明帝纪》注,第 96 页。

而欲以受赐赏爵禄,若赎出亲戚、所知罪人者,以令许之。"①《汉书·惠帝纪》:"民有罪,得买爵三十级以免死罪。"应劭曰:"一级直线二千,凡为六万,若今赎罪入三十疋缣矣。"师古曰:"令出买爵之钱以赎罪。"②但对于"贼杀伤父母,牧杀父母,欧〈殴〉詈父母,父母告子不孝"这类犯罪,《贼律》特别规定"毋得以爵偿、免除及赎"③。唐律继承了这个传统,规定特殊身份者犯罪可以赎罪:"诸应议、请、减及九品以上之官,若官品得减者之祖父母、父母、妻、子孙,犯流罪以下,听赎。"④"诸年七十以上、十五以下及废疾,犯流罪以下,收赎。"⑤

二 笞

笞,古作"扑",《尚书》云"扑作教刑",郑玄曰"扑,榎楚也,扑为教官为刑者"⑥,只有"学校典礼诸事用之",是老师对"不率教""犯礼"者的惩戒,不列于五刑之内,"春秋时或用以治官事"⑦。汉初常见笞一百和笞五十,文帝刑制改革以后,以笞刑替代肉刑,笞刑与劳役刑结合,在汉代刑罚体系中开始扮演重要角色。笞刑具有以下特点:

(1)惩戒轻微罪错。"人有小愆,法须惩戒,故加捶挞以耻之。"⑧笞刑主要适用于轻微犯罪,如汉简《行书律》规定:"邮人行书,一日一夜二百里。不中程半日,笞五十;过半日至盈一日,笞百;过一日,罚金二两。"⑨《田律》规定,马、牛等吃了别人的庄稼,对马牛主人处以罚金,每头马、牛各一两,并负责赔偿庄稼的损失。如果是公家马、牛、羊,则处罚吏徒等主管负责者。如果是城旦舂、鬼薪白粲等负责看管,则对他们"笞百",并禁止其以后再放牧,由官府来赔偿庄稼的损失。鬼薪白粲犯了耐以上的罪,黥以为城旦舂,如果犯有赎罪以下,"笞百"。

---

① 《墨子间诂》,第562页。
② 《汉书》卷二《惠帝纪》,第86页。
③ 《张家山汉墓竹简》,第14页。
④ 《唐律疏议》,第22页。
⑤ 《唐律疏议》,第62页。
⑥ 《史记·五帝本纪》集解,第28页。
⑦ 《历代刑法考》,第357页。
⑧ 《唐律疏议》,第4页。
⑨ 《张家山汉墓竹简》,第46页。

（2）作为附加惩罚措施。奴婢"有赎罪以下"，或老小不施加肉刑，或已受肉刑者，"皆笞百"。奴婢逃亡，若能"自出"或"自归主，主亲所智（知），皆笞百"。《亡律》规定，鬼薪白粲逃亡，"皆笞百"。吏民亡，能"自出"，"笞五十"。秦律《法律答问》也规定："隶臣妾系城旦舂，去亡，已奔，未论而自出，当治（笞）五十，备系日。"①

（3）笞刑可以用罚金代替。"吏、民有罪当笞，谒罚金一两以当笞者，许之。"②

三　赎刑与罚金

罚金、赎刑起源很早，《周礼·秋官司寇》云，职金"掌受士之金罚、货罚"，《国语·齐语》记载了齐桓公与管仲谈论以赎刑、罚金解决甲兵不足问题之事，管仲建议："重罪赎以犀甲一戟，轻罪赎以鞼盾一戟，小罪谪以金分。"韦昭注："小罪，不入于五刑者。以金赎，有分两之差，今之罚金是也。"③张家山汉简《奏谳书》记载鲁国法律规定："盗一钱到廿，罚金一两；过廿到百，罚金二两；过百到二百，为白徒；过二百到千，完为倡。"④

沈家本认为"罚金乃刑之最轻者"⑤。秦有赎刑而没有罚金，汉初开始有罚金，大致分一两、二两、四两、八两、一斤、二斤六等⑥。根据张家山汉简统计，罚金适用最广的是"罚金四两"，见于《二年律令》者不少于32例，其次是罚金二

---

① 《睡虎地秦墓竹简》，第208页。
② 《张家山汉墓竹简》，第21页。
③ 上海师范大学古籍整理组点校：《国语》，上海古籍出版社，1978年，第239—240页。
④ 《张家山汉墓竹简》，第107页。
⑤ 《历代刑法考》第三册《汉律摭遗》卷九，第1533页。
⑥ 秦之赎刑和汉之罚金都属财产刑，因此，有学者认为汉之罚金源于秦之赎刑。如日本学者藤田高夫说："虽然秦代的刑法体系中没有罚金，但罚金刑的直接来源确是秦。""汉代继承了秦代赎罪的部分原则，并赋予汉代独自的特点，从而形成罚金刑的体系。"（见藤田高夫著，杨振红译：《秦汉罚金考》，《简帛研究 二〇〇一》，第602页）事实上，张家山汉简《兴律》中还有一条有关赎罚的规定："已（？）䌛（徭）及车牛当䌛（徭）而乏之，皆赎日十二钱，有（又）赏（偿）乏䌛（徭）日，车□"正如宋艳萍所指出，"汉初经济处罚已由秦代的赎钱变成了以罚金为主的形式"（宋艳萍：《从〈二年律令〉中的"赎"看秦汉经济处罚形式的转变》，载《出土文献研究 第六辑》，上海古籍出版社，2004年，第147页）。

两、一两,再次是罚金八两,最少见的是罚金一斤①,仅一例。罚金二斤不见于张家山汉简,但见于《汉书·景帝纪》:"吏迁徙免罢,受其故官属所将监治送财物,夺爵为士伍,免之。无爵,罚金二斤,令没入所受。"②《汉书·昭帝纪》注引如淳曰:"律,诸当占租者家长身各以其物占,占不以实,家长不身自书,皆罚金二斤,没入所不自占物及贾钱县官也。"③据《晋书·刑法志》,曹魏罚金刑凡六等,盖沿汉制。又,汉制一斤为十六两,汉罚金数量是成倍增加的。

张家山汉简《金布律》规定:"有罚、赎、责(债),当入金,欲以平贾(价)入钱,及当受购、偿而毋金,及当出金、钱县官而欲以除其罚、赎、责(债),及为人除者,皆许之。"④可见,罚金既可入金,也可以平价入钱,还可为他人代交罚金。罚金在汉代刑罚体系中占有重要地位,其适用有以下特点:

(一)针对轻微的违法行为

从张家山汉简看,罚金刑主要针对的是一些后果不严重、社会危害性不大的轻微犯罪行为,如汉简《盗律》规定,盗赃值"不盈百一十钱到廿二钱,罚金四两。不盈廿二钱到一钱,罚金一两"⑤。如果与人徒手斗殴,"其毋伤也,下爵殴上爵,罚金四两。殴同死〈列〉以下,罚金二两;其有疻痏及□,罚金四两"⑥。又如"☐诸诽(诈)增减券书,及为书故诽(诈)弗副,其以避负偿",如果"所避毋罪名、罪名不盈四两,及毋避也,皆罚金四两"。"亡书、筭〈符〉券,入门衞〈卫〉木久,塞(塞)门、城门之籥(钥),罚金各二两。""敢择不取行钱、金者,罚金四两。""诸有责(债)而敢强质者,罚金四两。""盗侵巷术、谷巷、树巷及狼(垦)食之,罚金二两。"⑦还有些是没有危害性的行为,如矫制"不害,罚金四两"⑧。

(二)误犯、过失犯罪

汉代法律根据犯罪的主观方面,将犯罪行为区分为故意、过误两种。故意犯

---

① 敦煌悬泉汉简《贼律》中有一条:"殴亲父母及同产,耐为司寇,作如司寇。其媐诟詈之,罚金一斤。"(见《敦煌悬泉汉简释粹》,第8页)
② 《汉书》卷五《景帝纪》,第140页。
③ 《汉书》卷七《昭帝纪》,第224页。
④ 《张家山汉墓竹简》,第67页。
⑤ 《张家山汉墓竹简》,第16页。
⑥ 《张家山汉墓竹简》,第12页。
⑦ 《张家山汉墓竹简》,第10、15、35、33、42页。
⑧ 《张家山汉墓竹简》,第9页。

从重,过误犯从轻,一般情况下处以罚金,如《贼律》规定,"失火延燔"寺舍、民室屋庐舍、积聚等,"罚金四两,责(债)所燔"。再如船人摆渡,"败亡粟米它物",除了负责赔偿以外,还要"罚船啬夫、吏金各四两";"□□□而误多少其实,及误脱字,罚金一两"。① 《后汉书·郭躬传》载,"中常侍孙章宣诏,误言两报重,尚书奏章矫制,罪当腰斩",但郭躬认为"法令有故、误,章传命之谬,于事为误,误者其文则轻",因此"章应罚金"。② 《隋书·刑法志》载,南朝陈律规定,"若公坐过误,罚金"。

(三)职务犯罪

汉代对一般性职务犯罪处以罚金,后世继承了这个传统,《隋书·刑法志》载,梁武帝"依周、汉旧事",规定"凡在官身犯,罚金"。南朝陈律规定,"将吏已上及女人应有罚者,以罚金代之"。职务犯罪包括:

1. 擅权行为。(1)"擅赋敛者"③;(2)"县道官敢擅坏更官府寺舍者"④;(3)"书不急,擅以邮行"⑤;(4)"擅兴车牛,及繇(徭)不当繇(徭)使者"⑥;(5)"擅繇(徭)使史、卜、祝学童"⑦;(6)"财物私自假贳(贷)人"⑧;(7)"县道官有请而当为律令者,毋得径请"⑨。

2. 失职行为。(1)"乡部主邑中道,田主田道。道有陷败不可行者"⑩;(2)盗贼发,"令、丞、尉弗觉智(知)"⑪;(3)"代户、贸卖田宅,乡部、田啬夫、吏留弗为定籍"⑫;(4)市贩匿不自占租,"列长、伍人弗告"⑬;(5)市贩匿不自占租,"啬

---

① 《张家山汉墓竹简》,第8、10页。
② 《后汉书》卷四六《郭陈列传》,第1544页。
③ 《张家山汉墓竹简》,第33页。
④ 《张家山汉墓竹简》,第64页。
⑤ 《张家山汉墓竹简》,第46页。
⑥ 《张家山汉墓竹简》,第65页。
⑦ 《张家山汉墓竹简》,第82页。
⑧ 《张家山汉墓竹简》,第19页。
⑨ 《张家山汉墓竹简》,第38页。
⑩ 《张家山汉墓竹简》,第42页。
⑪ 《张家山汉墓竹简》,第28页。
⑫ 《张家山汉墓竹简》,第53页。
⑬ 《张家山汉墓竹简》,第44页。

夫、吏主者弗得"①;(6)"有任人以为吏,其所任不廉、不胜任以免"②;(7)"斗杀人而不得"③;(8)邮人行书不中程过一日;(9)"邮吏居界过书,弗过而留之,半日以上"④;(10)"诸行书而毁封者"⑤;(11)"发致及有传送,若诸有期会而失期,乏事"⑥;(12)发致及有传送,"书已具,留弗行,行书而留过旬"⑦;(13)有移徙者,乡部啬夫、吏、令史"辄移户及年籍爵细徙所,并封。留弗移,移不并封,及实不徙数盈十日",数在所正、典弗告,乡部啬夫、吏主及案户者弗得⑧;(14)"流者可拯,同食、将吏及津啬夫、吏弗拯"⑨;(15)当置后,尉、尉史主者"留弗为置后过旬"⑩;(16)发生盗铸钱犯罪,"正典、田典、伍人不告"及"尉、尉史、乡部、官啬夫、士吏、部主者弗得"⑪;(17)越塞阑关,"吏卒主者弗得"⑫;(18)"亡印";(19)不从律;(20)"□□□不以次"⑬;(21)大祝试祝,善祝、明祠事者,以为冗祝,"不入史、卜、祝者"⑭;(22)"盗出财物于边关徼",吏部主者"弗智(知)"⑮;(23)"守燧乏之,及见寇失不燔燧,燔燧而次燧弗私〈和〉"⑯;(24)"乘徼,亡人道其署出入,弗觉"⑰。

3. 司法渎职。

司法官员如"鞠(鞫)狱故纵,不直,及诊、报、辟故弗穷审者……各以其罪论

---

① 《张家山汉墓竹简》,第44页。
② 《张家山汉墓竹简》,第36页。
③ 《张家山汉墓竹简》,第29页。
④ 《张家山汉墓竹简》,第46页。
⑤ 《张家山汉墓竹简》,第46页。
⑥ 《张家山汉墓竹简》,第46页。
⑦ 《张家山汉墓竹简》,第46页。
⑧ 《张家山汉墓竹简》,第54页。
⑨ 《张家山汉墓竹简》,第67页。
⑩ 《张家山汉墓竹简》,第61页。
⑪ 《张家山汉墓竹简》,第35页。
⑫ 《张家山汉墓竹简》,第83页。
⑬ 《张家山汉墓竹简》,第46页。
⑭ 《张家山汉墓竹简》,第81页。
⑮ 《张家山汉墓竹简》,第19页。
⑯ 《张家山汉墓竹简》,第63页。
⑰ 《张家山汉墓竹简》,第63页。

之",对于轻罪的上述渎职行为,如"当毄(系)城旦舂、官府偿日者,罚岁金八两;不盈岁者,罚金四两"。①

(四)笞刑加重,赎刑减轻

汉律中笞刑轻,罚金重,因此"吏、民有罪当笞,谒罚金一两以当笞者,许之"。在法定须减罪的情形下,如汉《告律》规定"告不审及有罪先自告,各减其罪一等"②,那么赎耐以下减轻为罚金,赎耐罪罚金四两。

四 废

废作为罚之一,只适用于封建官吏、担任一定公职的人和王族成员等有官爵的人。它的意思是废除、取消其职务或身份。现存的有关秦的史籍资料中,未见到此种刑罚,从简文和汉代史料看,此种刑罚一般都同其他刑罚结合使用。《秦律杂抄·游士律》:"为(伪)听命书,法(废)弗行,耐为侯(候);不辟(避)席立,赀二甲,法(废)。"③"蓦马五尺八寸以上,不胜任,奔挚(鸷)不如令,县司马赀二甲,令、丞各一甲。先赋蓦马,马备,乃粼从军者,到军课之,马殿,令、丞二甲;司马赀二甲,法(废)。"④"不当禀军中而禀者,皆赀二甲,法(废)。"⑤"禀卒兵,不完善(缮),丞、库啬夫,吏赀二甲,法(废)。"⑥从秦律的规定可见,废多是在赀罚的同时,又废掉其担任的公职。

五 谇

谇,《说文解字》:"责让也。"也就是申斥责骂。这是对犯赀罪以下的官吏的一种惩治,相当于现代刑法中的"训诫"。刘海年认为:"这种刑罚,乍看起来不见得比某些行政处分重,但因为它是一种罚,一旦被谇,便是受了刑事处分,便算有了'前科',如再犯罪就必然受到加重惩罚。秦律《封诊式》的许多'爰书'中都标明了'无它坐罪',就是回答被告人过去是否犯过罪,是否有'前科'。由此看

---

① 《张家山汉墓竹简》,第22页。
② 《张家山汉墓竹简》,第26页。
③ 《睡虎地秦墓竹简》,第129页。
④ 《睡虎地秦墓竹简》,第132页。
⑤ 《睡虎地秦墓竹简》,第133页。
⑥ 《睡虎地秦墓竹简》,第134页。

来,秦对犯罪人有无'前科'是很注意的。"①

第八节　秦的购赏

　　法家认为人性本恶,有趋利避害的特性,故主张凡法律禁止的行为予以重刑严罚,鼓励激劝的行为予以厚赏,而且要"刑重而必,赏厚而信"。《史记·刺客列传》:"夫樊将军,秦王购之金千斤,邑万家。"②《史记·张耳陈馀列传》:"秦灭魏数岁,已闻此两人魏之名士也,购求有得张耳千金,陈馀五百金。张耳、陈馀乃变名姓,俱之陈,为里监门以自食。"③

　　秦律中购赏的行为主要有:

　　(1)鼓励告奸。从商鞅变法开始,秦国实行"不告奸者腰斩,告奸者与斩敌首同赏,匿奸者与降敌同罚"④的政策。《法律答问》:"甲告乙贼伤人,问乙贼杀人,非伤殴(也),甲当购,购几可(何)? 当购二两。"⑤"甲告乙盗牛,今乙贼伤人,非盗牛殴(也),问甲当论不当? 不当论,亦不当购;或曰为告不审。"⑥

　　(2)鼓励捕亡。《法律答问》:"有投书,勿发,见辄燔之;能捕者购臣妾二人,系投书者鞫审讞之。"⑦"捕亡完城旦,购几可(何)? 当购二两。""夫、妻、子五人共盗,皆当刑城旦,今中〈甲〉尽捕告之,问甲当购几可(何)? 人购二两。""夫、妻、子十人共盗,当刑城旦,亡,今甲捕得其八人,问甲当购几可(何)? 当购人二两。""有秩吏捕阑亡者,以畀乙,令诣,约分购,问吏及乙论可(何)殴(也)? 当赀各二甲,勿购。""'盗出朱(珠)玉邦关及买(卖)于客者,上朱(珠)玉内史,内史材鼠(予)购。'可(何)以购之? 其耐罪以上,购如捕它罪人;赀罪,不购。""或

---

① 《战国秦代法制管窥·秦律刑罚考析》,第121页。
② 《史记》卷八六《刺客列传》,第2532页。
③ 《史记》卷八九《张耳陈馀列传》,第2572页。
④ 《史记》卷六八《商君列传》,第2230页。
⑤ 《睡虎地秦墓竹简》,第208页。
⑥ 《睡虎地秦墓竹简》,第169—170页。
⑦ 《睡虎地秦墓竹简》,第174页。

捕告人奴妾盗百一十钱,问主购之且公购? 公购之之。"①

秦律明确了赏与不赏的界限。《法律答问》:"'盗出朱(珠)玉邦关及买(卖)于客者,上朱(珠)玉内史,内史材鼠(予)购。'可(何)以购之? 其耐罪以上,购如捕它罪人;赀罪,不购。"从此例可以看出,如被捕获的罪犯被处耐罪以上,捕获者当获购赏;如被捕获的罪犯判不到耐罪,仅赀刑罚款,就不奖赏捕获者。

《法律答问》:"甲捕乙,告盗书丞印以亡,问亡二日,它如甲,已论耐乙,问甲当购不当? 不当。"②"二",整理小组引《礼记·缁衣》注"不一也",谓"二日"意即"其日期与所控告不合"。甲控告乙偷盖县丞官印,经讯问逃亡日期不合,且被告仅处耐罪,所以没有给予奖赏。与上一例比较,一系捕获耐罪,一系举告耐罪,而此例没有给予奖赏,大概是因为此例为举告行为而不是捕获耐罪,举告易而捕获难,且所告日期不合。

秦律规定,举告得实予以奖赏,诬告为犯罪,告不审界于罪与非罪之间,最难掌握。《法律答问》:"甲告乙盗牛,今乙贼伤人,非盗牛殹(也),问甲当论不当? 不当论,亦不当购;或曰为告不审。"③此例即在不奖不惩之间。

《法律答问》:"有秩吏捕阑亡者,以畀乙,令诣,约分购,问吏及乙论可(何)殹(也)? 当赀各二甲,勿购。"④分析此例,有秩吏有逮捕罪犯的法定职责,因而有秩吏捕获犯罪不予奖赏,所以此例中有秩吏将捕获的阑亡罪人交给乙,让乙去领赏,并试图瓜分奖金,但是被发现后不但不能受赏,而且被罚二甲。

从睡虎地秦简可知,秦律购赏方式有"公购"与"私购"之分,即国家奖励与私人奖励。如《法律答问》:"或捕告人奴妾盗百一十钱,问主购之且公购? 公购之之。"⑤公购是国家奖励,由代表国家的各个衙门具体实施奖励,如前引"盗出朱(珠)玉邦关及买(卖)于客者,上朱(珠)玉内史,内史材鼠(予)购",即将珠玉上交内史的,秦律规定由内史酌量予以奖赏。

奖购内容包括奖励黄金和奖给奴婢。购臣妾者如"有投书,勿发,见辄燔

---

① 《睡虎地秦墓竹简》,第209—211页。
② 《睡虎地秦墓竹简》,第209—210页。
③ 《睡虎地秦墓竹简》,第169—170页。
④ 《睡虎地秦墓竹简》,第210页。
⑤ 《睡虎地秦墓竹简》,第211页。

之;能捕者购臣妾二人,系投书者鞫审谳之"①。

奖励黄金常见有"购二两"。如:"甲告乙贼伤人,问乙贼杀人,非伤殴(也),甲当购,购几可(何)?当购二两。""捕亡完城旦,购几可(何)?当购二两。"②

大约悬赏黄金二两为最低之赏金,有时赏金计算可叠加累计,如《法律答问》:"夫、妻、子五人共盗,皆当刑城旦,今中〈甲〉尽捕告之,问甲当购几可(何)?人购二两。"③此例中"人购二两",甲"尽捕告"一家五人,当共获黄金十两。

"夫、妻、子十人共盗,当刑城旦,亡,今甲捕得其八人,问甲当购几可(何)?当购人二两。"④此例一家十人共盗,甲"捕得其八人",当得奖金十六两黄金。

在岳麓秦简中也有购钱的例子。如《癸、琐相移谋购案》中涉案"死罪购钱四万三百廿;群盗盗杀人购八万六百卌钱"⑤。

---

① 《睡虎地秦墓竹简》,第 174 页。
② 《睡虎地秦墓竹简》,第 208、209 页。
③ 《睡虎地秦墓竹简》,第 209 页。
④ 《睡虎地秦墓竹简》,第 209 页。
⑤ 朱汉民、陈长松主编:《岳麓书院藏秦简(叁)》,上海辞书出版社,2013 年,第 101—102 页。

第五章　秦的刑罚适用原则

秦有《具律》，是商鞅从李悝《法经》六篇中的《具法》承袭而来，《唐律疏议》："周衰刑重，战国异制，魏文侯师于里(李)悝，集诸国刑典，造《法经》六篇，一盗法，二贼法，三囚法，四捕法，五杂法，六具法。商鞅传授，改法为律。"①所谓"具律"，就是刑罚的适用原则，具，即"具其加减"，意在说明在何种情况下加重刑罚，在何种情况下减轻刑罚。

第一节　秦律中的刑事责任

《法律答问》："甲盗牛，盗牛时高六尺，毄(系)一岁，复丈，高六尺七寸，问甲可(何)论？当完城旦。"②

《法律答问》："甲小未盈六尺，有马一匹自牧之，今马为人败，食人稼一石，问当论不当？不当论及赏(偿)稼。"③

刘海年认为："在一篇答问中反复提到六尺这一身体高度，绝不是偶然的。六尺很可能就是秦律规定的刑事犯罪责任年龄的界限。"④

《周礼》贾公彦疏："七尺谓年二十，六尺谓年十五。"当时是以六尺作为成年人与未成年人的界限的。以上二例，后一例是说，一身高不足六尺的小孩放马，马被惊吓而吃了他人禾稼，判小孩为不赔偿不论处；前一例则明确犯人刚到应受

---

① 《唐律疏议》，第2—3页。
② 《睡虎地秦墓竹简》，第153页。
③ 《睡虎地秦墓竹简》，第218页。
④ 刘海年：《秦律刑罚的适用原则》，《法学研究》1983年第1、2期；又见《战国秦代法制管窥》，第123页。

处罚的年龄,囚禁一年后,随其年龄的增长,处以完城旦。需要说明的是,秦简所规定的刑事责任年龄是指本人应负责任的法定年龄,而对于受连坐的家属则不受年龄限制,一律行刑,如李斯一家老少几十口,皆连坐被刑于市。秦简中还有"子小未可别,令从母为收"的记载。

《法律答问》:"甲谋遣乙盗杀人,受分十钱,问乙高未盈六尺,甲可(何)论?当磔。"①

《封诊式·封守》:"子小男子某,高六尺五寸。"②

《法律答问》:"女子甲为人妻,去亡,得及自出,小未盈六尺,当论不当?已官,当论;未官,不当论。"③

《秦律十八种》:"隶臣、城旦高不盈六尺五寸,隶妾、舂高不盈六尺二寸,皆为小;高五尺二寸,皆作之。"④

第二节 秦律中减轻刑罚的原则

一 大赦

汉崔寔《政论》云:"大赦之造,乃圣王受命而兴,讨乱除残,诛其鲸鲵,赦其臣民,渐染化者耳。及战国之时,犯罪者辄亡奔邻国,遂赦之以诱还其逋逃之民。汉承秦制,遵而不越。"⑤

秦在昭襄王时多颁赦令,将秦人犯罪者赦免后迁往新征战之地区去实边,《史记·秦本纪》:"二十一年,错攻魏河内。魏献安邑,秦出其人,募徙河东赐爵,赦罪人迁之。""二十六年,赦罪人迁之穰。""二十七年,错攻楚。赦罪人迁之南阳。""二十八年,大良造白起攻楚,取鄢、邓,赦罪人迁之。"⑥

---

① 《睡虎地秦墓竹简》,第180页。
② 《睡虎地秦墓竹简》,第249页。
③ 《睡虎地秦墓竹简》,第222页。
④ 《睡虎地秦墓竹简》,第49页。
⑤ [汉]崔寔撰,孙启治校注:《政论校注》,中华书局,2012年,第157页。
⑥ 《史记》卷五《秦本纪》,第212—213页。

秦孝文王、庄襄王在继位后都曾大赦一次。"孝文王元年,赦罪人,修先王功臣,褒厚亲戚,弛苑囿。""庄襄王元年,大赦罪人,修先王功臣,施德厚骨肉而布惠于民。"①崔寔在《政论》中说:"践阼改元际,未尝不赦,每其令曰'荡涤旧恶,将与士大夫更始',是褒已薄先,且违无改之义,非所以明孝抑邪之道也。"②

秦始皇即位,为配合所谓"水德","久者不赦"。《秦始皇本纪》:"刚毅戾深,事皆决于法,刻削毋仁恩和义,然后合五德之数。于是急法,久者不赦。"《索隐》云:"水主阴,阴刑杀,故急法刻削,以合五德之数。"③

二世皇帝继位时二十一岁,也曾大赦。《史记·六国年表》:"十月戊寅,大赦罪人。"④当陈胜、吴广揭竿而起时,少府章邯曾建议:"盗已至,众强,今发近县不及矣。郦山徒多,请赦之,授兵以击之。"二世不得已,"大赦天下,使章邯将"。⑤

大赦天下确实能缓和矛盾,缓解社会危机,但大赦太过频繁,在某种程度上又助长了奸宄不逞之徒。崔寔曾指出:"顷间以来,岁且一赦,百姓忸忕,轻为奸非,每迫春节徼幸之会,犯恶尤多。近前年一期之中,大小四赦,谚曰:'一岁再赦,奴儿喑恶。'况不轨之民,孰不肆意? 遂以赦为常俗,初期望之,过期不至,亡命蓄积,群辈屯聚,为朝廷忧。如是则劫,不得不赦。赦以趣奸,奸以趣赦,转相驱踧,两不得息,虽日赦之,乱甫繁耳。由坐饮多发消渴,而水更不得去口,其归亦无终矣。"⑥

秦简《法律答问》:"或以赦前盗千钱,赦后尽用之而得,论可(何)殴(也)?毋论。"⑦意思很清楚,有人在赦令颁布前盗窃一千钱,赦令颁布后将钱全部花费掉而被拿获,应如何论处? 不予论处。

《法律答问》:"群盗赦为庶人,将盗戒(械)囚刑罪以上,亡,以故罪论,斩左

---

① 《史记》卷五《秦本纪》,第219页。
② 《政论校注》,第164页。
③ 《史记》卷六《秦始皇本纪》,第238页。
④ 《史记》卷一五《六国年表》,第758页。
⑤ 《史记》卷六《秦始皇本纪》,第270页。
⑥ 《政论校注》,第159页。
⑦ 《睡虎地秦墓竹简》,第167页。

止为城旦,后自捕所亡,是谓'处隐官'。"①群盗已被赦免为庶人,带领判处肉刑以上之罪的戴着刑械的囚徒,不料将囚徒弄丢,则以过去犯的罪论处,断去左足为城旦,但后来自己又将弄丢的囚徒捕获,这样应"处隐官"。

二 自首

秦律中有"自告",相当于现代刑法所谓的"自首"。汉代有"先自告,除其罪"的规定。《史记·淮南衡山列传》:"元年冬,有司公卿下沛郡求捕所与淮南谋反者未得,得陈喜于衡山王子孝家。吏劾孝首匿喜。孝以为陈喜雅数与王计谋反,恐其发之,闻律先自告除其罪,又疑太子使白嬴上书发其事,即先自告,告所与谋反者救赫、陈喜等。廷尉治验,公卿请逮捕衡山王治之。"②汉律此条当从秦律而来。在秦律中,自告是指罪行未被发现、未被他人告发时,犯罪者自行去官府投首的行为。

秦简《法律答问》:"司寇盗百一十钱,先自告,可(何)论?当耐为隶臣,或曰赀二甲。"③司寇盗窃一百一十钱,已先自首,如何论处?应耐为隶巨,一说应赀二甲。

《法律答问》:"当䙴(迁),其妻先自告,当包。"④应当流放的人,其妻事先自首,仍应随往流放地点。

《封诊式·盗自告》:"□□□爰书:某里公士甲自告曰:'以五月晦与同里士五(伍)丙盗某里士五(伍)丁千钱,毋(无)它坐,来自告,告丙。'即令〔令〕史某往执丙。"⑤某里公士甲自首说:"于五月末和同住一里的士伍丙盗窃了某里士伍丁一千钱,没有其他过犯,前来自首,并告发丙。"当即命令史某前往将丙逮捕。

秦律中还有一种类似"自首"的行为称"自出"。"自出"实际上指罪行暴露且被追捕的人到官府去投首。

《法律答问》:"把其叚(假)以亡,得及自出,当为盗不当?自出,以

---

① 《睡虎地秦墓竹简》,第205页。
② 《史记》卷一一八《淮南衡山列传》,第3097页。
③ 《睡虎地秦墓竹简》第154页。
④ 《睡虎地秦墓竹简》第178页。
⑤ 《睡虎地秦墓竹简》第251页。

亡论。其得,坐臧(赃)为盗;盗罪轻于亡,以亡论。"①

《法律答问》:"隶臣妾系城旦舂,去亡,已奔,未论而自出,当治(笞)五十,备系日。"②

《法律答问》:"女子甲为人妻,去亡,得及自出,小未盈六尺,当论不当?已官,当论;未官,不当论。"③

《封诊式·亡自出》:"乡某爰书:男子甲自诣,辞曰:'士五(伍),居某里,以乃二月不识日去亡,毋(无)它坐,今来自出。'问之□名事定,以二月丙子将阳亡,三月中逋筑宫廿日,四年三月丁未籍一亡五月十日,毋(无)它坐,莫覆问。以甲献典乙相诊,今令乙将之诣论,敢言之。"④

《封诊式·□捕》:"爰书:男子甲缚诣男子丙,辞曰:'甲故士五(伍),居某里,乃四月中盗牛,去亡以命。丙坐贼人□命。自昼甲见丙阴市庸中,而捕以来自出。甲毋(无)它坐。'"⑤

三　有特殊身份者

(一) 葆子

《秦律十八种·司空》规定:"公士以下居赎刑罪、死罪者,居于城旦舂,毋赤其衣,勿枸椟欙杕。鬼薪白粲,群下吏毋耐者,人奴妾居赎赀责(债)于城旦,皆赤其衣,枸椟欙杕,将司之;其或亡之,有罪。葆子以上居赎刑以上到赎死,居于官府,皆勿将司。所弗问而久系之,大啬夫、丞及官啬夫有罪。居赀赎责(债)欲代者,耆弱相当,许之。作务及贾而负责(债)者,不得代。"⑥大意是公士以下的人以劳役抵偿赎刑、赎死的罪,要服城旦、舂的劳役,但不必穿红色囚服,不施加木械、黑索和胫钳。鬼薪、白粲,下吏而不加耐刑的人,私家奴婢被用以抵偿赀赎债务而服城旦劳役的,都穿红色囚服,施加木械、黑索和胫钳,并加以监管;如让

---

① 《睡虎地秦墓竹简》第207页。
② 《睡虎地秦墓竹简》第208页。
③ 《睡虎地秦墓竹简》第222页。
④ 《睡虎地秦墓竹简》第278页。
⑤ 《睡虎地秦墓竹简》第251—252页。
⑥ 《睡虎地秦墓竹简》第84—85页。

他们逃亡了,监管者有罪。葆子以上用劳役抵偿赎刑以上到赎死的罪,而在官府服劳役的,都不加监管。若不加讯问而长期加以拘禁,则大啬夫、丞和该官府的啬夫有罪。

葆子,据张政烺先生考证,是一种受国家保护的人,这种人多是在前方作战之将士的亲属。为了使将士们效忠于国家,安心作战,秦律规定,葆子犯了罪得适当从轻处罚,判处赎刑服劳役也可以受到某些优待。所谓"葆子以上",当然包括有爵位和有官的人。"皆勿将司",就是指在服劳役时一律不要监管。

《法律答问》中还有二则关于"葆子"犯罪减刑的规定:"葆子狱未断而诬告人,其罪当刑为隶臣,勿刑,行其耐,有(又)系城旦六岁。""葆子狱未断而诬〔告人,其罪〕当刑鬼薪,勿刑,行其耐,有(又)系城旦六岁。"①

(二)少数民族上层人物

《法律答问》:"真臣邦君公有罪,致耐罪以上,令赎。"②"可(何)谓'赎鬼薪鋈足'?可(何)谓'赎宫'?臣邦真戎君长,爵当上造以上,有罪当赎者,其为群盗,令赎鬼薪鋈足;其有府(腐)罪,〔赎〕宫。其它罪比群盗者亦如此。"③

"真臣邦君公"和"臣邦真戎君长",都是指少数民族中的上层人士。这些人犯了罪,可以用金钱赎,即使犯了群盗罪,也允许赎,只不过赎金多一些罢了。在史籍中也有类似的记载,《后汉书·南蛮传》:"秦惠王并巴中,以巴氏为蛮夷君长,世尚秦女,其民爵比不更,有罪得以爵除。"④《华阳国志·巴志》载,秦昭王"复夷人顷田不租,十妻不筭,伤人者论,煞人雇死倓钱"⑤。

(三)有官爵的人

《法律答问》:"将上不仁邑里者而纵之,可(何)论?当系作如其所纵,以须其得;有爵,作官府。"⑥押送在乡里作恶的人而将其放走,应如何论处?应当将他像所放走的罪犯那样拘禁,使其劳作,直到罪犯被捕获为止。如果是有爵的人,可在官府服役。

---

① 《睡虎地秦墓竹简》第 198—199 页。
② 《睡虎地秦墓竹简》,第 227 页。
③ 《睡虎地秦墓竹简》,第 200 页。
④ 《后汉书》卷八六《南蛮西南夷列传》,第 2841 页。
⑤ [晋]常璩撰:《华阳国志》卷一,中华书局,1985 年,第 3 页。
⑥ 《睡虎地秦墓竹简》,第 178 页。

《法律答问》:"当䙴(迁),其妻先自告,当包。"① "啬夫不以官为事,以奸为事,论可(何)殹(也)?当䙴(迁)。䙴(迁)者妻当包不当?不当包。"②第一条意思是应当流放的人,其妻事先自首,仍应随往流放地点。第二条意思是啬夫不以官职为事,而专干坏事,应如何论处?应流放。被流放者的妻应否随往流放地点?不应随往。两条相比较,刘海年认为:"告发的仍然被迁,不告发的则可以不迁,关键就在于后者的丈夫是啬夫。"③

第三节 秦律中加重刑罚的原则

秦律中加重处罚的方式有"并臧(赃)以论""收"及加刑等。所谓"并臧(赃)以论"主要是指在盗罪中,凡共同犯罪,将各得之赃加起来科罪,或者一人累犯盗窃,将前后所得之赃累计科刑。"收"见前论。

一 共同犯加重

《法律答问》:"甲乙雅不相智(知),甲往盗丙,毚(纔)到,乙亦往盗丙,与甲言,即各盗,其臧(赃)直(值)各四百,已去而偕得。其前谋,当并臧(赃)以论;不谋,各坐臧(赃)。"④

此例中的关键在于是否有"前谋",有"前谋",则认定为两人以上的共同预谋犯罪,否则为两个单独犯罪。一般情况下,共同预谋犯罪对社会和统治的危害更大,因此为统治阶级所重视。秦律对共同犯罪与单个人犯罪严格加以区分,对各人在共同犯罪中的地位和作用也加以区分。

法律对共同犯罪中的集团犯罪从重惩罚。《法律答问》:"五人盗,臧(赃)一钱以上,斩左止,有(又)黥以为城旦;不盈五人,盗过六百六十钱,黥劓以为城旦;不盈六百六十到二百廿钱,黥为城旦;不盈二百廿以下到一钱,䙴(迁)之。"⑤

---

① 《睡虎地秦墓竹简》,第178页。
② 《睡虎地秦墓竹简》,第177页。
③ 刘海年:《秦律刑罚的适用原则》,见《战国秦代法制管窥》,第123页。
④ 《睡虎地秦墓竹简》,第156页。
⑤ 《睡虎地秦墓竹简》,第150页。

秦律对于共同犯罪又加以区分，五人以上的集团犯罪比五人以下处刑重得多。如规定五人以上的集团盗窃，罪赃在一钱以上，处砍去左足又黥为城旦的刑罚；而不满五人，偷盗赃数超过六百六十钱，才处以黥劓为城旦的刑罚。

二 累犯加重

秦律对于顽劣者、屡教不改者、不断犯罪者也加重处罚。《法律答问》："诬人盗直(值)廿，未断，有(又)有它盗，直(值)百，乃后觉，当并臧(赃)以论，且行真罪、有(又)以诬人论？当赀二甲一盾。"①此例中的罪犯既诬陷他人盗罪，自己又犯盗罪，诬陷他人罪名反坐，"诬人盗直(值)廿"应反坐他自己盗廿钱，加上他自己实盗值百，故应以一百二十钱"并赃论罪"。

《法律答问》："'不会，治(笞)；未盈卒岁得，以将阳有(又)行治(笞)。'今士五(伍)甲不会，治(笞)五十；未卒岁而得，治(笞)当驾(加)不当？当。"②不会，指征发徭役时不应征报到。将阳，见《尚书大传》，系叠韵连语，在此意为游荡。"不报到，应笞打，未满一年被捕获，因游荡罪应再笞打。"如士伍甲不报到，应笞打五十；未满一年被捕获，应增加笞打数量。

三 特殊身份犯罪加重

《法律答问》："害盗别徼而盗，驾(加)罪之。可(何)谓'驾(加)罪'？五人盗，臧(赃)一钱以上，斩左止，有(又)黥以为城旦；不盈五人，盗过六百六十钱，黥劓(劓)以为城旦；不盈六百六十到二百廿钱，黥为城旦；不盈二百廿以下到一钱，迁(迁)之。求盗比此。"③

《法律答问》："求盗盗，当刑为城旦，问罪当驾(加)如害盗不当？当。"④

第一条中"害盗"，即《秦律十八种·内史杂》"候、司寇及群下吏"条的"宪盗"，睡虎地秦墓竹简整理小组认为"宪盗，据简文，系一种捕'盗'的职名，《法律答问》作害盗，'宪'字《说文》云'害省声'，故与'害'字通假"⑤。别，读为背。

---

① 《睡虎地秦墓竹简》，第 172 页。
② 《睡虎地秦墓竹简》，第 221 页。
③ 《睡虎地秦墓竹简》，第 150 页。
④ 《睡虎地秦墓竹简》，第 151—152 页。
⑤ 《睡虎地秦墓竹简》，第 107 页。

徼，《史记·平准书》集解引如淳云"亦卒求盗之属也"，即"游徼"的省称。《汉书·百官公卿表》载乡有游徼，"徼循禁贼盗"，是负责捕'盗'的小官。一说，"别"义为分别，"徼"义为巡逻。求盗比此，即求盗犯罪和本条同例处理。

第二条意思是求盗盗窃，应刑为城旦，问是否应像害盗那样加罪？应当。求盗，指亭中专司捕盗的人员，《汉书·高帝纪》注引应劭云："求盗者，亭卒。旧时亭有两卒，一为亭父，掌开闭埽除，一为求盗，掌逐捕盗贼。"①既为专司捕盗之人，而知法犯法，或利用身份做掩护，或利用职务之便利而行盗，应该加重处罚。

第四节　秦律中的连坐原则

《史记·商君列传》："卒定变法之令。令民为什伍，而相牧司连坐。不告奸者腰斩，告奸者与斩敌首同赏，匿奸者与降敌同罚。……事末利及怠而贫者，举以为收孥。"《索隐》："刘氏云：'五家为保，十保相连。'""牧司谓相纠发也。一家有罪而九家连举发，若不纠举，则十家连坐。恐变令不行，故设重禁。""案律，降敌者诛其身，没其家，今匿奸者，言当与之同罚也。""怠者，懈也。《周礼》谓之'疲'民。以言懈怠不事事之人而贫者，则纠举而收录其妻子，没为官奴婢，盖其法特重于古也。"②据《索隐》之说，秦法之相坐，谓十保相连，不单包括父母妻子同产者。怠懈不事事之人，即收孥为官奴婢，不单是犯大逆不道之缘坐也。

汉桓宽《盐铁论·周秦》："御史曰：'……一室之中，父兄之际，若身体相属，一节动而知于心。故今日关内侯以下，比地于伍，居家相察，出入相司，父不教子，兄不正弟，舍是谁责乎？'……《春秋传》曰：'子有罪，执其父，臣有罪，执其君。听失之大者也。'今以子诛父，以弟诛兄，亲戚小坐，什伍相连，若引根本之及华叶，伤小指之累四体也。如此，则以有罪反诛无罪，无罪者寡矣。……自首匿相坐之法立，骨肉之恩废，而刑罚多矣。父母之于子，虽有罪犹匿之，其不欲服罪尔。闻子为父隐，父为子隐，未闻父子相坐也。闻兄弟缓追以免贼，未闻兄弟

---

① 《汉书》卷一《高帝纪》，第6页。
② 《史记》卷六八《商君列传》，第2229—2231页。

之相坐也。闻恶恶止其人,疾始而诛首恶,未闻什伍而相坐也。"①

《史记·李斯列传》记载:"高曰:'……夫沙丘之谋,诸公子及大臣皆疑焉,而诸公子尽帝兄,大臣又先帝之所置也。今陛下初立,此其属意怏怏皆不服,恐为变……'二世曰:'为之奈何?'赵高曰:'严法而刻刑,令有罪者相坐诛,至收族,灭大臣而远骨肉;贫者富之,贱者贵之。尽除去先帝之故臣,更置陛下之所亲信者近之。此则阴德归陛下,害除而奸谋塞,群臣莫不被润泽,蒙厚德,陛下则高枕肆志宠乐矣。计莫出于此。'二世然高之言,乃更为法律。于是群臣诸公子有罪,辄下高,令鞫治之。杀大臣蒙毅等,公子十二人僇死咸阳市,十公主矺死于杜,财物入于县官,相连坐者不可胜数。"②《汉书·文帝纪》:"元年……尽除收帑相坐律令。"注引应劭曰:"帑,子也。秦法,一人有罪,并其室家。今除此律。"③

一 同居连坐

《法律答问》:"'盗及者(诸)它罪,同居所当坐。'可(何)谓'同居'?户为'同居',坐隶,隶不坐户谓殹(也)。"④意思是说,偷盗和其他类似犯罪,同户之人要连坐。所谓同户,即户籍登记为同一户者。奴隶犯罪,主人应连坐;主人犯罪,奴隶则不连坐。

秦简中有不少同户连坐的例子。《法律答问》:"削(宵)盗,臧(赃)直(值)百一十,其妻、子智(知),与食肉,当同罪。""削(宵)盗,臧(赃)直(值)百五十,告甲,甲与其妻、子智(知),共食肉,甲妻、子与甲同罪。"⑤"夫盗千钱,妻所匿三百,可(何)以论妻?妻智(知)夫盗而匿之,当以三百论为盗;不智(知),为收。"⑥

当然,不是说秦律规定的所有犯罪均连坐同居,如:"甲诬乙通一钱黥城旦罪,问甲同居、典、老当论不当?不当。"⑦为什么诬人罪即使应处黥城旦这种重

---

① 《盐铁论校注》,第 584—585 页。
② 《史记》卷八六《李斯列传》,第 2552 页。
③ 《汉书》卷四《文帝纪》,第 110—111 页。
④ 《睡虎地秦墓竹简》,第 160 页。
⑤ 《睡虎地秦墓竹简》,第 158 页。
⑥ 《睡虎地秦墓竹简》,第 157 页。
⑦ 《睡虎地秦墓竹简》,第 230 页。

刑也不连坐同居和典、老？可能是法律规定连坐的只是其同居亲属或有关人员能予以监督的犯罪，而类似诬人这种其他人无法监督的犯罪则不连坐。

二 什伍连坐

秦实行什伍制，五家为一伍，十家为一什，除守望相助，也互相监督。一家有罪，四邻坐之。《法律答问》："可(何)谓'四邻'？'四邻'即伍人谓殴(也)。"①

《法律答问》："律曰'与盗同法'，有(又)曰'与同罪'，此二物其同居、典、伍当坐之。云'与同罪'，云'反其罪'者，弗当坐。"②律文说"与盗同法"，又说"与同罪"，这两类犯罪者的同居、里典和同伍的人都应连坐。律文说"与同罪"，但又说"反其罪"的，犯罪者的同居、里典和同伍的人不应连坐。

《法律答问》："吏从事于官府，当坐伍人不当？不当。"③官吏在官府服役，应否因其同伍的人有罪而连坐？不应当。大概除此之外，同伍实行连坐。

《秦律杂抄·傅律》："匿敖童，及占癃(癃)不审，典、老赎耐。百姓不当老，至老时不用请，敢为酢(诈)伪者，赀二甲；典、老弗告，赀各一甲；伍人，户一盾，皆罨(迁)之。"④隐匿成童，及申报废疾不确实，里典、伍老应赎耐。百姓不应免老，或已应免老而不加申报、敢弄虚作假的，罚二甲；里典、伍老不加告发，各罚一甲；同伍的人，每家罚一盾，都加以流放。

想要免除同伍相坐，就只有告奸，但诬告不但不能免除连坐，而且有罪。"伍人相告，且以辟罪，不审，以所辟罪罪之。"⑤

此外，事发不在现场也可免于连坐。《法律答问》："贼入甲室，贼伤甲，甲号寇，其四邻、典、老皆出不存，不闻号寇，问当论不当？审不存，不当论；典、老虽不存，当论。"⑥有贼进入甲家，将甲杀伤，甲呼喊有贼，其四邻、里典、伍老都外出不在家，没有听到甲呼喊有贼，应否论处？四邻若确实不在家，不应论处，里典、伍老虽不在家，仍应论罪。

---

① 《睡虎地秦墓竹简》，第 194 页。
② 《睡虎地秦墓竹简》，第 159 页。
③ 《睡虎地秦墓竹简》，第 217 页。
④ 《睡虎地秦墓竹简》，第 143 页。
⑤ 《睡虎地秦墓竹简》，第 192—193 页。
⑥ 《睡虎地秦墓竹简》，第 193 页。

战时也实行伍人连坐。《秦律杂抄》:"战死事不出,论其后。有(又)后察不死,夺后爵,除伍人;不死者归,以为隶臣。"①在战争中死事不屈,应将爵授予其子。如后来察觉此人未死,应褫夺其子的爵位,并惩治其同伍的人。那个未死的人回来,罚为隶臣。

三 职务连坐

秦律规定:"同官而各有主殹(也),各坐其所主。官啬夫免,县令令人效其官,官啬夫坐效以赀,大啬夫及丞除。县令免,新啬夫自效殹(也),故啬夫及丞皆不得除。"②在同一官府任职而所掌管方面不同,分别承担所管方面的罪责。官府的啬夫免职,如县令已派人核验该官府的物资,则该官府啬夫因核验中问题被罚时,大啬夫(县令)和丞免罪。县令免职,新任啬夫(县令)自行核验,原任啬夫(县令)和丞都不能免罪。

秦律规定了很多情形下的连带责任。如《效律》:"尉计及尉官吏节(即)有劾,其令、丞坐之,如它官然。"③县尉的会计以及县尉官府中的吏如犯有罪行,该县令、丞应承担罪责,和其他官府一样。又:"司马令史掾苑计,计有劾,司马令史坐之,如令史坐官计劾然。"④司马令史掾管理苑囿的会计,如会计有罪,司马令史应承担罪责,和令史承担官府会计的罪责一样。《秦律杂抄》:"募马五尺八寸以上,不胜任,奔挚(絷)不如令,县司马赀二甲,令、丞各一甲。先赋募马,马备,乃粼从军者,到军课之,马殿,令、丞二甲;司马赀二甲,法(废)。"⑤募马体高应在五尺八寸以上,如不堪使用,在奔驰和羁系时不听指挥,县司马罚二甲,县令、丞各罚一甲。先征取募马,马数已足,再在从军人员中选用骑士。到军后进行考核,马被评为下等,县令、丞罚二甲,司马罚二甲,革职永不叙用。"纂园殿,赀啬夫一甲,令、丞及佐各一盾,徒络组各廿给。纂园三岁比殿,赀啬夫二甲而法(废),令、丞各一甲。"⑥又:"采山重殿,赀啬夫一甲,佐一盾;三岁比殿,赀啬夫二

---

① 《睡虎地秦墓竹简》,第 146 页。
② 《睡虎地秦墓竹简》,第 117 页。
③ 《睡虎地秦墓竹简》,第 124 页。
④ 《睡虎地秦墓竹简》,第 125 页。
⑤ 《睡虎地秦墓竹简》,第 132 页。
⑥ 《睡虎地秦墓竹简》,第 138 页。

甲而法(废)。"①漆园是生产漆和漆器的地方,采山就是采矿,当时都是官营手工业。殿,是指在评比中落后。秦统治者为促进手工业生产,在管理上广泛采取评比的方法。法律规定,凡评比中落后的,除生产者外,与之有关的官吏也要受惩罚。

为了便于掌握官吏职务犯罪连坐时适用刑罚的界限,《效律》对某些官吏连坐时如何适用刑罚做了一般性的规定:"官啬夫赀二甲,令、丞赀一甲;官啬夫赀一甲,令、丞赀一盾。其吏主者坐以赀、谇如官啬夫。其它冗吏、令史掾计者,及都仓、库、田、亭啬夫坐其离官属于乡者,如令、丞。"②这一规定的意思是,某项犯罪,如果官府的啬夫罚二甲,则县令、丞应罚一甲;如果官府的啬夫罚一甲,则县令、丞罚一盾。主管该项工作的吏与官府啬夫处同样的罚金和斥责,其他众吏参与会计者以及仓、库、田、亭等下属机构的负责人,所受的惩罚与令、丞相同。上述规定告诉我们,秦律关于官吏职务犯罪的连坐,责任愈直接惩罚愈重,反之则较轻。

---

① 《睡虎地秦墓竹简》,第138页。
② 《睡虎地秦墓竹简》,第123—124页。

第六章　秦律中的罪名

第一节　秦律中的罪与非罪

法律禁奸止邪,一般会明确将严厉禁止的行为规定为犯罪,在罪与非罪之间划定一个明确的界线。秦律中分别采用了不同的术语明确规定"罪"与"非罪"的界线。

一　"罪之"与"勿罪"

睡虎地秦简《效律》:"为都官及县效律:其有赢、不备,物直(值)之,以其贾(价)多者罪之,勿赢(累)。"①就是说,制定都官和县核验物资财产的法规,如有超出或不足数的情形,每种物品均应估价,按其中价值最高的论罪,不要把各种物品价值累计在一起论罪。某种行为达到一定的量级则入罪。

《法律答问》:"伍人相告,且以辟罪,不审,以所辟罪罪之。"②同伍的人相告以罪名,不确实,应以所加的罪名论处控告者。

"罪之"就是说此种行为构成犯罪。当然,某种行为虽具备犯罪的特征,但由于具有某些特殊性,则在法律上明确规定其不构成犯罪,秦律往往以"勿罪"来表述或标示,这些当属于所谓的"律外"或"例外"条款。如《法律答问》:"擅杀子,黥为城旦舂。其子新生而有怪物其身及不全而杀之,勿罪。"③就是说,杀

---

① 《睡虎地秦墓竹简》,第 113 页。
② 《睡虎地秦墓竹简》,第 192—193 页。
③ 《睡虎地秦墓竹简》,第 181 页。

子构成擅杀罪名,但因新生儿有残疾而擅杀者则不入罪,当属例外。

二 "当论""何论""论何"与"不当论"

论是指法官根据案情事实议罪。清王明德《读律佩觿》:"盖论者,论其情之大小,理之是非,法之轻重,亲之等杀,赃之有无,及夫尊卑贵贱之名目,军民匠灶色目人等之籍贯差等,以及所犯各罪之故失、谋戏、株连。"①"不当论"就是指不应议罪。后世"勿论"不是单纯指免罪,王明德认为:"至勿论,则概为置之,不复具论矣。凡遇此等律例应为勿论人犯,倘有名讳在簿而人未到案者,则为查明,并不或为勾而摄之。即或已经误为勾摄,现赴庭鞫矣,亦必即为细细查明,命之另立一处,始终不为唤问一字,方合'勿论'二字之义。盖稍一推问,然后从而舍之,则其罪名已著,是免罪矣,岂勿论之旨也哉。此勿论与免罪其所以迥然不同者,全在此处讨分晓。是以定律者不容不为显切明著于律,以清其源。而愚欲阐明律义所在,则又不得不为琐琐烦聒,以着其别也。"②

《法律答问》规定:

甲告乙盗直(值)□□,问乙盗卅,甲诬驾(加)乙五十,其卅不审,问甲当论不当?廷行事赀二甲。③

甲告乙盗牛,今乙贼伤人,非盗牛殹(也),问甲当论不当?不当论,亦不当购;或曰为告不审。④

甲杀人,不觉,今甲病死已葬,人乃后告甲,甲杀人审,问甲当论及收不当?告不听。⑤

贼入甲室,贼伤甲,甲号寇,其四邻、典、老皆出不存,不闻号寇,问当论不当?审不存,不当论;典、老虽不存,当论。⑥

仓鼠穴几可(何)而当论及谇?廷行事鼠穴三以上赀一盾,二以下

---

① 《读律佩觿》,第 77 页。
② 《读律佩觿》,第 77 页。
③ 《睡虎地秦墓竹简》,第 168—169 页。
④ 《睡虎地秦墓竹简》,第 169—170 页。
⑤ 《睡虎地秦墓竹简》,第 180 页。
⑥ 《睡虎地秦墓竹简》,第 193 页。

译。鼷穴三当一鼠穴。①

部佐匿者(诸)民田,者(诸)民弗智(知),当论不当?部佐为匿田,且可(何)为?已租者(诸)民,弗言,为匿田;未租,不论○○为匿田。②

甲小未盈六尺,有马一匹自牧之,今马为人败,食人稼一石,问当论不当?不当论及赏(偿)稼。③

女子甲为人妻,去亡,得及自出,小未盈六尺,当论不当?已官,当论;未官,不当论。④

智(知)人通钱而为臧(藏),其主已取钱,人后告臧(藏)者,臧(藏)者论不论?不论论。⑤(注:此处重文号原应在问句第二个"论"字下,误衍"不论"二字,本应作"……论不论?论"。也就是,知道他人行贿而代为收藏钱财,钱的主人已将钱取走,事后才有人控告藏钱的人,藏钱的人应否论罪?应论罪。)

"毋论"的情形,秦简《法律答问》中记载:

馈遗亡鬼薪于外,一以上,论可(何)殹(也)?毋论。⑥

甲、乙交与女子丙奸,甲、乙以其故相刺伤,丙弗智(知),丙论可(何)殹(也)?毋论。⑦

以其乘车载女子,可(何)论?赀二甲。以乘马驾私车而乘之,毋论。⑧

甲盗,臧(赃)直(值)千钱,乙智(知)其盗,受分臧(赃)不盈一钱,问乙可(何)论?同论。

甲盗不盈一钱,行乙室,乙弗觉,问乙论可(何)殹(也)?毋论。其见智(知)之而弗捕,当赀一盾。

---

① 《睡虎地秦墓竹简》,第216页。
② 《睡虎地秦墓竹简》,第218页。
③ 《睡虎地秦墓竹简》,第218页。
④ 《睡虎地秦墓竹简》,第222页。
⑤ 《睡虎地秦墓竹简》,第230页。
⑥ 《睡虎地秦墓竹简》,第206页。
⑦ 《睡虎地秦墓竹简》,第225页。
⑧ 《睡虎地秦墓竹简》,第226页。

甲盗钱以买丝,寄乙,乙受,弗智(知)盗,乙论可(何)殹(也)? 毋论。①

或以赦前盗千钱,赦后尽用之而得,论可(何)殹(也)? 毋论。②

告人盗千钱,问盗六百七十,告者可(何)论? 毋论。

诬人盗千钱,问盗六百七十,诬者可(何)论? 毋论。③

三 "当坐"与"弗坐""弗当坐"

关于是否连坐,《法律答问》云:"律曰'与盗同法',有(又)曰'与同罪',此二物其同居、典、伍当坐。云'与同罪',云'反其罪'者,弗当坐。人奴妾盗其主之父母,为盗主,且不为? 同居者为盗主,不同居不为盗主。"④

《秦律十八种·效》:"实官佐、史被免、徙,官啬夫必与去者效代者。节(即)官啬夫免而效,不备,代者〔与〕居吏坐之。故吏弗效,新吏居之未盈岁,去者与居吏坐之,新吏弗坐;其盈岁,虽弗效,新吏与居吏坐之,去者弗坐,它如律。"⑤

《法律答问》:"使者(诸)侯、外臣邦,其邦徒及伪吏不来,弗坐。"⑥

《效律》:"尉计及尉官吏节(即)有劾,其令、丞坐之,如它官然。司马令史掾苑计,计有劾,司马令史坐之,如令史坐官计劾然。"⑦

四 此罪与彼罪

《法律答问》有如下记载:

甲告乙盗牛若贼伤人,今乙不盗牛、不伤人,问甲可(何)论? 端为,为诬人;不端,为告不审。⑧

夫盗千钱,妻所匿三百,可(何)以论妻? 妻智(知)夫盗而匿之,当

---

① 《睡虎地秦墓竹简》,第154—155页。
② 《睡虎地秦墓竹简》,第167页。
③ 《睡虎地秦墓竹简》,第168页。
④ 《睡虎地秦墓竹简》,第159页。
⑤ 《睡虎地秦墓竹简》,第96页。
⑥ 《睡虎地秦墓竹简》,第229页。
⑦ 《睡虎地秦墓竹简》,第124页。
⑧ 《睡虎地秦墓竹简》,第169页。

以三百论为盗;不智(知),为收。

夫盗三百钱,告妻,妻与共饮食之,何以论妻？非前谋殹(也),当为收;其前谋,同罪。夫盗二百钱,妻所匿百一十,何以论妻？妻智(知)夫盗,以百一十为盗;弗智(知),为守臧(赃)。①

有时候,发生在特定关系人之间看似具备犯罪特征的行为也不入罪,如《法律答问》:"'父盗子,不为盗。'今叚(假)父盗叚(假)子,可(何)论？当为盗。"②"当论而端弗论,及伤其狱,端令不致,论出之,是谓纵囚。"③

第二节　秦律中的盗、群盗

春秋以后,有关"盗贼"及各国制定相关法令的记载在历史文献中骤然多了起来,如《道德经》下篇:"法令滋章,盗贼多有。"《左传·僖公二十四年》:"窃人之财犹谓之盗。"《春秋榖梁传·哀公四年传》:"《春秋》有三盗:微杀大夫谓之盗,非所取而取之谓之盗,辟中国之正道以袭利谓之盗。"《墨子·大取》:"遇盗人而断指以免身,利也;其遇盗人,害也。"《孟子·万章下》:"夫谓非其有而取之者,盗也。"

一　盗窃类犯罪

秦汉时期的盗窃往往是入室盗窃,《右汉书·陈王列传》:"鄙谚言'盗不过五女门',以女贫家也。"典型的盗窃,文献中称为"穿窬之盗"。《史记》载:"宋有富人,天雨墙坏。其子曰不筑且有盗,其邻人之父亦云,暮而果大亡其财,其家甚知其子而疑邻人之父。"④睡虎地秦简《封诊式》中有《穴盗》一案,应是较典型的穿窬盗窃:

某里士五(伍)乙告曰:"自宵臧(藏)乙复结衣一乙房内中,闭其

---

① 《睡虎地秦墓竹简》,第 157 页。
② 《睡虎地秦墓竹简》,第 159 页。
③ 《睡虎地秦墓竹简》,第 191 页。
④ 《史记》卷六三《老子韩非列传》,第 2154 页。

户,乙独与妻丙晦卧堂上。今旦起启户取衣,人已穴房内,勶内中,裾衣不得,不智(知)穴盗者可(何)人、人数,毋(无)它亡殴(也),来告。"即令令史某往诊,求其盗。令史某爰书:与乡□□隶臣某即乙、典丁诊乙房内。房内在其大内东,比大内,南乡(向)有户。内后有小堂,内中央有新穴,穴彻内中。穴下齐小堂,上高二尺三寸,下广二尺五寸,上如猪窦状。其所以椒者类旁凿,迹广□寸大半寸。其穴壤在小堂上,直穴播壤,被(破)入内中。内中及穴中外壤上有郪(膝)、手迹,郪(膝)、手各六所。外壤秦綦履迹四所,袤尺二寸。其前稠綦袤四寸,其中央稀者五寸,其踵(踵)稠者三寸。其履迹类故履。内北有垣,垣高七尺,垣北即巷殴(也)。垣北去小堂北唇丈,垣东去内五步,其上有新小坏,坏直中外,类足歫之之迹,皆不可为广袤。小堂下及垣外地坚,不可迹。不智(知)盗人数及之所。内中有竹招,在内东北,东、北去廦各四尺,高一尺。乙曰:"□结衣招中央。"讯乙、丙,皆言曰:"乙以乃二月为此衣,五十尺,帛里,丝絮五斤装(装),缪缯五尺缘及殴(纯)。不智(知)盗者可(何)人及蚤(早)莫(暮),毋(无)意殴(也)。"讯丁、乙伍人士五(伍)□,曰:"见乙有结复衣,缪缘及殴(纯),新殴(也)。不智(知)其里□可(何)物及亡状。"以此直(值)衣贾(价)。①

盗窃除了攀爬穿越的犯罪特点外,还有一般是晚上作案的特点,以上所举案例也符合此特征。秦律中也往往称之为"宵盗",如:"削(宵)盗,臧(赃)直(值)百一十,其妻、子智(知),与食肉,当同罪。""削(宵)盗,臧(赃)直(值)百五十,告甲,甲与其妻、子智(知),共食肉,甲妻、子与甲同罪。"②因此,后世总结盗窃与"强盗"最大的不同就是,盗窃属于"潜形隐面而取"③或"方便私窃其财"④,而非"公取",且一般不使用暴力,是在事主不察觉的情况下秘密窃取,有如"掩耳盗铃"的故事,不欲人闻之、见之。

对于两人以上的共盗,根据事前是否有共谋,决定是否并赃论罪,而并赃是

---

① 《睡虎地秦墓竹简》,第270—272页。
② 《睡虎地秦墓竹简》,第158页。
③ 《唐律疏议》,第305页。
④ 《唐律疏议》,第324页。

一种加重处罚的刑罚措施。"谋偕盗而各有取也,并直(值)其臧(赃)以论之。"①也就是说,只要两人共谋一起去盗窃,即使在作案中,各自盗取了若干赃物,而不是共盗后分赃,也应并赃以论。但若非事前共谋,则不应并赃论之。《法律答问》:"甲乙雅不相智(知),甲往盗丙,才到,乙亦往盗丙,与甲言,即各盗,其臧(赃)直(值)各四百,已去而偕得。其前谋,当并臧(赃)以论;不谋,各坐臧(赃)。"②这种情形属于同时犯,被看作是发生在同一地点、同一时间由甲、乙分别作为犯罪嫌疑人的两起盗窃罪。

《读律佩觿》:"并赃论罪者,将所盗之赃,合而为一,即赃之轻重,论罪之轻重,人各科以赃所应得之罪,故曰并赃论罪。""则不计人之多寡,盗之前后,及人各入己之轻重,惟以一时所犯皆算作一处。如倾销金银铜锡,不问妍媸纤微,砂砾尘土,皆镕而化之为一,止计分两之轻重而已。此并赃论罪之大义也。"③

针对盗窃罪,古代法律通常按盗赃的多少来确定罪行轻重。秦律将构成盗窃的赃值定得很低,如《法律答问》:"或盗采人桑叶,臧(赃)不盈一钱,可(何)论?赀繇(徭)三旬。"④此处,桑叶赃值不盈一钱,且属野外无人看守之物,竟然"赀繇(徭)三旬"。而在盗羊案件中,计算赃值时,连赃值一钱的系羊绳索也计算在内。"士五(伍)甲盗一羊,羊颈有索,索直(值)一钱,问可(何)论?甲意所盗羊殹(也),而索系羊,甲即牵羊去,议不为过羊。"⑤

秦律规定的赃值分为六百六十钱以上、二百二十钱以上到六百六十钱、二百二十钱以下三个等级。秦简《法律答问》云:"不盈五人,盗过六百六十钱,黥劓(劓)以为城旦;不盈六百六十钱到二百廿钱,黥为城旦;不盈二百廿以下到一钱,䙴(迁)之。"⑥这大约是秦律的新规定,上古三代则不同,对所谓"穿窬之盗",传统一般"盗者刖其足,则永无淫放穿窬之奸矣"⑦。甚至到西晋时,刘颂还建议

---

① 《张家山汉墓竹简》,第16页。
② 《睡虎地秦墓竹简》,第156页。
③ 《读律佩觿》,第41、42页。
④ 《睡虎地秦墓竹简》,第154页。
⑤ 《睡虎地秦墓竹简》,第163页。
⑥ 《睡虎地秦墓竹简》,第150页。
⑦ [晋]陈寿撰,[南朝宋]裴松之注:《三国志·魏书·桓二陈徐卫卢传》,中华书局,1982年,第634页。

恢复古刑:"亡者刖足,无所用复亡。盗者截手,无所用复盗。淫者割其势,理亦如之。"①

传统意义上,盗窃罪不至死,《后汉书》所谓"皋陶不为盗制死刑"。对于用卖赃物所得款项而购买的其他财物,秦律规定也应归还原主,"盗盗人,买(卖)所盗,以买它物,皆畀其主"②。此即《唐律》之"转易得他物及生产蕃息,皆为见在"③。《晋书·刑法志》记载汉"《盗律》有还赃畀主",可能是承袭了秦律的相关规定,并为《唐律》所继承。

盗窃又可根据所盗物品加以区分,如盗马、盗牛、盗兵符、盗御用物、盗祭祀品等。所盗物品性质及归属不同,盗窃性质也不一样,量刑也会随性质的严重程度而相应加重,直到死刑。

睡虎地秦简《封诊式·盗马·爰书》:"市南街亭求盗才(在)某里曰甲缚诣男子丙,及马一匹,骓牝右剽;缇覆(复)衣,帛里莽缘领褎(袖),及履,告曰:'丙盗此马、衣,今日见亭旁,而捕来诣。'"④

《盗马·爰书》所记应是一起普通的盗马案,但盗私马与盗公家马不同,盗国君或皇帝的马又不同。如《史记·秦本纪》载:"初,缪公亡善马,岐下野人共得而食之者三百余人,吏逐得,欲法之。缪公曰:'君子不以畜产害人。吾闻食善马肉不饮酒,伤人。'乃皆赐酒而赦之。三百人者闻秦击晋,皆求从,从而见缪公窘,亦皆推锋争死,以报食马之德。"⑤

关于盗祭祀品,睡虎地秦简规定:

"公祠未阕,盗其具,当赀以下耐为隶臣。"今或益〈盗〉一肾,益〈盗〉一肾臧(赃)不盈一钱,可(何)论?祠固用心肾及它支(肢)物,皆各为一具,一〔具〕之臧(赃)不盈一钱,盗之当耐。或直(值)廿钱,而被盗之,不尽一具,及盗不直(置)者,以律论。

可(何)谓"祠未阕"?置豆俎鬼前未彻乃为"未阕"。未置及不直(置)者不为"具",必已置乃为"具"。

---

① 《晋书·刑法志》,第932页。
② 《睡虎地秦墓竹简》,第160页。
③ 《唐律疏议》,第69页。
④ 《睡虎地秦墓竹简》,第253页。
⑤ 《史记》卷五《秦本纪》,第189页。

可(何)谓"盗椒厘"？王室祠，狸(薶)其具，是谓"厘"。①

从以上三例可以看出，祭鬼神的供品不同于一般物品，若盗供品，破坏了祭祀的威严，对鬼神不诚敬，其危害性较大，故秦律有特别规定，并加大了处罚力度。

根据盗窃犯罪主体的特殊性，分别在普通盗窃罪的基础上予以加重或减轻处罚。如《法律答问》："害盗别徼而盗，驾(加)罪之。"②此处"害盗"即《秦律十八种》中之"宪盗"，"系一种捕盗的职名"③，本身负有捕盗职责而去盗窃，属于特殊犯罪主体，执法而犯法，其罪应加重。又如《法律答问》："求盗盗，当刑为城旦，问罪当驾(加)如害盗不当？当。"④

私人奴隶窃主财物，在量刑上似乎比盗窃他人或公家财物要减轻许多，如："人臣甲谋遣人妾乙盗主牛，买(卖)，把钱偕邦亡，出徼，得，论各可(何)殹(也)？当城旦黥之，各畀主。"⑤

此外，秦律对盗窃犯罪还考虑以参与人数多寡来量刑，如"夫、妻、子五人共盗，皆当刑城旦""夫、妻、子十人共盗，当刑城旦"⑥，显然已不考虑其有赃无赃、赃物多寡等因素，只要是"五人""十人"共盗，即分别刑为城旦。

二 强盗与群盗

"强盗"是一种公然采用暴力手段非法获取公私财物的犯罪，在汉律中有许多与之相似的犯罪，因此很难对"强盗"做明确的界定。西晋时曾对这些相似的罪名做过区分："律有事状相似而罪名相涉者，若加威势下手取财为强盗，不自知亡为缚守，将中有恶言为恐猲，不以罪名呵为呵人，以罪名呵为受赇，劫召其财为持质。此六者，以威势得财而名殊者也。即不求自与为受求，所监求而后取为盗赃，输入呵受为留难，敛人财物积藏于官为擅赋，加殴击之为戮辱。诸如此类，

---

① 《睡虎地秦墓竹简》，第161—163页。
② 《睡虎地秦墓竹简》，第150页。
③ 《睡虎地秦墓竹简》，第107页。
④ 《睡虎地秦墓竹简》，第151—152页。
⑤ 《睡虎地秦墓竹简》，第152页。
⑥ 《睡虎地秦墓竹简》，第209页。

皆为以威势得财而罪相似者也。"①

秦汉律法中的"强盗"犯罪在很大程度上是一种入室抢劫罪,古代注解律文者所谓"持杖夜入人家者为强盗"②。除"强盗"罪以外,还有"攻盗""群盗"等罪名。"强盗"罪重于"窃盗","攻盗"重于"强盗","群盗"又重于"攻盗"。"攻盗"是明火执仗地打家劫舍,如果成群结伙,势必对社会秩序构成严重威胁,所谓"夫穿窬不禁,则致强盗;强盗不断,则为攻盗;攻盗成群,必生大奸"③。

"群盗"犯罪,是强盗人数较多的集体犯罪,为秦朝常见犯罪。《史记·彭越传》:"彭越者,昌邑人也,字仲。常渔巨野泽中,为群盗。"④《史记·黥布列传》:"丽山之徒数十万人,布皆与其徒长豪桀交通,乃率其曹偶,亡之江中为群盗。"⑤《史记·袁盎传》:"袁盎者,楚人也,字丝。父故为群盗,徙处安陵。"⑥《史记·秦始皇本纪》:"谒者使东方来,以反者闻二世。二世怒,下吏。后使者至,上问,对曰:'群盗,郡守尉方逐捕,今尽得,不足忧。'上悦。"⑦

群盗爰书:某亭校长甲、求盗才(在)某里曰乙、丙缚诣男子丁,斩首一,具弩二、矢廿,告曰:"丁与此首人强攻群盗人,自昼甲将乙等徼循到某山,见丁与此首人而捕之。此弩矢丁及首人弩矢殹(也)。首人以此弩矢□□□□□乙,而以剑伐收其首,山俭(险)不能出身山中。"〔讯〕丁,辞曰:"士五(伍),居某里。此首某里士五(伍)戊殹(也),与丁以某时与某里士五(伍)己、庚、辛,强攻群盗某里公士某室,盗钱万,去亡。己等已前得。丁与戊去亡,流行毋(无)所主舍。自昼居某山,甲等而捕丁戊,戊射乙,而伐杀收首。皆毋(无)它坐罪。"诊首毋诊身可殹(也)。⑧

从秦简《封诊式》中此案例来看,群盗装备有弩矢等杀伤性武器,其暴力色

---

① 《晋书·刑法志》,第929页。
② [清]薛允升撰,怀效锋、李鸣点校:《唐明律合编》,法律出版社,1999年,第537页。
③ 《后汉书》卷四六《郭陈列传》,第1559页。
④ 《史记》卷九〇《魏豹彭越列传》,第2591页。
⑤ 《史记》卷九一《黥布列传》,第2597页。
⑥ 《史记》卷一〇一《袁盎晁错列传》,第2737页。
⑦ 《史记》卷六《秦始皇本纪》,第269页。
⑧ 《睡虎地秦墓竹简》,第255页。

彩明显,并且具有集团犯罪对抗官府的反叛性,因此,"群盗"中的首要分子会被处死,一般随从也会被加重量刑。《法律答问》:"群盗赦为庶人,将盗戒(械)囚刑罪以上,亡,以故罪论,斩左止为城旦,后自捕所亡,是谓'处隐官'。它罪比群盗者皆如此。"①汉律也有此罪名,张家山汉简《盗律》规定:"盗五人以上相与功(攻)盗,为群盗。"②

三 与盗相关联的犯罪及盗赃处理

赃物应即时估值,秦律中有所谓"以得时直(值)臧(赃)"的规定,就是说,赃值多少是以捕获时的市值对赃物进行估价的。如果不及时估值,因客观上市值变化而导致赃值有较大出入,以致对定罪量刑有影响的,应视为犯罪。如果存在主观上的故意,即"吏智(知)而端重若轻之,论可(何)殴(也)? 为不直"。睡虎地秦简《法律答问》中记录了正反两个显例:

士五(伍)甲盗,以得时直(值)臧(赃),臧(赃)直(值)过六百六十,吏弗直(值),其狱鞫乃直(值)臧(赃),臧(赃)直(值)百一十,以论耐,问甲及吏可(何)论? 甲当黥为城旦;吏为失刑罪,或端为,为不直。

士五(伍)甲盗,以得时直(值)臧(赃),臧(赃)直(值)百一十,吏弗直(值),狱鞫乃直(值)臧(赃),臧(赃)直(值)过六百六十,黥甲为城旦,问甲及吏可(何)论? 甲当耐为隶臣,吏为失刑罪。甲有罪,吏智(知)而端重若轻之,论可(何)殴(也)? 为不直。③

盗赃在破案后应物归原主,即公物还官,私物还主。如果赃物被转卖交易,《法律答问》:"'盗盗人,买(卖)所盗,以买它物,皆畀其主。'今盗盗甲衣,买(卖),以买布衣而得,当以衣及布畀不当? 当以布及其它所买畀甲,衣不当。"④

有盗窃之心者,或盗窃犯罪中止、犯罪未遂,也参照一般盗窃予以定罪量刑。"抉籥(钥),赎黥。可(何)谓'抉籥(钥)'? 抉籥(钥)者已抉启之乃为抉,且未启亦为抉? 抉之弗能启即去,一日而得,论皆可(何)殴(也)? 抉之且欲有盗,弗

---

① 《睡虎地秦墓竹简》,第 205 页。
② 《张家山汉墓竹简》,第 17 页。
③ 《睡虎地秦墓竹简》,第 165—166 页。
④ 《睡虎地秦墓竹简》,第 160 页。

能启即去,若未启而得,当赎黥。抉之非欲盗殴(也),已启乃为抉,未启当赀二甲。"①

主守之人私用公家财物虽然不是典型的盗窃犯罪,但也"与盗同法"。"'府中公金钱私贷用之,与盗同法。'可(何)谓'府中'? 唯县少内为'府中',其它不为。"②

四 坐赃

《读律佩觿》:"赃非实有是赃,坐之以为赃,故曰坐赃。致罪者,推而极之,以至于罪也。"③

睡虎地秦简《法律答问》:"把其叚(假)以亡,得及自出,当为盗不当? 自出,以亡论。其得,坐臧(赃)为盗;盗罪轻于亡,以亡论。"④"甲乙雅不相智(知),甲往盗丙,毚(才)到,乙亦往盗丙,与甲言,即各盗,其臧(赃)直(值)各四百,已去而偕得。其前谋,当并臧(赃)以论;不谋,各坐臧(赃)。"⑤

第三节 秦的杀伤类犯罪

秦的杀伤类犯罪包括以下几种:

一 杀人犯罪

杀人为自然犯罪,"杀人者死"为古今中外法律的通例。杀人罪是非法取人性命,"杀人而义"则不构成犯罪。对杀人者法律责任的追究,当以杀人者未死为前提,如杀人犯已自然死亡,其法律责任自然灭失。《法律答问》:"甲杀人,不觉,今甲病死已葬,人乃后告甲,甲杀人审,问甲当论及收不当? 告不听。"⑥

---

① 《睡虎地秦墓竹简》,第164页。
② 《睡虎地秦墓竹简》,第165页。
③ 《读律佩觿》,第44页。
④ 《睡虎地秦墓竹简》,第207页。
⑤ 《睡虎地秦墓竹简》,第156页。
⑥ 《睡虎地秦墓竹简》,第180页。

《唐律》中将杀人区分为"六杀",情形各不相同。"大概以谋杀、故杀、斗殴杀、戏杀、误杀、过失杀统之。《辑注》所谓六杀是也。"①限于资料,秦律中的杀人类型目前已知有贼杀、斗杀、擅杀、谋杀等。秦律中有"贼杀"而无"故杀",实际上"贼杀"即《唐律》中的"故杀"。

(一) 贼杀

晋张斐《律注》:"无变斩击谓之贼,取非其物谓之盗。"《周礼·朝士》疏:"盗贼并言者,盗谓盗取人物,贼谓杀人曰贼。"②

贼杀即故意杀人,有心杀人。《法律答问》:"有贼杀伤人冲术,偕旁人不援,百步中比壄(野),当赀二甲。"③《史记·秦本纪》:"出子六年,三父等复共令人贼杀出子。"④此处,"三父等"是这起贼杀案的主谋,即造意者。《史记·李斯列传》:"日游弋猎,有行人入上林中,二世自射杀之。赵高教其女婿咸阳令阎乐劾不知何人贼杀人移上林。高乃谏二世曰:'天子无故贼杀不辜人,此上帝之禁也,鬼神不享,天且降殃,当远避宫以禳之。'二世乃出居望夷之宫。"⑤沈家本说:"凡言贼者,有心之谓,此疑即后来律文之故杀也。"⑥又说:"汉之贼杀,当即唐之故杀。"⑦

(二) 斗杀

《史记·季布传》:"季布弟季心,气盖关中,遇人恭谨,为任侠,方数千里,士皆争为之死。尝杀人,亡之吴,从袁丝匿。"⑧《史记·留侯世家》:"项伯常杀人,从良匿。"⑨《史记·项羽本纪》张良曰:"秦时与臣游,项伯杀人,臣活之。今事有急,故幸来告良。"⑩《史记·魏其武安侯列传》:"魏其子尝杀人,蚡活之。"⑪

---

① 吉同钧纂辑,闫晓君整理:《大清律讲义》,知识产权出版社,2017 年,第 106 页。
② 《历代刑法考·律目考》,第 1345 页。
③ 《睡虎地秦墓竹简》,第 194 页。
④ 《史记》卷五《秦本纪》,第 181 页。
⑤ 《史记》卷八七《李斯列传》,第 2562 页。
⑥ 《历代刑法考》第三册《汉律摭遗》卷五,第 1463 页。
⑦ 《历代刑法考》第三册《汉律摭遗》卷五,第 1466 页。
⑧ 《史记》卷一〇〇《季布栾布列传》,第 2732 页。
⑨ 《史记》卷五五《留侯世家》,第 2036 页。
⑩ 《史记》卷七《项羽本纪》,第 312 页。
⑪ 《史记》卷一〇七《魏其武安侯列传》,第 2848 页。

以上文献中的杀人应当指故杀或斗杀。在古代,斗杀与故杀很难区分。从字面上讲,斗杀即在斗殴中杀人,故杀为有意杀人。由于斗杀与故杀往往都是一人单独之行为,不与他人谋划,没有"造意加功"之分,因此,在斗殴中,是否有意杀人就成了区别两者的关键。而杀人者的内心动机则难以客观标准评判,因此古律中往往将故杀与斗杀合并在一条之中,《唐律》:"诸斗殴杀人者,绞;以刃及故杀人者,斩。虽因斗而用兵刃杀者,与故杀同。"疏议:"斗殴者元无杀心,因相斗殴而杀人者,绞。以刃及故杀者,谓斗而用刃,即有害心,及非因斗争,无事而杀,是名故杀,各合斩罪。虽因斗而用兵刃杀者,本虽是斗,乃用兵刃,杀人者与故杀同,亦得斩罪,并同故杀之法。"①吉同钧在《大清律讲义》中说:"可见斗与故之分,在于用刃不用刃,又在于当时与绝时。斗而用刃,即有害心,惟人以刃来逼,已用刃拒杀方为斗杀。如因斗用刃,杀人即为故杀。又斗殴之际,当时用他物杀人者谓之斗杀,若绝时而杀,如忿竞之后各已分散,声不相接,去而又来,杀人者虽斗亦为故杀,此斗与故之界限也。"②又说:"临时,谓斗殴共殴之时也,故杀之心必起于殴时,故杀之事即在于殴内,此故杀所以列于斗殴、共殴两项之中,而不与谋杀同条也。"③

秦律中斗杀与贼杀亦难区分,如《法律答问》:"求盗追捕罪人,罪人挌(格)杀求盗,问杀人者为贼杀人,且斲(斗)杀?斲(斗)杀人,廷行事为贼。"④求盗为亭吏,有追捕罪犯之职责,而罪犯拒不束手就擒,与求盗格斗,并在格杀中杀死求盗,表面看似斗杀,但"廷行事"以贼杀论。可见贼杀与斗杀之细微差别在于,斗杀案件之杀人主体与被害人应是较为平等的两个人。如果身份不对等,被捕者应束手就擒,不应与对方斗,否则构成贼杀。

(三)谋杀

谋杀指预谋杀人,即后人所谓"先定杀人之计,后行杀人之事"。一般包括谋杀而未杀和谋杀已行,谋杀已行又分杀而已伤未死、已死等。《法律答问》:"臣妾牧杀主。可(何)谓牧?欲贼杀主,未杀而得,为牧。"⑤此例即指谋杀而未

---

① 《唐律疏议》,第332—333页。
② 《大清律讲义》,第119页。
③ 《大清律讲义》,第119页。
④ 《睡虎地秦墓竹简》,第179—180页。
⑤ 《睡虎地秦墓竹简》,第184页。

杀。谋杀罪量刑最重,以其人有必欲杀之而后快之心,处心积虑、千方百计置人于死地,其谋险、其心恶之故。《法律答问》:"甲谋遣乙盗杀人,受分十钱,问乙高未盈六尺,甲可(何)论?当磔。"①此例中"甲"谋杀人而身不行,"乙"未成年而听从指使杀人,当是典型的合谋杀人。甲虽未亲手杀人,但造意且教唆未成年者杀人,故以"甲"为首犯,处以磔刑。沈家本在《汉律摭遗》中说:"汉律杀人者死,盖指谋杀人言,其罪当为弃市。"②秦律亦当如是。

(四)擅杀

擅杀,指专擅而杀,越权杀人。实际上,擅杀人者对于被杀者往往拥有某种人身权,但不得专擅杀之。秦律规定,"擅杀子,黥为城旦舂",但在"其子新生而有怪物其身及不全而杀之,勿罪"。也就是说,新生儿有缺陷时,杀婴可不以擅杀子论罪。但新生儿若无异常,因其他原因杀婴却以擅杀子论罪。"今生子,子身全殹(也),毋(无)怪物,直以多子故,不欲其生,即弗举而杀之,可(何)论?为杀子。"③

《法律答问》中还有两例擅杀:

> 士五(伍)甲毋(无)子,其弟子以为后,与同居,而擅杀之,当弃市。
>
> 擅杀、刑、髡其后子,谳之。④

以上两例,被擅杀者皆为后子。后子非余子可比,地位较高。其中一为弟之子立为后,并与继父母同居,一为亲生子。擅杀后子,一例弃市,一例"谳之"。可以看出,擅杀后子显然比"擅杀子,黥为城旦舂"量刑加重了。

《法律答问》:"免老告人以为不孝,谒杀,当三环之不?不当环,亟执勿失。"⑤可以看出,老人控告子女不孝,要求判决死刑,但也只能告官"谒杀",而不能擅杀。庶人如此,而奴隶擅杀其子,《法律答问》规定:"人奴擅杀子,城旦黥之,畀主。"⑥

主人对于奴婢也拥有一定的人身权,但超出权限则为擅杀。《史记·田儋

---

① 《睡虎地秦墓竹简》,第180页。
② 《历代刑法考》第三册《汉律摭遗》,第1463页。
③ 《睡虎地秦墓竹简》,第181页。
④ 《睡虎地秦墓竹简》,第181—182页。
⑤ 《睡虎地秦墓竹简》,第195页。
⑥ 《睡虎地秦墓竹简》,第183页。

列传》:"田儋详为缚其奴,从少年之廷,欲谒杀奴。见狄令,因击杀令。"《集解》引服虔曰:"古杀奴婢皆当告官。儋欲杀令,故诈缚奴而以谒也。"①如果田儋不告官而杀其奴,当为擅杀。父母对于子女,亦如是。

二 伤人

《唐律》的伤人罪有故伤与斗伤之分,汉律则有贼伤与斗伤之分,《汉书·薛宣朱博传》中廷尉引汉律曰:"斗以刃伤人,完为城旦,其贼加罪一等,与谋者同罪。"沈家本在《汉律摭遗》中加按语:"以刃伤人,罪至三岁刑,非刃伤者,罪当降等。贼者,《唐律》之故伤,与谋者,《唐律》之同谋殴伤人也。"②秦律中亦分"贼伤"与"斗伤",但实际上很难区分。《法律答问》:"甲贼伤人,吏论以为斗伤人,吏当论不当?当谇。"③也就是说,官吏将"贼伤人"误论为"斗伤人",会被申斥。

《唐律》中伤人分手足、他物、兵刃伤人三种。手足之外皆为他物,也就是说,使用了棍棒之属,但有刃之刀剑除外。刀剑未出鞘以棍棒论。斗殴中一方使用了兵刃,造成对方死伤,即为故杀、故伤,因为"斗而用刃,即有害心"④。秦律中所谓斗殴,指双方徒手相搏。如果一方使用凶器、他物造成对方受伤,则属贼伤人。《法律答问》:"以梃贼伤人。可(何)谓梃?木可以伐者为梃。"⑤可见,秦法较《唐律》严厉,从商鞅变法时即规定,"为私斗者,各以轻重被刑大小",所以秦人"勇于公战,怯于私斗"⑥。

秦律将伤人按是否徒手、是否使用他物凶器分为手足、棍棒、刀剑约三等,与《唐律》相似。《法律答问》有"邦客与主人斗,以兵刃、投(殳)梃、拳指伤人",其中拳指伤人最轻,投(殳)梃他物较重,兵刃最重。《法律答问》:"铍、戟、矛有室者,拔以斗,未有伤殴(也),论比剑。"⑦双方都使用了刀剑,但未造成伤害,以"比

---

① 《史记》卷九四《田儋列传》,第2643页。
② 《历代刑法考》第三册《汉律摭遗》,第1466页。
③ 《睡虎地秦墓竹简》,第203页。
④ 《唐律疏议》,第332页。
⑤ 《睡虎地秦墓竹简》,第190页。
⑥ 《史记》卷六八《商君列传》,第2230—2231页。
⑦ 《睡虎地秦墓竹简》,第187页。

剑"论,似乎仍属于斗。若有伤害,即为斗伤。此点也与《唐律》相同。《唐律疏议》:"人以兵刃逼己,因用兵刃拒而伤杀者,依斗法。"①

刀剑等锐器伤人,比棍棒、手足伤人在量刑上都要重。如《法律答问》:"斗以箴(针)、鈹、锥,若箴(针)、鈹、锥伤人,各可(何)论？斗,当赀二甲；贼,当黥为城旦。"②"邦客与主人斗,以兵刃、投(殳)梃、拳指伤人,譬以布。可(何)谓譬？譬布入公,如赀布,入赀钱如律。"③

殴打尊长,不问无伤有伤,俱视为犯罪。《法律答问》:"殴大父母,黥为城旦舂。"④对于双方地位相对平等者,伤害罪要参考伤害后果,按伤情轻重分为不同等级。如《法律答问》:

妻悍,夫殴治之,夬(决)其耳,若折支(肢)指、胅膿(体),问夫可(何)论？当耐。

律曰:"斗夬(决)人耳,耐。"今夬(决)耳故不穿,所夬(决)非珥所入殴(也),可(何)论？律所谓,非必珥所入乃为夬(决),夬(决)裂男若女耳,皆当耐。

或与人斗,缚而尽拔其须麋(眉),论可(何)殴(也)？当完城旦。

拔人发,大可(何)如为"揭"？智(知)以上为"揭"。

或斗,啮断人鼻若耳若指若唇,论各可(何)殴(也)？议皆当耐。

士五(伍)甲斗,拔剑伐,斩人发结,可(何)论？当完为城旦。⑤

或与人斗,夬(决)人唇,论可(何)殴(也)？比疻痏。

或斗,啮人頯若颜,其大方一寸,深半寸,可(何)论？比疻痏。

斗,为人殴殴(也),毋(无)疻痏,殴者顾折齿,可(何)论？各以其律论之。⑥

---

① 《唐律疏议》,第332页。
② 《睡虎地秦墓竹简》,第188页。
③ 《睡虎地秦墓竹简》,第189页。
④ 《睡虎地秦墓竹简》,第184页。
⑤ 《睡虎地秦墓竹简》,第185—187页。
⑥ 《睡虎地秦墓竹简》,第188—189页。

三 谋反

沈家本认为"谋反为贼事之最重大者。《唐律》谋反大逆居《贼盗律》之首,《汉律》当亦不殊,兹故首列焉"①。从汉律推知,秦律中谋反当为最重的犯罪,亦当列于《贼律》之首。

在秦史上,有两个重要人物分别被人诬以最重的谋反罪,一个是商君,被车裂,一个是李斯,被具五刑,腰斩于市,并被灭族。

《史记·商君列传》:"后五月而秦孝公卒,太子立。公子虔之徒告商君欲反,发吏捕商君。……秦惠王车裂商君以徇,曰:'莫如商鞅反者!'遂灭商君之家。"②

《史记·李斯列传》:"于是二世乃使高案丞相狱,治罪,责斯与子由谋反状,皆收捕宗族宾客。赵高治斯,榜掠千余,不胜痛,自诬服。……二世二年七月,具斯五刑,论腰斩咸阳市。斯出狱,与其中子俱执,顾谓其中子曰:'吾欲与若复牵黄犬俱出上蔡东门逐狡兔,岂可得乎!'遂父子相哭,而夷三族。"③

《墨子·号令》:"城上卒若吏各保其左右,若欲以城为外谋者,父母、妻子、同产皆断。左右知不捕告,皆与同罪。城下里中家人皆相葆,若城上之数。有能捕告之者,封之以千家之邑;若非其左右及他伍捕告者,封之二千家之邑。"④"诸吏卒民有谋杀伤其将长者,与谋反同罪,有能捕告,赐黄金二十斤,谨罪。"⑤"其以城为外谋者,三族。有能得若捕告者,以其所守邑小大封之,守还授其印,尊宠官之,令吏大夫及卒民皆明知之。"⑥

---

① 《历代刑法考》第三册《汉律摭遗》,第 1414 页。
② 《史记》卷六八《商君列传》,第 2236—2237 页。
③ 《史记》卷八七《李斯列传》,第 2561—2562 页。
④ 《墨子间诂》,第 557 页。
⑤ 《墨子间诂》,第 552 页。
⑥ 《墨子间诂》,第 559 页。

第四节　秦的奸非罪

在商鞅变法之前,秦人受到礼法文化影响较小,故而男女之间不大受礼法约束,中原人曾经对秦人"夷翟遇之",即所谓"诸夏宾之,比于戎翟"①,以为"秦戎翟之教"②,"秦与戎翟同俗"③。这些从宣太后的有关记载就可以看出。《史记·匈奴列传》:"秦昭王时,义渠戎王与宣太后乱,有二子。宣太后诈而杀义渠戎王于甘泉,遂起兵伐残义渠。"④宣太后即秦昭王之母芈氏,以太后之尊而与义渠戎王私乱,并育有二子,毫不避忌,以其风俗中男女关系没有太多的礼法约束之故。

宣太后在言谈中也不太避忌男女之事。《战国策·韩策二》"楚围雍氏五月"条记载:"楚围雍氏五月。韩令使者求救于秦,冠盖相望也,秦师不下殽。韩又令尚靳使秦,谓秦王曰:'韩之于秦也,居为隐蔽,出为雁行。今韩已病矣,秦师不下殽。臣闻之,唇揭者其齿寒,愿大王之熟计之。'宣太后曰:'使者来者众矣,独尚子之言是。'召尚子入。宣太后谓尚子曰:'妾事先王也,先王以其髀加妾之身,妾困不疲也;尽置其身妾之上,而妾弗重也,何也?以其少有利焉。今佐韩,兵不众,粮不多,则不足以救韩。夫救韩之之危,日费千金,不可使妾少有利焉。'"⑤宣太后以性爱动作为喻言国家之"利",于史绝无仅有。清王士祯《池北偶谈》卷二一评论说:"此等淫亵语,出于妇人之口,入于使者之耳,载于国史之笔,皆大奇。"

秦昭王时宣太后与戎王公开奸乱,与使者见面时对男女之事肆言无忌,而到秦王嬴政时,其母就小心翼翼,吕不韦也恐祸事及己,可见此时男女之间的私情不但为非礼行为,也为秦国法律所严行禁止。《史记·吕不韦列传》载:

> 始皇帝益壮,太后淫不止。吕不韦恐觉祸及己,乃私求大阴人嫪毒

---

① 《史记》卷一五《六国年表》,第 685 页。
② 《史记》卷六八《商君列传》,第 2234 页。
③ 《史记》卷四四《魏世家》,第 1857 页。
④ 《史记》卷一一〇《匈奴列传》,第 2885 页。
⑤ 《战国策》卷二七《韩二》,第 583 页。

以为舍人,时纵倡乐,使毐以其阴关桐轮而行,令太后闻之,以啗太后。太后闻,果欲私得之。吕不韦乃进嫪毐,诈令人以腐罪告之。不韦又阴谓太后曰:"可事诈腐,则得给事中。"太后乃阴厚赐主腐者吏,诈论之,拔其须眉为宦者,遂得侍太后。太后私与通,绝爱之。有身,太后恐人知之,诈卜当避时,徙宫居雍。

……始皇九年,有告嫪毐实非宦者,常与太后私乱,生子二人,皆匿之。……九月,夷嫪毐三族,杀太后所生两子,而遂迁太后于雍。诸嫪毐舍人皆没其家而迁之蜀。王欲诛相国,为其奉先王功大,及宾客辩士为游说者众,王不忍致法。①

商鞅变法,实际上主要内容就是移风易俗。变法之后,"男女无别"的现象逐渐改观。商鞅曾对赵良说:"始秦戎翟之教,父子无别,同室而居。今我更制其教,而为其男女之别,大筑冀阙,营如鲁卫矣。"②

奸,指男女之间不合礼法的性行为。奸非类又分通奸与强奸。通奸是指男女双方之间的性行为,虽不合礼法,但出于双方自愿。在商鞅变法之后,秦律中当亦有"奸非"类犯罪。到秦统一六国时,将此律推广到全国。睡虎地秦简《语书》:"凡法律令者,以教道(导)民,去其淫避(僻),除其恶俗,而使之之于为善殹(也)。今法律令已具矣,而吏民莫用,乡俗淫失(泆)之民不止,是即法(废)主之明法殹(也),而长邪避(僻)淫失(泆)之民,甚害于邦,不便于民。故腾为是而修法律令、田令及为间私方而下之,令吏明布,令吏民皆明智(知)之,毋巨(距)于罪。"③

强奸行为不仅不合礼法,而且是男方强行奸污女性,往往伴有暴力行为,违背女方意愿,强奸犯罪只坐男方,女方无罪。《法律答问》:"臣强与主奸,可(何)论?比殴主。"④男奴强行与女主人发生性关系,情节更恶劣,秦律将此行为类比于以下犯上殴打主人的行为。《墨子·号令》:"诸以众强凌弱少及强奸人妇女,以欢哗者,皆断。"⑤战时强奸妇女者处斩。

---

① 《史记》卷八五《吕不韦列传》,第 2511—2512 页。
② 《史记》卷六八《商君列传》,第 2234 页。
③ 《睡虎地秦墓竹简》,第 15 页。
④ 《睡虎地秦墓竹简》,第 183 页。
⑤ 《墨子间诂》,第 555 页。

通奸为彼此俱坐之罪,即男女双方都坐罪,但通奸双方一般罪不至死。《法律答问》:"同母异父相与奸,可(何)论?弃市。"①此例男女不仅通奸,而且双方为"同母异父"之关系,在汉律中称为"禽兽行",在唐律中入了"十恶",故处以弃市刑。秦简《封诊式·奸》:"爰书:某里士五(伍)甲诣男子乙、女子丙,告曰:'乙、丙相与奸,自昼见某所,捕校上来诣之。'"②

第五节　秦的思想言论犯罪

《史记·秦始皇本纪》:"今天下已定,法令出一,百姓当家则力农工,士则学习法令辟禁。今诸生不师今而学古,以非当世,惑乱黔首。丞相臣斯昧死言:古者天下散乱,莫之能一,是以诸侯并作,语皆道古以害今,饰虚言以乱实,人善其所私学,以非上之所建立。今皇帝并有天下,别黑白而定一尊。私学而相与非法教,人闻令下,则各以其学议之,入则心非,出则巷议,夸主以为名,异取以为高,率群下以造谤。如此弗禁,则主势降乎上,党与成乎下。禁之便。臣请史官非秦记皆烧之。非博士官所职,天下敢有藏《诗》、《书》、百家语者,悉诣守、尉杂烧之。有敢偶语《诗》《书》者弃市。以古非今者族。吏见知不举者与同罪。令下三十日不烧,黥为城旦。所不去者,医药卜筮种树之书。若欲有学法令,以吏为师。"制曰:"可。"③秦的思想言论犯罪包括:

一　诽谤妖言

诽谤,是指对政治的批评。古有诽谤之木,平民立于其下可批评朝政。周厉王之前,周人皆可参与政治,而周厉王用卫巫监视百姓,欲以止谤,即不许平民议政,结果激起国人暴动。后世日趋专制,至秦始有诽谤罪,汉文帝时除去此罪。《史记·孝文本纪》:"今法有诽谤妖言之罪,是使众臣不敢尽情,而上无由闻过失也。将何以来远方之贤良?其除之。民或祝诅上以相约结而后相谩,吏以为

---

① 《睡虎地秦墓竹简》,第225页。
② 《睡虎地秦墓竹简》,第278页。
③ 《史记》卷六《秦始皇本纪》,第255页。

大逆,其有他言,而吏又以为诽谤。此细民之愚无知抵死,朕甚不取。自今以来,有犯此者勿听治。"①

《史记·李斯列传》记载,始皇驾崩,赵高与李斯"相与谋,诈为受始皇诏丞相,立子胡亥为太子。更为书赐长子扶苏",其中的罪名有所谓"诽谤"。其诏曰:"朕巡天下,祷祠名山诸神以延寿命。今扶苏与将军蒙恬将师数十万以屯边,十有余年矣,不能进而前,士卒多秏,无尺寸之功,乃反数上书直言诽谤我所为,以不得罢归为太子,日夜怨望。扶苏为人子不孝,其赐剑以自裁!将军恬与扶苏居外,不匡正,宜知其谋。为人臣不忠,其赐死,以兵属裨将王离。"②

至于什么言论构成诽谤,尚未见秦律有明确、具体的规定。《史记·秦始皇本纪》记录了方士侯生、卢生的一段议论,秦始皇认为这就是对他的诽谤:

> 侯生卢生相与谋曰:"始皇为人,天性刚戾自用,起诸侯,并天下,意得欲从,以为自古莫及己。专任狱吏,狱吏得亲幸。博士虽七十人,特备员弗用。丞相诸大臣皆受成事,倚辨于上。上乐以刑杀为威,天下畏罪持禄,莫敢尽忠。上不闻过而日骄,下慑伏谩欺以取容。秦法,不得兼方不验,辄死。然候星气者至三百人,皆良士,畏忌讳谀,不敢端言其过。天下之事无小大皆决于上,上至以衡石量书,日夜有呈,不中呈不得休息。贪于权势至如此,未可为求仙药。"于是乃亡去。始皇闻亡,乃大怒曰:"吾前收天下书不中用者尽去之。悉召文学方术士甚众,欲以兴太平,方士欲练以求奇药。今闻韩众去不报,徐市等费以巨万计,终不得药,徒奸利相告日闻。卢生等吾尊赐之甚厚,今乃诽谤我,以重吾不德也。诸生在咸阳者,吾使人廉问,或为訞言以乱黔首。"于是使御史悉案问诸生,诸生传相告引,乃自除犯禁者四百六十余人,皆坑之咸阳,使天下知之,以惩后。益发谪徙边。③

秦二世时,也有所谓"诽谤":"公子将闾昆弟三人囚于内宫,议其罪独后。二世使使令将闾曰:'公子不臣,罪当死,吏致法焉。'将闾曰:'阙廷之礼,吾未尝敢不从宾赞也;廊庙之位,吾未尝敢失节也;受命应对,吾未尝敢失辞也。何谓不

---

① 《史记》卷一〇《孝文本纪》,第 423—424 页。
② 《史记》卷八七《李斯列传》,第 2551 页。
③ 《史记》卷六《秦始皇本纪》,第 258 页。

臣？原闻罪而死。'使者曰：'臣不得与谋，奉书从事。'将闾乃仰天大呼天者三，曰：'天乎！吾无罪！'昆弟三人皆流涕拔剑自杀。宗室振恐。群臣谏者以为诽谤，大吏持禄取容，黔首振恐。"①

贾谊《陈政事疏》："胡亥今日即位而明日射人，忠谏者谓之诽谤，深计者谓之妖言。"②路温舒《尚德缓刑书》谓秦之时，"正言者谓之诽谤，遏过者谓之妖言"③。沈家本加按语："《唐律》造祆书祆言。《疏议》曰：'祆言谓诈为鬼神之语。'后来之律皆承用之，而与秦汉之所谓妖言者不同。《唐律》有指斥乘舆一条，实即秦汉之诽谤妖言，惟罪名改轻耳。"④

二 妄言

妄言应指涉及朝廷政治及祸福吉凶、治乱兴亡的胡言乱语。《史记·郦生陆贾列传》："于是郦生乃夜见陈留令，说之曰：'夫秦为无道而天下畔之，今足下与天下从则可以成大功。今独为亡秦婴城而坚守，臣窃为足下危之。'陈留令曰：'秦法至重也，不可以妄言，妄言者无类，吾不可以应。先生所以教臣者，非臣之意也，原勿复道。'"⑤"妄言者无类"，"无类"即下文所云"族刑"，即被灭族，使其族类无存。《史记·项羽本纪》："秦始皇帝游会稽，渡浙江，梁与籍俱观。籍曰：'彼可取而代也。'梁掩其口，曰：'毋妄言，族矣！'"⑥《史记·陈涉世家》："客出入愈益发舒，言陈王故情。或说陈王曰：'客愚无知，颛妄言，轻威。'陈王斩之。"⑦《史记·大宛列传》："其吏卒亦辄复盛推外国所有，言大者予节，言小者为副，故妄言无行之徒皆争效之。"⑧

---

① 《史记》卷六《秦始皇本纪》，第 268 页。
② 《汉书》卷四八《贾谊传》，第 2251 页。
③ 《汉书》卷五一《贾邹枚路传》，第 2369 页。
④ 《历代刑法考》第三册《汉律摭遗》卷三，第 1415 页。
⑤ 《史记》卷九七《郦生陆贾列传》，第 2705 页。
⑥ 《史记》卷七《项羽本纪》，第 296 页。
⑦ 《史记》卷四八《陈涉世家》，第 1960 页。
⑧ 《史记》卷一二三《大宛列传》，第 3171 页。

三 非所宜言

非所宜言就是说了不该说的话,或者言语犯了忌讳。《史记·叔孙通传》:"数岁,陈胜起山东,使者以闻,二世召博士诸儒生问曰:'楚戍卒攻蕲入陈,于公如何?'博士诸生三十余人前曰:'人臣无将,将即反,罪死无赦。原陛下急发兵击之。'二世怒,作色。叔孙通前曰:'诸生言皆非也。夫天下合为一家,毁郡县城,铄其兵,示天下不复用。且明主在其上,法令具于下,使人人奉职,四方辐辏,安敢有反者!此特群盗鼠窃狗盗耳,何足置之齿牙间。郡守尉今捕论,何足忧。'二世喜曰:'善。'尽问诸生,诸生或言反,或言盗。于是二世令御史案诸生言反者下吏,非所宜言。诸言盗者皆罢之。"①

沈家本认为:"非所宜言与妖言不同,妖言者,非谤之词,非所宜者,失实之词也。"②

第六节 秦的逃亡类犯罪

秦统一后,法令严明而逃亡盛行。《史记·张耳陈馀列传》:"张耳尝亡命游外黄。"《索隐》:"晋灼曰:'命者,名也。谓脱名籍而逃。'崔浩曰:'亡,无也。命,名也。逃匿则削除名籍,故以逃为亡命。'"③睡虎地秦简中也有关于逃亡的记载,《封诊式·覆》:"敢告某县主:男子某辞曰:'士五(伍),居某县某里,去亡。'"④还有刑徒的逃亡,《法律答问》:"大夫甲坚鬼薪,鬼薪亡,问甲可(何)论?当从事官府,须亡者得。今甲从事,有(又)去亡,一月得,可(何)论?当赀一盾,复从事。从事有(又)亡,卒岁得,可(何)论?当耐。"⑤诸如此类,不胜枚举。因此,我们可以确定,秦朝有关于逃亡的法律。

---

① 《史记》卷九九《刘敬叔孙通列传》,第2720—2721页。
② 《历代刑法考》第三册《汉律摭遗》卷三,第1426页。
③ 《史记》卷八九《张耳陈馀列传》,第2571页。
④ 《睡虎地秦墓竹简》,第250页。
⑤ 《睡虎地秦墓竹简》,第206页。

一 亡人与亡吏

平人,指除了奴婢、罪犯、囚徒、军人等具有特殊身份的人之外的一般人。平人逃亡和官吏逃亡在张家山汉简《亡律》中合并称作"吏民亡"。这种亡罪又可分为无事而亡和逋事两种。

无事而亡,在《唐律》中即所谓的"浮浪"罪,指"非避事逃亡,而流宕他所者"①。睡虎地秦简《封诊式·亡自出》云:"男子甲自诣,辞曰:'士五(伍),居某里,以乃二月不识日去亡,毋(无)它坐,今来自出。'问之□名事定,以二月丙子将阳亡,三月中逋筑宫廿日,四年三月丁未籍一亡五月十日,毋(无)它坐,莫覆问。"②该男子甲曾数度逃亡,其中"二月丙子将阳亡"一次,这里的"将阳",睡虎地秦墓竹简整理小组注释云"系叠韵连语,在此意为游荡"③。张家山汉简《奏谳书》第三十二个案例中也有"将阳亡"。所谓"将阳亡",就是到处游荡,无所事事,符合《唐律》中所云浮浪他所的特征。因此,我们臆断,秦汉时期所谓的"将阳亡"即《唐律》中的"浮浪罪"。至于秦汉律对这种罪如何处罚,就现有资料似乎无从查考。

汉代"将阳亡"罪名成立的要件有二:一是游荡废业。《唐律》也是如此规定,如果是在外地营求资财及学宦者,则不构成此罪。由于营求资财者"贸迁有无,远求利润",而学宦者"负笈从师,或弃纆求仕",均属各遂其业而非游情废业,故《唐律》规定"各勿论"④;二是不阙赋役。秦简《封诊式·亡自出》中的男子甲"以二月丙子将阳亡,三月中逋筑宫廿日",其初心并非为躲避徭役,但在浮浪过程中"逋筑宫廿日"。这里值得注意的是,其"逋筑宫"以日计,后世法律逃亡多按日计罪,《唐律》:"诸非亡而浮浪他所者,十日笞十,二十日加一等,罪止杖一百。即有官事在他所,事了留住不还者,亦如之。"⑤

逋事即避事,在秦律中有"逋事"和"乏徭"。睡虎地秦简《法律答问》:"可(何)谓'逋事'及'乏繇(徭)'?律所谓者,当繇(徭),吏、典已令之,即亡弗会,

---

① 《唐律疏议》,第455页。
② 《睡虎地秦墓竹简》,第278页。
③ 《睡虎地秦墓竹简》,第221页。
④ 《唐律疏议》,第455页。
⑤ 《唐律疏议》,第455页。

为'逋事';已阅及敦(屯)车食若行到繇(徭)所乃亡,皆为'乏繇(徭)'。"①

汉代规定:"吏民亡,盈卒岁,耐;不盈卒岁,**毄**(系)城旦舂;公士、公士妻以上作官府,皆偿亡日。"②这条律文中的"吏民亡"实际上是指吏民为逃避差役而亡。值得注意的是"盈卒岁,耐;不盈卒岁,**毄**(系)城旦舂",文意殊不可解,似乎有舛错③。接着又规定:"其自出殹(也),笞五十。给逋事,皆籍亡日。"意思是逃亡者自首,应处笞刑五十,并服完其逃避的差役,并且记录在案。显然,处以笞刑五十是依法减等后的处罚。那么,如果不自首,其处罚必更重。

另外,汉律对"吏民亡"不加区分,而《唐律》则另立专条:"诸在官无故亡者,一日笞五十,三日加一等,过杖一百,五日加一等。边要之官,加一等。"④

二 亡妻与亡奴婢

张家山汉简《亡律》中没有关于"亡妻"的法律条文,但张家山汉简是一个抄本,不能据此认为汉律中没有"亡妻"的内容。睡虎地秦简《法律答问》中有两则关于"亡妻"法律问题的解释:"女子甲为人妻,去亡,得及自出,小未盈六尺,当论不当?已官,当论;未官,不当论。"又:"女子甲去夫亡,男子乙亦阑亡,相夫妻,甲弗告请(情),居二岁,生子,乃告请(情),乙即弗弃,而得,论可(何)殹(也)?当黥城旦舂。"⑤这两则都涉及"去夫亡"的问题,整理小组注释为"离夫私逃"。这实际上就是《唐律》中的"背夫在逃"。无论是秦汉律中的"离夫私逃",还是《唐律》中的"背夫在逃",其核心要件都在"背夫"上,沈之奇就认为,"妇人义当从夫,夫可出妻,妻不得自绝于夫。若背弃其夫而逃走出外者,杖一百,从夫嫁卖"⑥。所谓"背夫","谓非因别事,专为背弃其夫而逃也"⑦。

与"亡妻"类似,秦汉律中有"亡奴""亡婢"罪。由于古代社会中"奴婢贱

---

① 《睡虎地秦墓竹简》,第221页。
② 《张家山汉墓竹简》,第30页。
③ 曹旅宁在其文章中也有相同意见,见曹旅宁:《张家山汉律研究》,中华书局,2005年,第144页。
④ 《唐律疏议》,第456页。
⑤ 《睡虎地秦墓竹简》,第222—223页。
⑥ 《大清律辑注》,第284页。
⑦ 《大清律辑注》,第287页。

人,律比畜产"①,奴婢虽为人类,却不被当人看,列于资财,故秦汉律设立奴婢逃亡专条。相对于"平人"逃亡,奴婢逃亡势必加重处罚。秦简《法律答问》:"人臣甲谋遣人妾乙盗主牛,买(卖),把钱偕邦亡,出徼,得,论各可(何)殹(也)?当城旦黥之,各畀主。"②这里,人臣甲与人妾乙的身份都是私奴婢,在盗卖主人牛后携款逃亡,为官府所捕获,最终被处以黥城旦刑,仍归原主,这是在逃亡罪上又加盗窃罪。如果是单纯的奴婢逃亡,刑不至于如此之重。《大清律例》"出妻"条云:"若婢背家长在逃者,杖八十。"注云:"奴逃者,罪亦同。"③单纯的奴婢逃亡与"妻背夫亡"类似,主要体现在"其背家长"上。

奴婢逃亡,如果能"自归主",或者"主亲所智(知),及主、主父母、子若同居求自得之"④,也就是说,奴婢自首或自归主人,及被主人亲属⑤捕获,法律规定仍"畀主",如遗失物之物归原主,或者主人"欲勿诣吏论者,皆许之"。但如果奴婢逃亡被报官,或被官府捕获,汉代法律规定应刺面。张家山汉简《奏谳书》第二个案例,媚为士伍点婢,被卖与大夫禒后逃亡,有官吏认为应援引奴婢逃亡的法条,"黥媚颜頯",并畀卖主。⑥《亡律》又云:"其自出殹(也),若自归主,主亲所智(知),皆笞百。"⑦疑指案发后已经报官而逃亡奴婢又自出或自归主家而言。

三 罪犯的逃亡

不同于"平人"逃亡,罪犯逃亡是"更犯",于本罪之外又加逃亡罪,因此,罪犯逃亡应加重处罚,如《唐律·名例律》"更犯"条云:"诸犯罪已发及已配而更为

---

① 《唐律疏议》,第106页。
② 《睡虎地秦墓竹简》,第152页。
③ 《大清律辑注》,第283页。
④ 《张家山汉墓竹简》,第30页。
⑤ "亲所知"最早见于睡虎地秦简《法律答问》"将司人而亡,能自捕及亲所智(知)为捕"条中,其中"亲所知",整理小组注为"亲属朋友"(见《睡虎地秦墓竹简》第205页)。曹旅宁认为,"亲所知"指"本人亲自掌握线索,报官捕获这种情况"(见《张家山汉律研究》第145页)。徐世虹在《"主亲所知"识小》中说:"所谓'主亲'当指160简中的'主父母、子若同居','主亲所知'可释为'主人、亲属所知之人','所'字指代的是其后动词涉及的对象。"(见《出土文献研究 第六辑》,上海古籍出版社,2004年)其说可从。
⑥ 《张家山汉墓竹简》,第92页。
⑦ 《张家山汉墓竹简》,第30页。

罪者,各重其事。"疏议曰:"已发者,谓已被告言。其依令应三审者,初告亦是发讫。及已配者,谓犯徒已配。而更为笞罪以上者,各重其后犯之事而累科之。"①秦简《法律答问》:"隶臣妾毄(系)城旦舂,去亡,已奔,未论而自出,当治(笞)五十,备毄(系)日。"②汉《亡律》规定:"城旦舂亡,黥,复城旦舂。鬼薪白粲也,皆笞百。"又:"隶臣妾、收人亡,盈卒岁,毄(系)城旦舂六岁;不盈卒岁,毄(系)三岁。自出殹(也),笞百。其去毄(系)三岁亡,毄(系)六岁;去毄(系)六岁亡,完为城旦舂。"③

四 士兵的逃亡

《尉缭子·兵令》:"今以法止逃归、禁亡军,是兵之一胜也。"也就是说,用军法的形式禁止士兵逃亡是决定战争胜利的重要因素之一。因此,士兵逃亡也不同于"平人",其处罚的力度也大。张家山汉简《奏谳书》中的第一个案例,南郡蛮夷男子毋忧被都尉窑征发遣戍,"已受致书,行未到,去亡",最后毋忧的身份被确定为"屯卒",论处为腰斩刑,这里显然是以军法论处的。《尉缭子·兵令》又云:"内卒出戍,令将吏授旗鼓戈甲。发日,后将吏及出县封界者,以坐后戍法。兵戍边一岁,遂亡不候代者,法比亡军。父母妻子知之,与同罪;弗知,赦之。"士兵逃亡一般会株连父母、妻子。"卒后将吏而至大将所一日,父母妻子尽同罪。卒逃归至家一日,父母妻子弗捕执及不言,亦同罪。"④这说明,至少从战国时期开始,法律对士卒逃亡就适用亲属连坐的原则⑤,这种传统延续至汉代,到三国时期也是如此规定。《三国志·魏书·高柔传》有一条史料值得重视:

> 鼓吹宋金等在合肥亡逃。旧法,军征士亡,考竟其妻子。太祖患犹不息,更重其刑。金有母妻及二弟皆给官,主者奏尽杀之。柔启曰:"士卒亡军,诚在可疾,然窃闻其中时有悔者。愚谓乃宜贷其妻子,一

---

① 《唐律疏议》,第61页。
② 《睡虎地秦墓竹简》,第208页。
③ 《张家山汉墓竹简》,第30—31页。
④ 尉缭撰:《尉缭子》,中华书局,1985年,第53、51页。
⑤ 李解民认为:"1972年山东临沂银雀山汉墓竹简中《尉缭子》简文的发现,证明《尉缭子》的多篇文字至迟已在汉初流行于世,则其撰作必然更早,当在此前的未国时代。"见《武经七书》上册,中华书局,2007年,第190页。

可使贼中不信,二可使诱其还心。正如前科,固已绝其意望,而猥复重之,柔恐自今在军之士,见一人亡逃,诛将及己,亦且相随而走,不可复得杀也。此重刑非所以止亡,乃所以益走耳。"太祖曰:"善。"即止不杀金母、弟,蒙活者甚众。①

文中提到"旧法",当然不是指三国时期才制定的法律,很可能是承袭自汉代的有关法律。下文还有一条也可佐证逃兵适用收孥制:"护军营士窦礼近出不还。营以为亡,表言逐捕,没其妻盈及男女为官奴婢。"②据此,沈家本也认为:"军士逃亡,没其妻子为官奴婢,非一切罪人皆没其妻子。后魏尚有亡者妻子没为官奴婢之事,必承于古也。惟晋去而后魏复用之,当是后魏用汉、魏之旧法,而不取晋法也。"③

五　舍匿罪人

在睡虎地秦简、张家山汉简出土以前,学术界以为古代法律中"犯罪之人,非亲属不得相为容隐"④的制度是汉宣帝地节四年(前66)才确立的,主要史料依据是《汉书·宣帝纪》中的一道诏令:"自今子首匿父母,妻匿夫,孙匿大父母,皆勿坐。其父母匿子,夫匿妻,大父母匿孙,罪殊死,皆上请廷尉以闻。"⑤事实上,这种立法传统早在战国时期就已形成。⑥ 那么汉简《亡律》中"匿罪人"条显然不是指亲属而言,如果是亲属舍匿逃亡者,当然不构成此罪。后世法律一般都沿袭而不改,如《大清律例》中"知情藏匿罪人"条直接注明"非亲属","若系亲属及奴婢、雇工人……当照《名例》亲属相为容隐条,不用此律"⑦。

"舍匿罪人"是一种知情的故意行为。如《汉书·季布传》记载季布为项羽将,曾"数窘汉王。项籍灭,高祖购求布千金,敢有舍匿,罪三族"。濮阳周氏明知为季布,将其髡钳衣褐,置广柳车中,送至鲁朱家卖之。朱家也"心知其季布

---

① 《三国志》卷二四,第684页。
② 《三国志》卷二四,第689页。
③ 《历代刑法考》第三册《汉律摭遗》,第1507页。
④ 《大清律辑注》(下),第977页。
⑤ 《汉书》卷八《宣帝纪》,第251页。
⑥ 闫晓君:《张家山汉简〈告律〉考论》,《法学研究》,2007年第6期。
⑦ 《大清律辑注》(下),第978页。

也,买置田舍"。① 这些都属于"知情藏匿罪人"。《汉书·鲍宣传》:"时名捕陇西辛兴,兴与宣女婿许绀俱过宣,一饭去,宣不知情,坐系狱,自杀。"所谓"名捕",颜师古认为是指"诏显其名而捕之"。此案中鲍宣虽不知情,但仍拘系在狱,最后被迫自杀。若按汉律,则不构成犯罪。此案最终结果显然是政治倾轧所致,因为当时王莽"阴有篡国之心,为风州郡以罪法案诸诛豪桀,及汉忠直臣不附己者"。②

后世"藏匿罪人"包括"过致资给,令得隐避者"③等情况,具体指犯罪已发,官司差人追唤之时,而将罪因"私自藏匿在家,或指引所往,资给所需,送令隐避"④等行为,秦汉律中虽未见此类明文,但衡情而论,舍匿罪人无非如此罢了,如前文所引季布事,濮阳周氏在明知季布是官府缉拿之犯人的情况下将其送至鲁朱家,显系"过致资给,令得隐避者",而朱家为"买置田舍"亦属"资给所需"。《汉书·淮南王传》中所载"收聚汉诸侯人及有罪亡者,匿为居,为治家室,赐与财物爵禄田宅,爵或至关内侯,奉以二千石所当得"⑤,也属此种情形。汉律设有"通行饮食"罪,《后汉书·郭陈列传·陈忠传》:"故亡逃之科,宪令所急,至于通行饮食,罪致大辟。"唐李贤注:"通行饮食,犹今律云过致资给与,同罪也。"李贤所谓"今律"是指《唐律》,"过致资给"即唐律"藏匿罪人"之一种,沈家本也认为"汉之通行饮食,其事实当亦类此"⑥。

由于舍匿罪人者在知情的情况下"欺公党恶",所以一般比照所匿罪人之罪来判断其社会危害性,并据以定罪量刑。所匿罪人之罪越重,舍匿者之罪也会越加重;反之,所匿罪人之罪越轻,舍匿者之罪也越轻。《汉书·杜延年传》:"治燕王狱时,御史大夫桑弘羊子迁亡,过父故吏侯史吴。后迁捕得,伏法。会赦,侯史吴自出系狱,廷尉王平与少府徐仁杂治反事,皆以为桑迁坐父谋反而侯史吴臧

---

① 《汉书》卷三七《季布栾布田叔传》,第 1975 页。
② 《汉书》卷七二《王贡两龚鲍传》,第 3094 页。
③ 《唐律疏议》,第 460 页。
④ 《大清律辑注》(下),第 977 页。
⑤ 《汉书》卷四四《淮南衡山济北王传》,第 2141 页。
⑥ 这里,李贤注引《唐律》有误,沈家本亦指出:"《唐律》'过致资给'在捕亡门知情藏匿罪人条,系减罪人一等,乃云'与同罪',与律文不符。"见《历代刑法考》第三册《汉律摭遗》卷二,第 1411 页。

之,非匿反者,乃匿为随者也。即以赦令除吴罪。后侍御史治实,以桑迁通经术,知父谋反而不谏争,与反者身无异;侯史吴故三百石吏,首匿迁,不与庶人匿随从者等,吴不得赦。"①此案争论的一个焦点就是侯史吴所藏匿的桑弘羊之子桑迁的犯罪性质,即桑弘羊谋反,其子是定为反者还是定为从者。只有桑迁的罪名确定了,才能对藏匿者侯史吴定罪量刑。虽然此案最终"近于周内"②,但这是受政治斗争的影响!

舍匿犯罪是在知情的情况下"欺公党恶",属于"自犯之罪",自得其咎,故此与所藏匿罪人同罪,不得减等;但如果是在"不智(知)其亡"的情况下"舍亡人",属于"因人连累致罪"。汉律对这两种犯罪情形做了区分,在"不智(知)其亡"的情形下"舍亡人"的,盈五日者减等。"所舍罪当黥□赎耐;完为城旦舂以下到赎罪,及亡收、隶臣妾、奴婢及亡盈十二月以上,赎耐。"③不盈五日,不知汉律作何规定,想必会更轻。

六 娶亡人以为妻及为亡人妻

《唐律》有"娶逃亡妇女"条,但不属于《捕亡律》,而归之于《户婚律》:"诸娶逃亡妇女为妻妾,知情者与同罪,至死者减一等。"疏议云:"其不知情而娶,准律无罪。"④其有关立法应肇端于秦汉法律,如睡虎地秦简《法律答问》:"甲取(娶)人亡妻以为妻,不智(知)亡,有子焉,今得,问安置其子? 当畀。或入公,入公异是。"⑤虽然此条是关于娶人亡妻所生子女的法律解释,但也充分证明秦律中已有相关法律专条。从汉《亡律》看,秦汉律中的内容应与《唐律》相似,汉《亡律》云:"取(娶)人妻及亡人以为妻,及为亡人妻,取(娶)及所取(娶)、为谋(媒)者,智(知)其请(情),皆黥以为城旦舂。其真罪重,以匿罪人律论。弗智(知)者不□。"⑥

---

① 《汉书》卷六〇《杜周传》,第 2662 页。
② 参见《唐明律合编》,第 769 页。
③ 《张家山汉墓竹简》,第 31 页。
④ 《唐律疏议》,第 222 页。
⑤ 《睡虎地秦墓竹简》,第 223 页。
⑥ 这里"娶人妻"指娶有夫之妻的行为,在《唐律》中称"和娶人妻",刘俊文认为"此类行为之非法,在于所嫁娶之妻妾并未废除其原有之婚姻关系,性质相当于今所谓之重婚罪"(见《唐律疏议笺解》,第 1052 页)。由于与逃亡无关,本文姑且不论。

以上情形均以"知其情"而故犯为构成要件。简末文字为"弗智(知)者不□",据文意,当为"弗智(知)者不论"。大概若不知男、女逃亡而相嫁娶及做媒者,则不得定为此罪。

逃亡罪之立法,大多计日论罪,薛允升说:"逃亡之色目多端,科罪亦异,大抵计日论罪者居多。"①如睡虎地秦简《封诊式》中"覆"条有"凡籍亡,亡及逋事各几可(何)日"②,"亡自出"条有"四年三月丁未籍一亡五月十日"③,汉《亡律》有"皆籍亡日""盈五日以上""盈卒岁"等,都是对逃亡日数的记录,显然是为了衡量罪责而设。

商鞅变法以来,农耕文明使汉民族形成了浓厚的乡土情结与"安土重迁"的思想观念,"齐民编户"的政策在一定程度上对逃亡是一种限制。逃,又可训为"避",一般来说,逃亡者总是在当时社会环境中无法正常生活的人,而趋利避害又是人的本性,在各种逃亡犯罪的背后,除逃亡者各自不同的动机之外,还有着深刻的社会原因。换句话说,逃亡在很大程度上是深层社会问题的一种表现形式。正如当时人所指出的那样:"凡民有七亡:阴阳不和,水旱为灾,一亡也;县官重责更赋租税,二亡也;贪吏并公,受取不已,三亡也;豪强大姓蚕食亡厌,四亡也;苛吏徭役,失农桑时,五亡也;部落鼓鸣,男女遮列,六亡也;盗贼劫略,取民财物,七亡也。七亡尚可,又有七死:酷吏殴杀,一死也;治狱深刻,二死也;冤陷亡辜,三死也;盗贼横发,四死也;怨雠相残,五死也;岁恶饥饿,六死也;时气疾疫,七死也。民有七亡而无一得,欲望国安,诚难;民有七死而无一生,欲望刑措,诚难。"④这里所说的"亡",颜师古谓"失其作业也",而秦汉时期的逃亡与以上严重的社会问题密不可分,具体归纳如下:

(一)赋税繁重

《汉书·食货志》云,自秦商鞅变法以后,"田租口赋……二十倍于古。或耕豪民之田,见税什五。故贫民常衣牛马之衣,而食犬彘之食。重以贪暴之吏,刑戮妄加,民愁亡聊,亡逃山林,转为盗贼,赭衣半道,断狱岁以千万数"⑤。秦末,

---

① 《唐明律合编》,第770页。
② 《睡虎地秦墓竹简》,第250页。
③ 《睡虎地秦墓竹简》,第278页。
④ 《汉书》卷七二《王贡两龚鲍传》,第3088页。
⑤ 《汉书》卷二四《食货志》,第1137页。

"高祖以亭长为县送徒郦山,徒多道亡。自度比至皆亡之",因此,"皆解纵所送徒",自己也开始亡命生涯。后于沛县起事,萧何、曹参建议沛令"召诸亡在外者,可得数百人,因以劫众"。颜师古曰:"时苦秦虐政,赋役烦多,故有逃亡辟吏。"①

(二)徭役频发

据《汉书·食货志》记载:"月为更卒,已复为正,一岁屯戍,一岁力役,三十倍于古。"繁重的徭役导致了服役人员的大量逃亡,《急就篇》:"更卒归诚自诣因。"颜师古注:"谓更卒之徒厌苦疲倦,常多逃匿,苟求脱免,若逢善政,则怀德感恩来陈诚欸,自诣官寺就作役也。"②如遇战争,则徭役更频繁更重,《汉书·严助传》:"臣闻长老言,秦之时尝使尉屠睢击越,又使监禄凿渠通道。……留军屯守空地,旷日(持)〔引〕久,士卒劳倦,越(乃)出击之。秦兵大破,乃发適戍以备之。当此之时,外内骚动,百姓靡敝,行者不还,往者(菓)〔莫〕反,皆不聊生,亡逃相从,群为盗贼,于是山东之难始兴。"③

(三)土地兼并与农民的极端贫困

晁错曾指出,汉代土地兼并导致了农民的极端贫困与流亡:"今农夫五口之家,其服役者不下二人,其能耕者不过百亩,百亩之收不过百石。春耕夏耘,秋获冬藏,伐薪樵,治官府,给徭役;春不得避风尘,夏不得避暑热,秋不得避阴雨,冬不得避寒冻,四时之间亡日休息;又私自送往迎来,吊死问疾,养孤长幼在其中。勤苦如此,尚复被水旱之灾,急政暴(虐)〔赋〕,赋敛不时,朝令而暮改。当具有者半贾而卖,亡者取倍称之息,于是有卖田宅鬻子孙以偿责者矣。而商贾大者积贮倍息,小者坐列贩卖,操其奇赢,日游都市,乘上之急,所卖必倍。……因其富厚,交通王侯,力过吏势,以利相倾;千里游遨,冠盖相望,乘坚策肥,履丝曳缟。此商人所以兼并农人,农人所以流亡者也。"④

---

① 《汉书·高帝纪》,第7、9页。
② 〔汉〕史游撰,〔唐〕颜师古注:《急就篇》,中华书局,1985年,第297—298页。
③ 《汉书》卷六四《严朱吾丘主父徐严终王贾传》,第2783—2784页。
④ 《汉书》卷二四上《食货志》,第1132页。

第七节 其他罪名

一 诬告

秦律鼓励告奸,"告奸与斩敌同赏",但不能诬告。睡虎地秦简中诬告多称为"诬人"。《法律答问》:"甲告乙盗牛若贼伤人,今乙不盗牛、不伤人,问甲可(何)论?端为,为诬人;不端,为告不审。"①可见主观上故意虚构事实构陷他人才能称为诬告。所谓"端为",就是明知他人并无违法乱纪的事实,而主观上又欲陷人于罪,所控告他人犯罪事项与事实完全不符。如果主观上并无陷人于罪的故意,而只是没有对事实进行核验,秦律将此种行为区别为"告不审"。

甲盗羊,乙智(知),即端告曰甲盗牛,问乙为诬人,且为告不审?当为告盗驾(加)臧(赃)。

甲盗羊,乙智(知)盗羊,而不智(知)其羊数,即告吏曰盗三羊,问乙可(何)论?为告盗驾(加)臧(赃)。②

以上二例均为甲盗羊,所不同者,其中一例乙告甲盗牛,一例乙告甲盗三羊;一例为有意而为,一例是在不知具体数目的情形下凭空虚构,两例最后均以"告盗驾(加)臧(赃)"论。可见,只要有甲盗的事实存在,乙端告为盗牛,或乙不知具体数目而冒报为三,即所告事实虽有出入,不论是否有意,均以"告盗加赃"论。

《法律答问》:"甲告乙盗牛,今乙贼伤人,非盗牛殹(也),问甲当论不当?不当论,亦不当购;或曰为告不审。"③此例乙贼伤人,而甲告乙盗牛,虽然事实出入较大,但乙犯罪是实,因此甲仍然不构成诬告,而以"告不审"论。

综上所述,秦律所谓诬告罪,是指将无犯罪事实的人,出于陷人于罪的主观故意,捏造犯罪事实并到官府告发的行为。如果被告确实犯有某种罪,而原告以另外一种罪名告发,事项不符,事实有较大出入,无论原告是否主观故意,皆以"告不审"论。如犯盗罪,赃物数目不详,而原告所告赃物超出实际赃物,无论原

---

① 《睡虎地秦墓竹简》,第 169 页。
② 《睡虎地秦墓竹简》第 170—171 页。
③ 《睡虎地秦墓竹简》,第 169—170 页。

告是否故意,均以"告盗加赃"论。

至于"诬人""告不审""告盗加赃"的法律责任,《法律答问》:"'伍人相告,且以辟罪,不审,以所辟罪罪之。'有(又)曰:'不能定罪人,而告它人,为告不审。'今甲曰伍人乙贼杀人,即执乙,问不杀人,甲言不审,当以告不审论,且以所辟?以所辟论当殹(也)。"①"辟",《尔雅·释诂》:"罪也。"所谓"以所辟罪罪之",就是针对诬人者,以所欲加之罪反坐诬人者。

《法律答问》:"诬人盗千钱,问盗六百七十,诬者可(何)论?毋论。""告人盗千钱,问盗六百七十,告者可(何)论?毋论。"②此两例,前例为"诬",故意而为,后例为"告",两例皆所告重而实犯轻,共同之处是被告确实犯罪。前例当定性为"告不审",后例为"告盗加赃",但都"毋论"。原告虽有"诬"与"加赃"情节,但被告并非无辜之人,故而"毋论"。

还须特别指出,秦律中"伍人"具有一种特别的法律关系,《法律答问》:"可(何)谓四邻?四邻即伍人谓殹(也)。"③伍人不同于一般人,在很多场合,伍人负有不同于常人的法律责任,如:"吏从事于官府,当坐伍人不当?不当。""大夫寡,当伍及人不当?不当。"④《秦律杂抄》:"战死事不出,论其后。有(又)后察不死,夺后爵,除伍人;不死者归,以为隶臣。"⑤因此,"伍人"相告的法律责任不同于一般人。常人告不审往往"勿论",伍人告不审就以诬告论,即前引"今甲曰伍人乙贼杀人,即执乙,问不杀人,甲言不审,当以告不审论,且以所辟?以所辟论当殹(也)"。因为"自阙内侯以下,比地于伍,居家相察,出入相司"⑥,不容许有"告不审"的情况存在,所谓"不审"是虚,诬陷伍人是实。

此外,秦律还有"赃人"的罪名,与"诬人"相似,都是陷害无辜之罪。《法律答问》:"可(何)谓'臧(赃)人'?'臧(赃)人'者,甲把其衣钱匿臧(藏)乙室,即告亡,欲令乙为盗之,而实弗盗之谓殹(也)。"⑦如甲将自己的衣物钱财藏到乙

---

① 《睡虎地秦墓竹简》,第193页。
② 《睡虎地秦墓竹简》第168页。
③ 《睡虎地秦墓竹简》,第194页。
④ 《睡虎地秦墓竹简》,第217页。
⑤ 《睡虎地秦墓竹简》,第146页。
⑥ 《盐铁论校注》卷十《周秦》,第584页。
⑦ 《睡虎地秦墓竹简》,第240页。

家,然后报告说东西丢失了,想使乙成为盗窃犯,而实际上乙并未盗窃。以理相推,"赃人"者亦当反坐。

二　投书

投书,即《唐律》之投匿名书状告人罪也。秦律鼓励告奸,但禁止以匿名方式告人罪。《法律答问》:"有投书,勿发,见辄燔之;能捕者购臣妾二人,系投书者鞫审谳之。所谓者,见书而投者不得,燔书,勿发;投者〔得〕,书不燔,鞫审谳之之谓殹(也)。"①秦律禁止投书的传统为《唐律》所继承,《唐律》:"诸投匿名书告人罪者,流二千里。得书者皆即焚之,若将送官司者,徒一年;官司受而为理者,加二等。"②两相比较,《唐律》显然刑罚减轻。《晋书·刑法志》:"改投书弃市之科,所以轻刑也。"可见秦汉律中投书为死罪,曹魏时改轻。

三　矫制、矫诏、矫令

矫,《春秋公羊传·僖公三十三》"矫以郑伯之命而犒师焉",注云:"诈称曰矫。"《国语·周语》"其刑矫诬",注云:"以诈用法曰矫。"《吕氏春秋·先职览·悔过》注云:"擅称君命曰矫。"

自秦始皇开始,皇帝的"命曰制,令曰诏"。蔡邕《独断》:"汉天子……其言曰制诏。……其命令一曰策书,二曰制书,三曰诏书,四曰戒书。"

汉律中常见矫制罪,根据后果分为"矫制害""矫制不害",其当为秦律中的罪名,为汉律所承袭。《史记·秦始皇本纪》:"长信侯毐作乱而觉,矫王御玺及太后玺以发县卒及卫卒、官骑、戎翟君公、舍人,将欲攻蕲年宫为乱。"《索隐述赞》:"二世矫制,赵高是与。"③

秦律亦有矫令罪,《史记》中有"因相与矫王令以诛吴叔,献其首于陈王","因矫以王命杀武平君畔"④,"项羽矫杀卿子冠军而自尊"⑤。秦简《法律答问》:

---

① 《睡虎地秦墓竹简》,第174页。
② 《唐律疏议》,第376—377页。
③ 《史记》卷六《秦始皇本纪》,第227、294页。
④ 《史记》卷四八《陈涉世家》,第1957、1958页。
⑤ 《史记》卷八《高祖本纪》,第376页。

"侨(矫)丞令可(何)殴(也)？为有秩伪写其印为大啬夫。"①

战国时期,各国皆尊君,故六国律法皆有此罪名,如《史记·赵世家》:"昔下宫之难,屠岸贾为之,矫以君命,并命群臣。"②

四 不孝

不孝为中国最古老的罪名,《孝经》云:"五刑之属三千,而罪莫大于不孝。"《尚书·康诰》:"元恶大憝,矧惟不孝不友。"秦文化虽尊崇法家,但并不意味着不重视孝道。睡虎地秦简《封诊式·告子》:"爰书:某里士五(伍)甲告曰:'甲亲子同里士五(伍)丙不孝,谒杀,敢告。'即令令史己往执。令史己爰书:与牢隶臣某执丙,得某室。丞某讯丙,辞曰:'甲亲子,诚不孝甲所,毋(无)它坐罪。'"③

但不孝当为亲告罪名,即不告不理。父子之间为难言矣,父子之间的事情,别人是很难说话的,但父母只要告子不孝,官府奉命唯谨。《法律答问》:"免老告人以为不孝,谒杀,当三环之不？不当环,亟执勿失。"④

五 盗铸钱

秦代实行高度的中央集权,对货币进行了统一,制币权属于政府,严禁民间私铸。盗铸钱是一种隐蔽性较强的犯罪,秦自商鞅变法以来,一直鼓励人们告奸,所谓"不告奸者腰斩,告奸者与斩敌首同赏,匿奸者与降敌同罚"⑤,对盗铸钱这种较隐蔽的犯罪,秦律也是如此规定的,例如睡虎地秦简《封诊式》中就有告发盗铸钱的事例:"某里士五(伍)甲、乙缚诣男子丙、丁及新钱百一十钱、容(镕)二合,告曰:'丙铸此钱,丁佐铸。甲、乙捕索(索)其室而得此钱、容(镕),来诣之。'"⑥

"敢择不取行钱",由于钱的轻重不一,导致在流通过程中出现人们只收重钱而轻钱往往被拒收的情况。"择钱"对货币发挥其流通职能,恢复和发展经济

---

① 《睡虎地秦墓竹简》,第175页。
② 《史记》卷四三《赵世家》,第1784页。
③ 《睡虎地秦墓竹简》,第263页。
④ 《睡虎地秦墓竹简》,第195页。
⑤ 《史记》卷六八《商君列传》,第2230页。
⑥ 《睡虎地秦墓竹简》,第252—253页。

很不利,《盐铁论·错币》:"文学曰:'……择钱则物稽滞,而用人尤被其苦。'"①因此,秦律对择钱加以禁止,睡虎地秦简《金布律》:"贾市居列者及官府之吏,毋敢择行钱、布;择行钱、布者,列伍长弗告,吏循之不谨,皆有罪。"②

六 诈伪

睡虎地秦简《秦律杂抄·傅律》:"匿敖童,及占癃(癃)不审,典、老赎耐。百姓不当老,至老时不用请,敢为酢(诈)伪者,赀二甲;典、老弗告,赀各一甲;伍人,户一盾,皆罨(迁)之。"③张斐《注律表》:"背信藏巧谓之诈。"沈家本说:"诈者,虚言相诳以取利,如《唐律》之诈欺取财是也。伪者,造私物以乱真,如私铸之类是也。"④

《法律答问》:"廷行事吏为诅伪,赀盾以上,行其论,有(又)废之。"⑤"诅"读为诈。官吏弄虚作假,与百姓诈伪不同。其罪在罚盾以上的,依判决执行,同时要撤职,永不叙用。

七 行贿

秦律中以钱行贿称为"通钱"。《法律答问》:"邦亡来通钱过万,已复,后来盗而得,可(何)以论之?以通钱。"⑥

代他人收贿者亦有罪,《法律答问》:"智(知)人通钱而为臧(藏),其主已取钱,人后告臧(藏)者,臧(藏)者论不论?不论论。"⑦意思是,知道他人行贿而代为收藏钱财,钱的主人已将钱取走,事后才有人控告藏钱的人,藏钱的人应否论罪?应论罪。

行贿成立的标准很低,"通一钱"也受"黥城旦"之刑。"甲诬乙通一钱黥城

---

① 《盐铁论校注》,第58页。
② 《睡虎地秦墓竹简》,第57页。
③ 《睡虎地秦墓竹简》,第143页。
④ 《历代刑法考》第三册《汉律摭遗》卷四,第1439页。
⑤ 《睡虎地秦墓竹简》,第176页。
⑥ 《睡虎地秦墓竹简》,第229页。
⑦ 《睡虎地秦墓竹简》,第230页。

旦罪,问甲同居、典、老当论不当? 不当。"①

秦律中虽未见受贿的规定,但"与受同科"的规则估计已建立,至少与行贿同罪。

八 誉敌

睡虎地秦简《法律答问》:"'誉适(敌)以恐众心者,戮(戮)。''戮(戮)'者可(何)如? 生戮(戮),戮(戮)之已乃斩之之谓殹(也)。"②誉敌,赞扬敌人。《墨子·号令》:"誉敌,少以为众,乱以为治,敌攻拙以为巧者,断。"此处"誉敌"指众心即军心、士气。

九 失火

古代防火意识非常强,大概因为宫室房屋多为土木结构,国家府库屯集之粮草也易失火,因此秦律中设有"失火"罪名。顾名思义,"失火"非有心纵火,为过失犯罪,但由于一旦失火,很难救灭,损失必大,因此秦律对"失火"罪惩罚较严。《秦律十八种·内史杂》:"有实官高其垣墙。它垣属焉者,独高其置刍廥及仓茅盖者。令人勿近(近)舍。非其官人殹(也),毋敢舍焉。善宿卫,闭门辄靡其旁火,慎守唯敬(儆)。有不从令而亡、有败、失火,官吏有重罪,大啬夫、丞任之。"③贮藏谷物的官府要加高墙垣。有其他墙垣和它连接的,可单独加高贮刍草的仓和用茅草覆盖的粮仓。令人不得靠近居住。不是本官府人员,不准在其中居住。夜间应严加守卫,关门时即应灭掉附近的火,谨慎警戒。有违反法令而有遗失、损坏或失火的,其官吏有重罪,大啬夫、丞也须承担罪责。此处明确规定国家府库若"失火",有责任的官吏须承担重罪,以此来强化官吏的责任意识。

《秦律十八种·内史杂》又规定:"毋敢以火入臧(藏)府、书府中。吏已收臧(藏),官啬夫及吏夜更行官。毋火,乃闭门户。令令史循其廷府。节(即)新为吏舍,毋依臧(藏)府、书府。"④不准把火带进收藏器物或文书的府库。吏将物品

---

① 《睡虎地秦墓竹简》,第 230 页。
② 《睡虎地秦墓竹简》,第 173 页。
③ 《睡虎地秦墓竹简》,第 108 页。
④ 《睡虎地秦墓竹简》,第 109 页。

收好后，由官府的啬夫和吏轮番值夜看守。经检查没有火，才可关闭门户。叫令史巡察其衙署的府库。如果是新建吏的居舍，不要靠近收藏器物、文书的府库。

《法律答问》中有关于失火导致财物损失的规定："'舍公官（馆），旞火燔其舍，虽有公器，勿责。'今舍公官（馆），失火燔其叚（假）乘车马，当负不当出？当出之。"①《法律答问》中也规定了相关的法律责任："旞延燔里门，当赀一盾；其邑邦门，赀一甲。"②

《墨子·号令》中反映的战时失火责任更重："诸灶必为屏，出屋四尺。慎无敢失火，失火者斩，其端失火以为事者，车裂。伍人不得，斩；得之，除。救火者无敢欢哗，及离守绝巷救火者斩。其舌及父老有守此巷中部吏，皆得救之，部吏亟令人谒之大将，大将使信人将左右救之，部吏失不言者斩。诸女子有死罪及坐失火皆无有所失，逮其以火为乱事者如法。"③失火之罪，各有等差，"坐失火皆无有所失"，即自己失火而并未延害他人，罪最轻，失火而延烧他人者次之，放火谋乱者最重。又曰："官府城下吏卒民家，前后左右相传保火。火发自燔，燔曼延燔人，断。"④

十　擅兴奇祠

奇祠，即不合法的祠庙，后世称为"淫祠"。《法律答问》："'擅兴奇祠，赀二甲。'可（何）如为'奇'？王室所当祠固有矣，擅有鬼立（位）殹（也），为'奇'，它不为。"⑤

---

① 《睡虎地秦墓竹简》，第219页。
② 《睡虎地秦墓竹简》，第219页。
③ 《墨子间诂》，第546—547页。
④ 《墨子间诂》，第554—555页。
⑤ 《睡虎地秦墓竹简》，第219页。

第七章　秦的民事法律与婚姻家庭继承

《潜夫论·本训》云："是故法令刑赏者,乃所以治民事而致整理尔,未足以兴大化而升太平也。"自古以来,整治民事就是法令刑赏的目的之一。史籍较少提及秦时的具体民事法规内容,但这并不代表秦时法律不保护这种关系,而很可能是秦律本没有专门的民事单行法,且官吏较少抄录这方面的法规所致。就出土文献来看,民事篇的内容,夹杂在刑事法规与各单行律法中,范围涉及民事权利主客体、所有权、债权、婚姻家庭和继承等事项,集中反映在民事权利与家庭制度领域。

第一节　民事权利与行为能力

秦时,作为具有社会属性的自然人,所享有的民事权利始于"著籍",而没于"削籍"。当人们具备了掌控自我活动的行为能力,也就意味着承担民事责任的开始。

权利能力的取得与消灭,以名籍的有无为标志。《商君书·境内》："四境之内,丈夫女子皆有名于上,生者著,死者削。"①秦律规定,出生即享有民事权利,死亡便丧失民事权利。

名籍取得条件的设置,应是考虑到经济负担与政治秩序两方面的因素。新生婴儿属"故秦人"。从原则上来讲,只有四肢完好的新生婴儿,才能取得名籍。"新生婴儿"一词见于《史记·秦始皇本纪》："惠文王生十九年而立。立二年,初

---

① 《商君书锥指·境内》,第114页。

行钱。有新生婴儿曰'秦且王'。"①有一个刚生下来的婴儿说"秦国将要称王天下"。事实上,新生儿能保命已算不错,一个婴儿哪能发表政治预言、参与政治演出?睡虎地秦简《法律答问》:"擅杀子,黥为城旦舂。其子新生而有怪物其身及不全而杀之,勿罪。"②秦时人口少,为了发展生产与巩固戍防,政府鼓励生育。同时,由于小儿是残疾人而将小儿杀死的,法律不予治罪。秦律对杀新生怪婴的行为不予论罪的规定,是为了减轻国家的整体性经济负担。与我国东周同时代的古罗马帝国,《罗马十二铜表法》中也有严重畸形的婴儿应从速杀死的规定。可见无论中外,此无二致,其目的应有共性,即在保存早期国家有生人力的同时,也须竭力避免国力上的负重。

除了以出生而定名籍的故秦人,尚有一类带有少数民族血统的人,其名籍的取得办法,《法律答问》云:"可(何)谓'真'?臣邦父母产子及产它邦而是谓'真'。可(何)谓'夏子'?臣邦父、秦母谓殹(也)。"③秦律规定,只有母亲一方为秦人,才可归为"夏子"。"夏子",是身份上完整的秦国人,不管居住的是故秦地还是臣邦地,臣邦父和秦母间的孩子都被认为是"夏子"。这种办法是稳定秦人统治疆土和秩序的必要手段。

有"故秦人",自然便会有"新秦人"。"新秦人"是指游士、三晋归义的百姓与降寇等外来之人,他们可看作是新募入秦籍的人。《商君书·徕民》:"今王发明惠,诸侯之士来归义者,今使复之,三世无知军事。"④韩、赵、魏等国的归附者入秦籍,不仅免除他们三代的徭役赋税,使之安心耕种,而且不用他们参加战事。降寇入籍的依据见睡虎地秦简《秦律杂抄》的"寇降,以为隶臣"。降寇不属于秦的国内法律管制,这种身份的人不是罪犯,而是国家的财产,会被收编入秦籍,作为隶臣被官府役使。还有一种被怀疑为寇的人,《秦律杂抄》载:"战死事不出,论其后。有(又)后察不死,夺后爵,除伍人;不死者归,以为隶臣。"⑤那个没有死的人回来后,要被罚作隶臣。为什么会被罚作隶臣?因为这个从战场上归来的军人最初是被当作在战争中宁死不屈的士卒来认定的,已经对他的"死"履行了

---

① 《史记》卷六《秦始皇本纪》,第289页。
② 《睡虎地秦墓竹简》,第181页。
③ 《睡虎地秦墓竹简》,第227页。
④ 《商君书锥指·徕民》,第90页。
⑤ 《睡虎地秦墓竹简》,第146页。

削籍程序,所以后面的处理只能按照降寇来对待,于是便是"以为隶臣"的处理,虽被役使但可入秦籍。

名籍的消灭,指被除去名籍。法定的情况是因死亡而除籍,即"'死者削',是正常的削籍。其他尚有对于生口非正常的削籍,此为律所严禁"[1]。秦简《秦律杂抄·游士律》:"有为故秦人出,削籍,上造以上为鬼薪,公士以下刑为城旦。"[2]有帮助秦人出境,或除去名籍的,上造以上罚为鬼薪,公士以下刑为城旦。《商君书·境内》:"爵自二级以上有刑罪则贬,爵自一级以下有刑罪则已。"[3]因当时户籍是以简牍书写的,所以除名就必须以刀削除。削籍,意味着永远从户籍上抹去名籍,自此此人便成为浮游之民,容易造成无法追究其责任和义务的情况,管理者如公士、上造等有爵者,若违法削籍是故意犯罪,所以论处也比较严重。

战场上离国投敌的兵卒,国家是怀疑他的忠诚度的,会被削籍。《秦律杂抄》中的"不死者归,以为隶臣",符合被怀疑离国投敌的兵卒的境况,降了敌军就自然会被削除秦籍。

逃亡出境的普通人则不会被除籍,仍受秦律管束。岳麓秦简《多小未能与谋案》:"鞠之:多与儿邦亡荆,年十二岁,小未能谋。今年廿二岁,巳(已)削爵为士五(伍)。"[4]秦楚交战之时,多跟儿邦逃出本国亡命到楚国时,因其年龄较小,并未随其母参与当年的谋划出逃之事,在他逃亡后被注销了爵位,多年后他归国并受到了审判。可见,逃亡者被贬为士伍,至多也只是除爵而非削籍,他的身份还属秦人。

秦律中的民事权利主体大致可分为三类:完全权利能力主体、限制权利能力主体与无权利能力主体。不过,某些身份或存有异议,如言"隐官"为监管囚徒的场所,而非指人的身份;而《魏律》中商贾、赘婿身份,或与刑罚的谪戍有关。

有爵者、士伍和百姓,是具有完全权利能力的民事权利主体。他们有完全的人身权利、财产权利和婚姻权利,还有单独立户的权利。被夺爵为士伍的人,便

---

[1] 《秦制研究》,第 816 页。
[2] 《睡虎地秦墓竹简》,第 130 页。
[3] 《商君书锥指·境内》,第 120 页。
[4] 《岳麓书院藏秦简(叁)》,第 142 页。

是无爵之身。《史记·秦本纪》云："(秦昭襄王)五十年十月,武安君白起有罪,为士伍,迁阴密。"裴骃《集解》引如淳之语曰："尝有爵而以罪夺爵,皆称士伍。"①士伍,就是兵卒的行列,唐元稹《授牛元翼成德军节度使制》云："(牛元翼)忠孝谨廉,慈仁和惠,爱养士伍,均如鸤鸠,镇之三军,争在麾下。"可以看出士伍是与军戍有关的一种身份,这种身份不能担任要职。《秦律十八种·内史杂》："除佐必当壮以上,毋除士五(伍)新傅。"②夺爵则为士伍,所以任命佐必须用壮年以上的人,不可任用刚傅籍的没有爵的士伍。

在法律地位上,商贾、赘婿、人貉、工隶臣与隐官工等作为中间人群,是限制权利能力的民事主体。作务、商贾、赘婿、后父,他们没有完全的人身权,常与被剥夺了人身自由权的罪犯一起被发往边地。《史记·秦始皇本纪》载："(秦始皇)三十三年,发诸尝逋亡人、赘婿、贾人略取陆梁地,为桂林、象郡、南海,以適遣戍。"③他们的财产权也受限制,如作务和商贾有完全的立户权,但在衣着、车乘方面受到严格限制。赘婿和后父则因入赘女家而丧失单独立户之权。作为限制权利能力的民事权利主体,商贾与赘婿的权利限制体现在两个方面:一方面,秦授田原则之一是以户口为准,睡虎地秦简《为吏之道·魏户律》："……自今以来,叚(假)门逆吕(旅),赘婿后父,勿令为户,勿鼠(予)田宇。三枼(世)之后,欲士(仕)士(仕)之,乃(仍)署其籍曰:故某虑赘婿某叟之乃(仍)孙。"④所以,对"叚(假)门逆吕(旅)"与"赘婿后父"这类身份的人不予立户,即不予授田。另一方面,尽管法律只是苛刻限定他们的为官资格在三世之后,但"乃(仍)署其籍曰:故某虑赘婿某叟之乃(仍)孙"的法律规定,实际上与剥夺这类人的为官资格没有区别。

隶臣妾与人貉,也是限制权利能力的民事主体。他们有一定的人身权,由于有服兵役的义务,因而有可能立功拜爵成为"有爵者"。《秦律十八种·军爵律》："工隶臣斩首及人为斩首以免者,皆令为工。其不完者,以为隐官工。"⑤工隶臣,可借服役的机会立功拜爵而成为"有爵者",继而转化为工匠或隐官工。

---

① 《史记》卷五《秦本纪》,第214—217页。
② 《睡虎地秦墓竹简》,第106页。
③ 《史记》卷五《秦本纪》,第253页。
④ 《睡虎地秦墓竹简》,第292—293页。
⑤ 《睡虎地秦墓竹简》,第93页。

这虽然是工隶臣权利的体现,但需通过斩敌首来实现,也就是说,"工隶臣"虽可因斩敌首赐爵为公士,但所赐爵级只能用来赎取他的奴隶身份,并不能真正享有爵位。而且,即使成为隐官工,也要服劳役(劳役量略轻),其权利仍是受限制的。除此之外,他们有一定的经由法律确认的财产权,也有完全的婚姻权和自立门户的权利,《法律答问》"女子为隶臣妻,有子焉"①,女子不仅成为隶臣的妻,还育有子,说明隶臣是有婚姻及立户等民事权利的。人貉,也是受限制的权利主体。《法律答问》:"可(何)谓'人貉'? 谓'人貉'者,其子入养主之谓也。不入养主,当收;虽不养主而入量(粮)者,不收,畀其主。"②人貉如不"奉主",就要"奉公"。人貉的儿子要去奉养主人,如果不去奉养主人,也应没收归官。而从人貉子或不入养主而入粮来看,人貉这种身份有相对独立的家庭经济,在户籍上也应有较大独立性,或是独立为户的主体。不过,这也透露出,人貉即使是注主人家籍,也应是以独立一家附注其主人籍的③,人貉这样的主体民事权利仍受到较大限制。

庶人,他的地位在"士伍"与"司寇""隐官"之间。"'庶人'这种介于奴隶与自由小农之间阶层的出现,与这一时期社会的走向是相一致的"④,由此来看前述的隐官,他的身份不属黔首(百姓)或庶人,也不是官私奴婢,应该是处在两者之间的身份特殊的低贱者。

人奴妾和官奴婢,作为私人或官府的奴婢,似是完全不具有权利能力的人。睡虎地秦简《封诊式·告臣》:"爰书:某里士五(伍)甲缚诣男子丙,告曰:'丙,甲臣,桥(骄)悍,不田作,不听甲令。谒买(卖)公,斩以为城旦,受贾(价)钱。'"⑤某里士伍甲捆送男子丙,控告说:"丙是甲的奴隶,骄横强悍,不在田里干活,不听从甲的使唤。请求卖给官府,送去充当城旦,请官府给予价钱。"人奴妾和官奴婢是被买卖的客体,没有完全的人身自由权利,也没有任何私有财产权和单独立户权,他们仅具有不完全的婚姻权,因而不能作为民事权利主体。

---

① 《睡虎地秦墓竹简》,第 225 页。
② 《睡虎地秦墓竹简》,第 235 页。
③ 《秦制研究》,第 827 页。
④ 曹旅宁:《秦汉法律简牍中的"庶人"身份及法律地位问题》,《咸阳师范学院学报》2007 年第 3 期。
⑤ 《睡虎地秦墓竹简》,第 259 页。

民事权利的客体,就是权利主体的权利与义务所指向的物和行为。秦时,对于物的各种分类,如"要式转移物"与"略式转移物","可有物"与"不可有物","代替物"与"不代替物","消费物"与"不消费物","主物"与"从物","原物"与"孳息物",等等,虽没有明确的法律概念,但在法律规范和司法实践上,还是可以区分清楚的。

权利客体的典型代表,首先要看"主物"与"从物"的内容。《法律答问》:"士五(伍)甲盗一羊,羊颈有索,索直(值)一钱,问可(何)论？甲意所盗羊殹(也),而索系羊,甲即牵羊去,议不为过羊。"①士伍甲盗窃一只羊,羊头上有绳,绳值一钱,问应如何论处？因甲所要偷的是羊,绳是拴羊的,甲就把羊牵走了,所以不应以超过盗羊罪论处。此是一个刑事案例,论罪依据是偷羊的行为,但从民事法规的角度来看,很显然法律是把羊作为"主物",而把绳索作为"从物"看待的。

再看"原物"与"孳息物"。睡虎地秦简《秦律杂抄·牛羊课》:"牛大牝十,其六毋(无)子,赀啬夫、佐各一盾。羊牝十,其四毋(无)子,赀啬夫、佐各一盾。"②母牛、母羊产仔率低,要罚负责饲养的啬夫、佐各一盾。可见,"把母牛、母羊看成是能够孳生和收益的原物,不惜借助于法律强制谋取'天然孳息物'的利益"③,这便是秦律中权利客体的体现。

《史记·秦始皇本纪》载,秦王政十六年(前231),"初令男子书年"④。因此,有学者指出:"秦始皇十六年以前,男子皆未书年,傅籍当以身高而非年龄为标准。"⑤秦在相当长的时期里,确实实行着以身高确定傅籍年龄的制度。

秦律中有关身高的规定,并不单指刑事上的认定标准,在一定条件下,身高也可以作为人们应否承担民事责任的衡量标准。尽管秦时有"初令男子书年"这一年龄要求的史实,但实际上身高因素仍是认定行为能力的主要依据。

身高达到六尺应具有一定的"标准"意义,但从几种例外情况来看,此"标准"并不规范,如经官府认可"未盈六尺"的婚姻,"五尺二寸"即被役使的小城旦

---

① 《睡虎地秦墓竹简》,第163页。
② 《睡虎地秦墓竹简》,第142—143页。
③ 《秦律通论》,第480页。
④ 《史记》卷六《秦始皇本纪》,第232页。
⑤ 《秦汉魏晋法制探微》,第93页。

春与隶臣妾等情况。

"未盈六尺"应是一个"标准",睡虎地秦简《法律答问》:"甲小未盈六尺,有马一匹自牧之,今马为人败,食人稼一石,问当论不当? 不当论及赏(偿)稼。"① 损坏他人禾稼是侵犯民事权利的行为,考虑到行为人"未盈六尺",便免除了他的责任。不过,因此而造成的损失理应由监护人赔偿。依据罗马法的规定,监护人有代为负责赔偿的责任,但秦律中并没有彰显这一点,这说明秦的民事立法尚有不足。

在"未盈六尺"之外,当时的法律标准也并不规范,实际状况较为复杂,如婚姻的成立要件中实际排除了"未盈六尺"这一因素,睡虎地秦简《法律答问》:"女子甲为人妻,去亡,得及自出,小未盈六尺,当论不当? 已官,当论;未官,不当论。"②如果是已经向官府申报的婚姻,即便是身长未达六尺的未成年者,也按照成年人来对待。现代社会婚姻的成立要件,并不会涉及登记与身高两项条件,更何况科学体系尚不完备的封建社会的婚俗,故此例中以身高确立的应是刑事责任,而不可能是民事责任。

尽管"为小",但身高达到五尺二寸,就可被役使,这是国家徭赋制度的特殊要求。睡虎地秦简《秦律十八种·仓律》:"隶臣、城旦高不盈六尺五寸,隶妾、舂高不盈六尺二寸,皆为小;高五尺二寸,皆作之。"③由此可见,劳作与傅籍制度所规定的正式服役应是两个概念,律文所说的"皆作之"便能反映这一情况。

据上引《秦律十八种·仓律》中"高五尺二寸,皆作之"来看,以传统身高与年龄之对应观之,五尺二寸即为十一岁。史籍并未见有关十一岁傅籍的规定,而《史记·秦始皇本纪》记十六年之事云"初令男子书年",岳麓秦简《质日》也记载"爽初书年十三,尽廿六年年廿三岁"④。"初令男子书年"意味着成年的标志可能已经转变为以登记年龄为准,但仅是可能,因为当时初书年的命令是针对所有男性,包括未成年人在内。

---

① 《睡虎地秦墓竹简》,第218页。
② 《睡虎地秦墓竹简》,第222页。
③ 《睡虎地秦墓竹简》,第49页。
④ 陈松长:《岳麓书院所藏秦简综述》,《文物》2009年第3期。

第二节　所有权

所有权的客体极为广泛,当时社会基本的生产资料和生活资料以及各种公共设施,归国家所有的就是国家所有权,它实质上是皇帝所有权。同时,秦社会也已出现了生产资料的私人所有权和生活资料的私人所有权。前者包括土地的私有权、牲畜的私有权、生产工具及其他生产资料的私有权;而后者,秦律承认人们衣、食、住、行方面所需要的房屋、衣被、家具、车辆、装饰品以及食品等一切生活资料的私人所有权①。就现有材料来看,私有财物与时效取得的占有物两类所有权形式具有代表性。

私有财物中,土地是应关注的重点,土地所有权的属性虽存有争议,但私有制一说较有说服力。

第一,对私有土地权的保护,多以经济处罚(赎耐)的方式来实现。《法律答问》:"'盗徙封,赎耐。'可(何)如为'封'?'封'即田千佰。顷半(畔)'封'殹(也),且非是?而盗徙之,赎耐,可(何)重也?是,不重。"②私自移动田地的阡陌,赎耐。商鞅变法"制辕田、开阡陌",导致土地被私人占有继而私有化,《史记·秦始皇本纪》记载:"昭襄王生十九年而立。立四年,初为田开阡陌。"③百亩田的田界才算作"封",所以移动这种田界的行为被判处赎刑并不算重。

第二,店铺、房屋、衣物、牲畜等客体,是私人所有权的内容。《封诊式·封守》:"乡某爰书:以某县丞某书,封有鞫者某里士五(伍)甲家室、妻、子、臣妾、衣器、畜产。甲室、人:一宇二内,各有户,内室皆瓦盖,木大具,门桑十木。妻曰某,亡,不会封。子大女子某,未有夫。子小男子某,高六尺五寸。臣某,妾小女子某。牡犬一。几讯典某某、甲伍公士某某:'甲党(倘)有〔它〕当封守而某等脱弗占书,且有罪。'某等皆言曰:'甲封具此,毋(无)它当封者。'即以甲封付某等,与

---

① 参看曾宪义主编:《中国法制史》,北京大学出版社,2000年,第81页。
② 《睡虎地秦墓竹简》,第178页。
③ 《史记》卷六《秦始皇本纪》,第290页。

里人更守之,侍(待)令。"①根据某县县丞某的文书,查封被审讯人某里士伍甲的房屋、妻、子、奴婢、衣物、牲畜。但妻、子与奴婢并不属于普通的所有权范畴,他们是家长权的体现,家长是家庭全部财产的所有者。

家庭的饲养物,牛、羊等不必多说,其他如鸡、狗等畜物,其实际价值是重要的衡量及赔偿标准。《法律答问》:"小畜生入人室,室人以投(殳)梃伐杀之,所杀直(值)二百五十钱,可(何)论?当赀二甲。"②保护这类所有权的前提是饲养物有较高的使用价值,是以明确的金钱数作为民事认定要求的。《法律答问》:"人臣甲谋遣人妾乙盗主牛,买(卖),把钱偕邦亡,出徼,得,论各可(何)殹(也)?当城旦黥之,各畀主。"③牛作为私人所有权的内容,是受法律保护的。一旦被侵犯,行为人不仅会受到司法控告,还会面临刑罚处置。而打死他人牲畜,就是侵犯了私人所有权。上引《法律答问》中处罚"赀二甲"的意义便是,依照"每甲值 1344 钱"的标准④,如打死他人价值 250 钱的牲畜,却遭 2688 钱的罚款,这显然是秦律重刑主义的体现了。

奴隶是奴隶主的私有财产。《秦律十八种·司空》:"百姓有赀赎责(债)而有一臣若一妾,有一马若一牛,而欲居者,许。"⑤奴隶作为私人的生产资料,也可以用劳役来抵偿,充作债务偿还的办法。私有奴隶,是专属于家长的财产权。《法律答问》:"有投书,勿发,见辄燔之;能捕者购臣妾二人,**毄**(系)投书者鞫审讞之。"⑥能把投匿名信的人捕获的,官府奖给男女奴隶二人。奴隶作为有生劳力,被当作奖励给私人的财物对象也是可以的。

时效取得的占有物。《说文解字》云:"赦,置也。"段玉裁注:"赦与舍音义同,非专谓赦罪也。后舍行而赦废,赦专为赦罪矣。"⑦《法律答问》:"或以赦前盗千钱,赦后尽用之而得,论可(何)殹(也)?毋论。"⑧"赦"是旧时君主发布的减

---

① 《睡虎地秦墓竹简》,第 249 页。
② 《睡虎地秦墓竹简》,第 190 页。
③ 《睡虎地秦墓竹简》,第 152 页。
④ 于振波:《秦律中的甲盾比价及相关问题》,《史学集刊》2010 年第 5 期。
⑤ 《睡虎地秦墓竹简》,第 85 页。
⑥ 《睡虎地秦墓竹简》,第 174 页。
⑦ 《说文解字注》,第 124 页。
⑧ 《睡虎地秦墓竹简》,第 167 页。

免罪刑或赋役的命令，法律强调"赦后尽用"而不予追究，实际上是承认时效取得的效果的。

第三节 债权与债务

债权，本于权利义务相对应原则，相对于债权者为债务，就是必须做一定行为的民事义务。它的实现条件，一是债务的发生，二是债务的担保，三是债务的变更、履行和消灭。因此，债的关系本质上便是债权债务关系，债权与债务都不能单独存在，否则就失去债的因果性意义了。

债务的发生。我国古代的法律受到道德的熏染，除现代所谓犯罪行为之外，侵权行为及不履行债务，也被认为是犯罪行为。秦时，债务产生的原因有四种：因契约所生之债，因非法侵害所生之债，因不当得利所生之债，因损失公物所生之债。秦简中反映比较多的不是民间因为契约关系而产生的债的关系，这只是极少一部分属于百姓之间的债的关系。绝不是社会上很少产生这种关系，也绝不是法律不保护这种关系，很可能是秦律摘录人很少摘抄这方面的法律规定①。

因契约所生之债。《史记·平原君列传》云："操右券以责。"②睡虎地秦简《法律答问》："可（何）谓'亡券而害'？亡校券右为害。"③校券右，是作为凭证的右券。"右券"由债权者所持有，丢失了右券就意味着丧失了权利。《里耶秦简》："令佐华自言：故为尉史，养大隶臣竖负华补钱五百，有约券。竖捕戍卒□□事赎耐罪赐，购钱百五十二。华谒出五百以自偿。卅五年六月戊午朔戊寅，迁陵守丞衔告少内问：如辞，次竖购当出畀华，及告竖令智（知）之。／华手。"④"有约券"便是举债的依据，丢失约券会造成危害。约券，是与约契、约剂类似的债权物件，均为权利的象征，《周礼·秋官司寇·士师》有云："凡以财狱讼者，正之以傅别、约剂。"打财产官司时，诉讼的条件就是要有约剂这类债权凭证。

---

① 《秦律通论》，第493页。
② 《史记》卷七六《平原君虞卿列传》，第2370页。
③ 《睡虎地秦墓竹简》，第228页。
④ 陈伟主编：《里耶秦简牍校释》（第一卷），武汉大学出版社，2012年，第261页。

因非法侵害所生之债,可主张返还。睡虎地秦简《法律答问》:"小畜生入人室,室人以投(殳)梃伐杀之,所杀直(值)二百五十钱,可(何)论?当赀二甲。"①此处罚的"赀二甲"已远超被侵害的代价了,更多具有民事债务的惩戒意味。

因不当得利所生之债,要对债务人强制执行补服徭戍役。《秦律杂抄·除吏律》:"驾驺除四岁,不能驾御,赀教者一盾;免,赏(偿)四岁繇(徭)戍。"②驾驺已任用四年仍不能驾车的,罚负责教练的人一盾;驾驺本人应免职,并补服四年内应服的徭戍。

因损失公物所生之债,睡虎地秦简《秦律十八种·效》云,"令官啬夫、冗吏共赏(偿)败禾粟"③。针对官吏的失职行为,要求他们共同赔偿应负的债务(败坏的粮食)。除却债务关系,这还是行政隶属连坐的表现。

秦时的债务关系也有担保人,法律保护他们的人身安全。睡虎地秦简《法律答问》:"'百姓有责(债),勿敢擅强质,擅强质及和受质者,皆赀二甲。'廷行事强质人者论,鼠(予)者不论;和受质者,鼠(予)者□论。"④既然担保债务是法律允许的行为,那么追偿债务自然要按照规定进行,非法绑架人质以追偿债务的行为是被律令所禁止的,要罚二甲。汉律也是如此,张家山汉简《二年律令·杂律》:"诸有责(债)而敢强质者,罚金四两。"⑤保护担保人的人身安全,是先进立法精神的体现,可极大规范民事债权债务关系。

担保人的担保,主要有三种情形:官方经手人担保、民间经手人担保和共同担保。官方经手人担保,发生于债务人死亡或债务人犯罪的情况之下。因债务人死亡,债务未及追还或未全部追还,经手的官吏要承担赔偿责任。《秦律十八种·工律》:"叚(假)器者,其事已及免,官辄收其叚(假),弗亟收者有罪。其叚(假)者死亡、有罪毋(无)责也,吏代赏(偿)。"⑥如借用者死去或犯罪而未将器物追还,由吏代为赔偿。不仅是债务人死亡,还包括债务人犯罪,债务的追还均

---

① 《睡虎地秦墓竹简》,第190页。
② 《睡虎地秦墓竹简》,第128页。
③ 《睡虎地秦墓竹简》,第97页。
④ 《睡虎地秦墓竹简》,第214页。
⑤ 彭浩、陈伟、〔日〕工藤元男主编:《二年律令与奏谳书》,上海古籍出版社,2007年,第165页。
⑥ 《睡虎地秦墓竹简》,第72页。

由官吏承担赔偿责任。

民间担保人担保,有时也是共同担保。《秦律十八种·工律》:"邦中之繇(徭)及公事官(馆)舍,其叚(假)公,叚(假)而有死亡者,亦令其徒、舍人任其叚(假),如从兴戍然。"①在都邑服徭役和因有官府事务居于官舍,如借用了官有器物,而借者死亡,应令服徭役的徒众或其舍人负责,和参加屯戍的情形一样。首先,居于官舍的公务人员死亡,担保他借用器物的舍人为赔偿者,这属民间担保性质。其次,借用方是服徭役的人,与他一起服役的徒众就是共同赔偿者。作为代偿者身份的人员中,服徭役的徒众是性质最轻的过错方,这是典型的连坐体现。

秦律中的债务关系,可因具体原因而发生变更、履行和消灭。《史记·高祖本纪》:"(汉高祖)及壮,试为吏,为泗水亭长,廷中吏无所不狎侮。好酒及色。常从王媪、武负贳酒,醉卧,武负、王媪见其上常有龙,怪之。高祖每酤留饮,酒雠数倍。及见怪,岁竟,此两家常折券弃责。"②武负、王媪两家看见刘邦身上每每有龙出现,大惊失色,而且因此还给他们的酒肆带来了好生意,客人络绎不绝,于是到了年终就把记账的简札折断,免了刘邦的餐酒费,不再向高祖讨账,以表谢意。这是债权人主动免除债务的情况。债权人主动免除债务较少见,一般情况下债务的变更、履行和消灭,是必须依照法规执行的。

先看债务的变更。当时个人与政府之间的债务是可以随个人的迁徙而移至迁徙地办理的。《秦律十八种·金布律》:"有责(债)于公及赀、赎者居它县,辄移居县责之。公有责(债)百姓未赏(偿),亦移其县,县赏(偿)。"③"辄移居县责之",是说欠官府债和被判处赀、赎者住在另一县,应即发文书到其所在县,由该县索缴。"亦移其县,县赏(偿)",则是债权人一方的变更,见官府欠百姓债而未偿还,也应发文书给百姓所在的县,由该县偿还。这是债务人一方的变更。

债务的履行,可依官吏、百姓等身份有别而呈现不同的方式。在官吏的债务履行方面,《秦律十八种·金布律》记云:"官啬夫免,复为啬夫,而坐其故官以赀赏(偿)及有它责(债),贫窭毋(无)以赏(偿)者,稍减其秩、月食以赏(偿)之,弗

---

① 《睡虎地秦墓竹简》,第70—71页。
② 《史记》卷八《高祖本纪》,第342—343页。
③ 《睡虎地秦墓竹简》,第60页。

得居;其免殹(也),令以律居之。"①因贫困无力偿还的,应分期扣除其俸禄和口粮作为赔偿。就是说,官吏无法一次性偿还债务的,可分期履行。原则上,不得令官吏以劳役抵偿,但只限于现任官吏,往任则不在列。如已免职,则还应依法居作。而在百姓的债务履行方式上,是强制居作的。睡虎地秦简《秦律十八种·司空》:"居赀赎责(债)欲代者,耆弱相当,许之。"②有债于公而无力履行其债务义务的,居作办法是变通的,即由他人代替服役抵偿赀赎债务,只要强弱相当,官府是允许的。

  债务的消灭,对于官吏与百姓均可能发生,但适用条件是不同的。常态下,对已死之人的民事处罚原则应为:不能再对已死之人追究责任之时,就会将责任附加于连坐者。死亡并不会带来债务的消灭,不过这是因适用对象而异的。《秦律十八种·金布律》:"吏坐官以负赏(偿),未而死,及有罪以收,抉出其分。其已分而死,及恒作官府以负责(债),牧将公畜生而杀、亡之,未赏(偿)及居之未备而死,皆出之,毋责妻、同居。"③吏由于为官时的罪责而负欠债务的,不必责令他的妻和同居者赔偿。某些情况下,债可因债务人死亡而归于消灭,这与身份的特殊性(官吏)有关系,应属个例。身份特殊的情况还见于刑罚的运用中,《法律答问》:"啬夫……当䙴(迁)。䙴(迁)者妻当包不当?不当包。"④啬夫有罪应流放,被流放者的妻可不随往流放地点。所以,在会考量身份的秦律中,百姓的债,从官府的利益角度来讲较难免除,不过站在提高社会生产力的角度看也有例外,《秦律十八种·厩苑》:"叚(假)铁器,销敝不胜而毁者,为用书,受勿责。"⑤由债权人单方面宣布免除铁器损坏债务的,债随之消灭,可不令赔偿。这是官府鼓励百姓使用农具以提高生产力的举措。

---

  ① 《睡虎地秦墓竹简》,第62—63页。
  ② 《睡虎地秦墓竹简》,第85页。
  ③ 《睡虎地秦墓竹简》,第63页。
  ④ 《睡虎地秦墓竹简》,第177页。
  ⑤ 《睡虎地秦墓竹简》,第32页。

第四节　家庭制度

家庭制度是由家庭、婚姻和继承等方面内容构成的法理规范的汇总。家庭内有家族法,常涉及刑事犯罪、婚姻与继承等内容,与民事法规内容相呼应。

家庭,实际上主要体现了家庭结构与家长权的内涵。《史记·商君列传》云:"民有二男以上不分异者,倍其赋。"①商鞅的"分异令"规定成年兄弟必须分家,这种家庭在秦代被称为"户"。"户"代表了有一定财产的亲属团体,它是家长权存在的前提。秦律中,居住单位表现为"室"或"户",经济单位则是由几个户聚集在一起,同居表现的则是为共同使用耕地和宅地而登记于同一户籍下的家属。

一　家庭结构

家庭结构,就是"室""户"与"同居"等概念的集合。

"室人"就是家庭成员,三世同堂的家族类型,是当时民间最为普遍的家族形态,睡虎地秦简《法律答问》:"可(何)谓'室人'?可(何)谓'同居'?'同居',独户母之谓殹(也)。'室人'者,一室,尽当坐罪人之谓殹(也)。"②

当时居住在"室"内的同一血缘者,包括了臣妾等非血缘隶属者,但"同居"不是,《法律答问》:"可(何)谓'同居'?户为'同居'。"③

同户就是同居,"户为同居",是说一家一户即为同居,是同一户中同母的人,犯罪是要连坐的。与"户的产生"相对应的概念就是"户绝"。"户绝"即绝户,当户内人口均已死亡或不再有合法继承人,意味着该户在国家户籍上的消失。在商鞅变法后的一段时间,秦的户不会太大。家庭同财就是以同居为前提条件,共财乃是同居的经济内容,《法律答问》云:"可(何)谓'匿户'及'敖童弗

---

① 《史记》卷六八《商君列传》,第 2230 页。
② 《睡虎地秦墓竹简》,第 238 页。
③ 《睡虎地秦墓竹简》,第 160 页。

傅'？匿户弗繇(徭)、使，弗令出户赋之谓殹(也)。"①"匿户"以避赋役，便可表明共财就是同居之人的财产。岳麓秦简《识劫𡟥案》中有"识故为沛隶，同居"的社会风貌记载，表明同居是可以包括"父母妻子"以及"奴婢"等非亲属关系者的。

二 家长权

家长权的实现，在于经济统治与人身管制。

家长权，一方面是父对子和夫对妻的支配力很大，家长将家庭成员当作奴隶来驱使，这些成员有不自由的一面；另一方面，这种支配力有赖于家长权的有效存续。

经济上，包括妻、子、妾等家庭成员在内，都属家长的财产范畴。睡虎地秦简《封诊式·封守》："乡某爰书：以某县丞某书，封有鞫者某里士五(伍)甲家室、妻、子、臣妾、衣器、畜产。"②根据某县县丞某的文书，官府查封被审讯人某里士伍甲的房屋、妻、子、奴婢、衣物、牲畜。这些家庭全部财产的所有者，便是家长。

在人身管制中，秦律的规范对象是以亲子为轴的，父母相对于子女居于优越地位，并有教令的保障。

《法律答问》："主擅杀、刑、髡其子、臣妾，是谓'非公室告'，勿听。"③家主擅自杀死、刑伤、髡剃其子或奴婢，这叫"非公室告"，官府不予受理。

家长对子女和奴妾生杀予夺之权，事实上是为法律所默许的。但"生杀予夺"是有前提的，它要求具备亲子关系的保障。《法律答问》："'父盗子，不为盗。'今叚(假)父盗叚(假)子，可(何)论？当为盗。"④父亲盗窃儿子的东西，不作为盗窃看待。如直系血缘关系间父对子的侵犯，虽犯罪成立却不予追诉，也就是诉讼上的"非公室告"，主要也是为了禁止子女对父母、奴婢对主人提出控告。不过，对无直系血缘者"继嗣"所实施的侵犯行为，则要进行追诉。《法律答问》规定："士五(伍)甲毋(无)子，其弟子以为后，与同居，而擅杀之，当弃市。"⑤士

---

① 《睡虎地秦墓竹简》，第222页。
② 《睡虎地秦墓竹简》，第249页。
③ 《睡虎地秦墓竹简》，第198页。
④ 《睡虎地秦墓竹简》，第159页。
⑤ 《睡虎地秦墓竹简》，第181—182页。

伍甲无子,以其侄为后嗣并在一起居住,如擅自将他杀死,要被弃市。

后来,"家罪"的范围逐渐缩小,到秦更进一步立法规定杀子有罪时,父家长支配子弟生命的生杀予夺之权就被断绝了。

《封诊式·告子》:爰书:某里士五(伍)甲告曰:"甲亲子同里士五(伍)丙不孝,谒杀,敢告。"①

《封诊式·罢(迁)子》:爰书:某里士五(伍)甲告曰:"谒鋈亲子同里士五(伍)丙足,罢(迁)蜀边县,令终身毋得去罢(迁)所,敢告。"②

从以上两例"谒杀""谒鋈"等案件可以看出,"生杀予夺"之权受到了一定的限制。虽然父亲状告儿子,极有可能是儿子有不孝行为,但这时的家长也只能"告子"于官,大家长的权威受到了国家立法的极大限制。

家长权是会发生转移的,转移是伴随着"父死"这一情况而发生的。岳麓秦简《识劫婉案》中有"居六岁,沛死。妦(义)代为户、爵后,有肆、宅"③之记载。婉被立为沛的妻子后六年,沛死了。婉的儿子义代替沛成为户和爵的继承人,拥有了店铺和房子。表面上来看,父死,家长权随之消灭。深层意义应是:父死,家长权随之转移到其子身上。父在世时,"父盗子""子盗父"均属家罪,是不予追究的,但父死后则不同,《法律答问》:"父子同居,杀伤父臣妾、畜产及盗之,父已死,或告,勿听,是胃(谓)家罪。"④子杀伤及盗窃父亲的奴婢、牲畜,父死后,有人控告,不予受理。父死,不予追究的原因应该是:家长权已由"子"承袭,如追究"子"的责任,便会使"盗己"成立,这便违背了家长权的精神,故不予追究。

第五节　婚姻

秦律对婚姻的成立条件、婚姻的形式、夫妻双方的权利义务以及婚姻的解除等方面都做了具体的规定。秦时的婚姻制度虽存在一夫多妻的复婚制,但对于

---

① 《睡虎地秦墓竹简》,第263页。
② 《睡虎地秦墓竹简》,第261页。
③ 《岳麓书院藏秦简(叁)》,第33页。
④ 《睡虎地秦墓竹简》,第197—198页。

贫苦的百姓而言，仍是以一夫一妻的单婚制为主的。对婚姻关系的解除，男子拥有最终决定权，而女子处于服从的地位。

一 婚姻的成立

婚姻的成立，要经过官府的正式登记。《法律答问》："女子甲为人妻，去亡，得及自出，小未盈六尺，当论不当？已官，当论；未官，不当论。"①

"已官，当论；未官，不当论。"婚姻关系曾经官府认可，便应论处；未经认可，则不应论处。这显然具有成文法的特点。而且，如果是已经向官府申报的婚姻，即便是身长未达六尺的未成年者，也按照成年人来对待。所以，婚姻关系的成立，对于身高并没有严格的要求。

二 夫妻间的权利义务关系

夫妻间的权利义务关系，虽不平等，却也并非任意受夫权所左右。当时的家庭夫妻关系有向平等发展的趋势，主要原因在于财产与休妻方面夫虽有支配权，但在人身保护方面夫的擅刑权受到了限制，秦律规定不可随意殴打妻子。

婚后财产归夫支配。《法律答问》："妻有罪以收，妻剩（媵）臣妾、衣器当收，且畀夫？畀夫。"②法律规定，即使妻有罪被收，也不影响夫对于妻陪嫁的奴婢、衣物等财产的主导权。

休妻的权利。在报官登记的前提下，丈夫有休妻的权利。《法律答问》："'弃妻不书，赀二甲。'其弃妻亦当论不当？赀二甲。"③对休妻不报官的行为，处罚会涉及男女双方，且适用同样的量刑标准"赀二甲"，这是因为休妻行为不合法而造成法律上的夫妻关系没有断绝，由一方犯罪而导致的家属连坐。休妻权不可滥用，《管子·大匡》云："士庶人毋专弃妻。"④随随便便休妻离婚的行为是不可取的，会被严惩，《管子·小匡》便有"罢女无家。士三出妻，逐于境外"的主

---

① 《睡虎地秦墓竹简》，第 222 页。
② 《睡虎地秦墓竹简》，第 224 页。
③ 《睡虎地秦墓竹简》，第 224 页。
④ ［唐］房玄龄注，［明］刘绩补注，刘晓艺点校：《管子》，上海古籍出版社，2015 年，第 130 页。

张①。休妻后双方不再具有夫妻关系,发生了男女之事就属违法,通奸、强奸都不行。岳麓秦简《得之强与弃妻奸案》:

> ●覆视其狱:夌告:为得之妻而弃。晦逢得之,得之捽偃夌,欲与夌奸。夌弗听,有(又)殴夌。●夌〔言如告。〕②

名叫"夌"的女性控告她的前夫"得"想要与自己通奸,她因不从便遭到了前夫的殴打。"得"的"强"与"奸"实际上就是强奸行为,是在夫妻关系以外且一方非自愿的情况下所发生的奸罪,是违背对方意愿的单方行为。以此说来,没有了夫妻关系且发生在一方非自愿的情况下,其行为就会构成强奸。最终"当阳论耐〔得之为〕隶臣"。在张家山汉简《奏谳书》案例二一中有"奸者,耐为隶臣妾"的法律规定。

秦律虽然维护男尊女卑,但对夫权有所限制。《法律答问》:"妻悍,夫殴治之,夬(决)其耳,若折支(肢)指、胅膿(体),问夫可(何)论? 当耐。"③妻凶悍,其夫加以责打,撕裂了她的耳朵,或打断了四肢、手指,或造成脱臼,问丈夫该如何论处?法律规定应处以耐刑。在妻子面前,丈夫并没有任意殴打的特权,妻子的合法人身权利不受丈夫的"私刑"侵犯,这实际上维护了妇女、妻子的独立人格。

三 婚姻的解除须合法

婚姻的解除,可由合法的"休妻"行为引起,但不能由非法的"弃夫"行为引起。婚姻解除,必须基于丈夫的合法休妻行为,也就是必须报官登记。非法"弃夫"的行为不能构成婚姻关系的解除,《法律答问》载:"女子甲去夫亡,男子乙亦阑亡,相夫妻,甲弗告请(情),居二岁,生子,乃告请(情),乙即弗弃,而得,论可(何)殴(也)? 当黥城旦舂。"④女子甲离夫私逃,这种妻背夫逃亡而结婚的行为属非法行为,《管子·五辅》云:"为人妻者劝勉以贞。"⑤所以女子甲与男子乙非法结为夫妻而被处以黥为城旦、舂的处罚,实际上强调了官府对已婚女子非法再嫁的重婚行为加以严厉打击的决心。

---

① 《管子》,第149页。
② 《岳麓书院藏秦简(叁)》,第196页。
③ 《睡虎地秦墓竹简》,第185页。
④ 《睡虎地秦墓竹简》,第223页。
⑤ 《管子》,第60页。

第六节　继承

《置后律》是汉初有关继承的单项法规，主要是针对一种身份性的法定继承关系。但迄今为止，还没有材料显示秦有较完备的《置后律》，可能是由于出土材料所显示的秦律并非秦律的全部内容，也可能是秦律本来就没有《置后律》。秦的继承法规散见于睡虎地秦简的《秦律十八种》《法律答问》《秦律杂抄》以及岳麓秦简等中，内容包括官职、爵位与财物（土地、房屋、树木、衣器、牲畜、奴隶等）的继承。债权债务作为一种变相的财产，也是继承的重要内容。妇女在秦时也拥有一定的财产"继承权"。妇女并非完全从属于男性和夫家，她们拥有财产所有权与在夫家继产承户的权益。

一　继承物

继承物包含爵位、财物、家庭成员、奴婢等。财物、家庭成员、奴婢等情况，在家长权中已有介绍。爵位的继承见《秦律十八种·军爵律》："从军当以劳论及赐，未拜而死，有罪法耐䙴（迁）其后；及法耐䙴（迁）者，皆不得受其爵及赐。其已拜，赐未受而死及法耐䙴（迁）者，鼠（予）赐。"[1]从军有功应授爵和赏赐的，如已经拜爵，但还没有得到赏赐，本人已死及依法应耐迁的，仍要给予赏赐。秦律规定，如已拜赐爵，就不受本人有应处"耐迁"罪的影响，可以继承爵位。爵位应属财产之列，原本就可继承和利用。

民爵如此，岳麓秦简《识劫䠂案》记："居六岁，沛死。羛（义）代为户、爵后，有肆、宅。"[2]大夫沛的儿子义代替沛成为户和爵的继承人，拥有了店铺和房子。这展现了民爵的情况。军爵也是如此。《秦律十八种·军爵律》："欲归爵二级以免亲父母为隶臣妾者一人，及隶臣斩首为公士，谒归公士而免故妻隶妾一人者，许之，免以为庶人。"[3]退还爵两级以赎免现为隶臣妾的亲生父母一人，或是

---

[1] 《睡虎地秦墓竹简》，第92页。
[2] 《岳麓书院藏秦简（叁）》，第33页。
[3] 《睡虎地秦墓竹简》，第93页。

隶臣斩获敌首应授爵为公士的，欲请求退还公士的爵，用来赎免现为隶妾的妻一人，在法律上都是允许的。所以，军爵能够灵活运用，说明它具有财产的属性，因人而异。

二　继承人

继承人有法定继承人与指定继承人。法定继承人产生继承的情况，多是由于父死，家父权随之转移，同居的儿子成为法定继承人。岳麓秦简《识劫婉案》：

　　婉曰：与䔲（义）同居，故大夫沛妾。沛御婉，婉产䔲（义）、女姝。沛妻危以十岁时死，沛不取（娶）妻。居可二岁，沛免婉为庶人，妻婉。……居六岁，沛死。䔲（义）代为户、爵后，有肆、宅。①

婉被立为沛的妻子后六年，沛死了。婉的儿子义代替沛成为户和爵的继承人，拥有了店铺和房子。父死后的法定继承人是同居的"子"。

"后子"是指定继承人。"子"是因直系血缘关系而生，"后子"则不是，其地位非因直系血缘关系而生，乃是经过后期认定才具备的继承资格。《法律答问》："'擅杀、刑、髡其后子，谳之。'可（何）谓后子？官其男为爵后，及臣邦君长所置为后大（太）子，皆为后子。"②什么叫"后子"？经官方认可其子为爵位的继承人，以及臣邦君长立为后嗣的太子，都是"后子"。即使明确为父后，在众子中，他也没有对家产等独吞霸占的权利。爵位的继承不能均分，所以要立后。继承的确立还须经过一定的规范性手续，《史记·吕不韦列传》："安国君许之，乃与夫人刻玉符，约以为适嗣。安国君及夫人因厚馈遗子楚。"③华阳夫人招子楚为后，后来，华阳夫人做了王后，子楚成了太子。同样，民间百姓的后子地位的确立，也应该是要报官府备案，再经过指定才可享有继承权。《商君书·境内》："陷队之士，知疾斗不得，斩首队五人，则陷队之士人赐爵一级。死则一人后，不能死之，千人环。"④"一人后"便是指家中可有一人继承父亲的爵位。

---

① 《岳麓书院藏秦简（叁）》，第154—155页。
② 《睡虎地秦墓竹简》，第182页。
③ 《史记》卷八五《吕不韦列传》，第2508页。
④ 《商君书锥指·境内》，第120—121页。

三 继承顺序

秦律中的继承顺序依次为儿子、父母、妻子、女儿。张家山汉简《奏谳书》案例二一:"故律曰:死□以男为后。毋男以父母,毋父母以妻,毋妻以子女为后。"①这里所说的"故律"当指秦律②,它规定:死去的成年男性的儿子是第一继承人。子男就是儿子,《史记·春申君列传》:"妾赖天有子男,则是君之子为王也。"③第三继承人是死者的妻,是排在死者的儿子和死者的父母之后的继承者。第四继承人才是死者的女儿。可见,家中女子与同胞兄弟一样,拥有同等权利参与分财,充当继承人,不过要严格遵循继承顺序的规定。

---

① 《二年律令与奏谳书》,第 374 页。
② "故律,以前已有的法律。"见《张家山汉墓竹简》第 108 页整理小组注释。
③ 《史记》卷七八《春申君列传》,第 2397 页。

第八章　秦的经济法律制度

秦国自商鞅变法之后,承认土地私有,允许土地自由买卖。为达成富国强兵、耕战合一的国家战略,秦国在经济方面制定了一系列相关的法律法规。目前,见之于世的简牍中,关于秦朝经济法律法规的记载颇为丰富,在农业与粮食管理方面,有《田律》《仓律》;在牧业方面,有《厩苑律》《牛羊课》;在手工业方面,有规定手工业产品规格、质量定额、人员配置的《工律》《均工律》《工人程》;在商业管理方面,有关于市场管理、商业贸易的《关市律》《市井律》《津关律》;在货币流通以及国家财政政策方面,有《金布律》《效律》《钱律》;在赋役与国家税收方面,有《徭律》《均输律》《杂律》;等等。本章即以传世文献记载和出土简牍材料为基础,尝试探讨秦朝经济法律制度的基本内容,并涉及秦朝的土地制度、赋税制度、商业制度、金融财政制度、度量衡制度的相关研究,进而分析秦在经济法律制度方面的特点。

第一节　农业法律制度

秦朝以耕战为立国之本,如《商君书·农战》所言"国之所以兴也,农战也"。秦朝通过立法建制奖励农耕,惩治惰农,为秦朝的农业法律制度奠定了基础,《史记·商君列传》记载:"大小戮力本业,耕织致粟帛多者复其身。事末利及怠而贫者,举以为收孥。"①

---

① 《史记》卷六八《商君列传》,第 2230 页。

一 秦农业职官的设置

秦政府设置了专职的农业管理官员,在中央设置大司农,负责全国农业事务。在中央大司农之下设置"大田",负责国家农业的具体事务。《秦律十八种·田律》:"乘马服牛禀……禀大田而毋(无)恒籍者,以其致到日禀之,勿深致。"① 此外,在基层县一级设置田啬夫,负责县一级的农业相关事务,如具体负责日常农事和牛(耕牛)羊的管理,《秦律十八种·田律》:"百姓居田舍者毋敢酤(酤)酉(酒),田啬夫、部佐谨禁御之,有不从令者有罪。"②《秦律十八种·厩苑律》:"以四月、七月、十月、正月肤田牛。卒岁,以正月大课之,最,赐田啬夫壶酉(酒)束脯,为旱〈皂〉者除一更,赐牛长日三旬;殿者,谇田啬夫,罚冗皂者二月。"③《法律答问》:"部佐匿者(诸)民田,者(诸)民弗智(知),当论不当?部佐为匿田,且可(何)为?已租者(诸)民,弗言,为匿田;未租,不论○○为匿田。"④《秦律杂抄·牛羊课》:"牛大牝十,其六毋(无)子,赀啬夫、佐各一盾。羊牝十,其四毋(无)子,赀啬夫、佐各一盾。"⑤

同时,地方农官要向中央及时汇报当地农业情况,如《秦律十八种·田律》详细规定:"雨为澍〈澍〉,及诱(秀)粟,辄以书言澍〈澍〉稼、诱(秀)粟及垦(垦)田畼毋(无)稼者顷数。稼已生后而雨,亦辄言雨少多,所利顷数。早〈旱〉及暴风雨、水潦、螽(螽)蚰、群它物伤稼者,亦辄言其顷数。近县令轻足行其书,远县令邮行之,尽八月□□之。"⑥ 下了及时雨和谷物抽穗,应即书面报告受雨、抽穗的顷数和已开垦而没有耕种的田地的顷数。禾稼生长后下了雨,也要立即报告雨量多少和受益田地的顷数。如有旱灾、暴风雨、涝灾、蝗虫及其他害虫等灾害损伤了禾稼,也要报告受灾顷数。距离近的县,文书由走得快的人专程递送,距离远的县由驿站传送,务必在八月底以前送达。

---

① 《睡虎地秦墓竹简》,第29页。
② 《睡虎地秦墓竹简》,第30页。
③ 《睡虎地秦墓竹简》,第30页。
④ 《睡虎地秦墓竹简》,第218页。
⑤ 《睡虎地秦墓竹简》,第142—143页。
⑥ 《睡虎地秦墓竹简》,第24—25页。

二　秦农业土地的权属

在设置专职农官的基础上,秦政府严格控制土地权属,对耕地的所有权予以合法保护,在青川木牍、睡虎地秦简与龙岗秦简中均有相应的管理措施①。如青川木牍《为田律》:"……以秋八月,修封埒(埒),正疆畔……"即定期修理和端正封疆阡陌、明确疆界,以防止发生侵犯所有权的事件。睡虎地秦简《法律答问》记载:"'盗徙封,赎耐。'可(何)如为'封'?'封'即田千佰。"②《龙岗秦简》[简121]:"盗徙封,侵食冢庐,赎耐;□□宗庙奕(墙)☑"[简120]:"侵食道、千(阡)、邮(陌),及斩人畴企(畦),赀一甲。"[简151]:"田及为詐(诈)伪写田籍皆坐臧(赃),与盗□☑"[简126]:"盗田二町,当遗三程者,□□□□□□☑"③,可见秦政府对于"盗徙封""侵食道""诈田"与"盗田"等破坏田属规制的行为,多依"盗"罪处"赀、赎"等经济类刑罚,即"当时对相邻权的侵害以刑事论处,而未言及民事责任"④。

秦代有相当一部分土地为国家所有,并由秦政府直接管理。依据出土文献可知,秦政府对于官营农业(包括山林川泽、园囿)有许多具体的法律规定。如关于官营田地的用种、种子的保管和播种,《秦律十八种·仓律》有详细规定:"种:稻、麻亩用二斗大半斗,禾、麦亩一斗,黍、荅亩大半斗,叔(菽)亩半斗。利田畴,其有不尽此数者,可殹(也)。其有本者,称议种之。县遗麦以为种用者,殽禾以臧(藏)之。"⑤可见在秦代,县仓库所保存的种子,当是为基层农户所准备。如果地方农官因管理不善而造成种子霉烂、丢失,主要负责的农官要受到相应的惩罚,轻者被斥责,重者处以刑罚。这些法律规定体现了秦统治者对农业生产的重视。

---

① 见四川省博物馆、青川县文化馆:《青川县出土秦更修田律木牍——四川青川县战国墓发掘报告》,《文物》1982 年第 1 期。
② 《睡虎地秦墓竹简》,第 178 页。
③ 中国文物研究所、湖北省文物考古研究所编:《龙岗秦简》,中华书局,2001 年,第 112、111、123、115 页。
④ 田振洪:《秦汉时期的侵权行为民事法律责任论析》,《延安大学学报》2007 年第 1 期。
⑤ 《睡虎地秦墓竹简》,第 43—44 页。

三 秦政府对于农业生产的管理

秦政府对于田间管理,亦有一套整体的法律规定。出土简牍所见,涉及土地利用、日常农事与保障措施三方面的规定。①《秦律十八种·田律》:"入顷刍稾,以其受田之数,无垦(垦)不垦(垦),顷入刍三石、稾二石。……"②为了确保土地的有效利用,规定土地税的缴纳对象是所有已授田地,从而提高土地耕种率。③在日常农事的管理方面,规定秦朝农业生产须依时令而行,《龙岗秦简》云"南郡用节不给时令",即南郡依照节候安排生产,不耽误时令。关于农业播种方面,秦朝政府要求地方政府配置优良种子,实施科学播种。《秦律十八种·仓律》规定:"县遗麦以为种用者,殽禾以臧(藏)之。""种:稻、麻畝用二斗大半斗,禾、麦一斗,黍、荅畝大半斗,叔(菽)畝半斗。利田畤,其有不尽此数者,可殹(也)。其有本者,称议种之。"④

为了保障农业的发展,秦朝亦制定相关法律法规,从生劳力、耕牛、铁器、水源等方面进行保护。生劳力方面,如在家庭农田生产中,国家保障基本的劳力需求,惩治懈怠农事的私人奴隶。秦朝法律规定:无论是被征服戍边还是以劳役赎债,每家应至少保留一个有生劳力参与农事,同时法律还允许现役的赀赎者定期回家务农,以缓解农耕劳力的匮乏,《秦律十八种·司空》记载:"居赀赎责(债)者归田农,种时、治苗时各二旬。"⑤在对刑徒的管理中,也会要求其从事农业劳动。《秦律十八种·仓律》记载:"隶臣田者,以二月月禀二石半石,到九月尽而止其半石。春,月一石半石。"⑥如果徒隶懈怠田事,监管者(司空等)要受到连坐以及"耐为司寇"之类的刑罚。

《战国策·赵策》云:"秦以牛田。"耕牛的作用极其重要,为了保证耕牛的有效生产能力,秦朝官府每年要考核数次(四小考一大考),且对饲养者以奖惩督

---

① 孙铭:《简牍秦律分类辑析》,西安:西北大学出版社,2014年,第87页。
② 《睡虎地秦墓竹简》,第27—28页。
③ 〔日〕古贺登:《汉长安城与阡陌、县乡亭里制度》,东京:雄山阁,1980年,第381—382页。
④ 《睡虎地秦墓竹简》,第44、43页。
⑤ 《睡虎地秦墓竹简》,第88页。
⑥ 《睡虎地秦墓竹简》,第49页。

之。《秦律十八种·厩苑律》记载:"以四月、七月、十月、正月肤田牛。卒岁,以正月大课之,最,赐田啬夫壶酉(酒)束脯,为旱〈皂〉者除一更,赐牛长日三旬;殿者,谇田啬夫,罚冗皂者二月。"①

在铁器农具的使用方面,秦朝官府采取了某些措施来鼓励百姓使用铁质农具,以提高生产效率。《秦律十八种·厩苑律》记载:"叚(假)铁器,销敝不胜而毁者,为用书,受勿责。"②即借用公家铁制农具,因破旧不堪使用而损坏的,以文书上报损耗,公家收下原物而不令赔偿。

在农业水源的保障方面,秦朝政府规定:"春二月,毋敢伐材木山林及雍(壅)隄水。"③政府利用夏水之后、秋收之前这段时间,从事堤防、道路、封疆等维修工作,以便来年耕种。青川木牍《为田律》记载,"以秋八月,修封捋(埒),正疆畔,及登千(阡)百(陌)之大草。九月,大除道及除浍;十月为桥,修陂隄,利津□,鲜草。虽非除道之时,而有陷败不可行,相为之□□",并且"这是法律规定的每年定期赋课的劳役内容"。④

第二节 林牧业法律制度

一 秦朝的山林法律制度

对于山林川泽的保护,在商鞅时期所颁布的法律条文中就有"壹山林"和"刑弃灰于道路"的针对性规定。秦统一后,其法律制度更趋完备,出现了在全国范围内实施保护森林资源的专门法律制度,睡虎地秦简《田律》就明确地规定了对森林资源的保护办法⑤。

---

① 《睡虎地秦墓竹简》,第30页。
② 《睡虎地秦墓竹简》,第32页。
③ 《睡虎地秦墓竹简》,第26页。
④ 四川省博物馆、青川县文化馆:《青川县出土秦更修田律木椟——四川青川县战国墓发掘报告》,《文物》1982年第1期。
⑤ 参看黄维民:《〈田律〉——我国最早涉及环境保护的一部文献》,《西北大学学报》1991年第1期;陈业新:《秦汉生态法律文化初探》,《华中师范大学学报》1998年第2期。

《秦律十八种·田律》规定:"春二月,毋敢伐材木山林及雍(壅)隄水。不夏月,毋敢夜草为灰,取生荔、麛鷇(卵)鷇,毋□□□□□毒鱼鳖,置穽罔(网),到七月而纵之。唯不幸死而伐绾(棺)享(椁)者,是不用时。邑之紤(近)皂及它禁苑者,麛时毋敢将犬以之田。百姓犬入禁苑中而不追兽及捕兽者,勿敢杀;其追兽及捕兽者,杀之。河(呵)禁所杀犬,皆完入公;其它禁苑杀者,食其肉而入皮。"①

可见秦朝时期,人们对自然资源的利用就已经有了深刻的认识,这对保护生态环境和生态平衡起着积极的作用,值得我们后人充分肯定②。

二 秦朝的禁苑法律制度

睡虎地秦简《秦律十八种》中有《厩苑律》,但所记录的三条律文都是关于厩,而无关苑。幸好龙岗六号秦墓出土的一批简牍多数与禁苑有关,其简牍虽残缺不全,但仍可反映秦代关于禁苑的法律管理制度。

禁苑以内的事务由禁苑的啬夫与吏负责,职责主要是日常巡视与上报苑内事务,《秦律十八种·徭律》:"县葆禁苑、公马牛苑,兴徒以斩(堑)垣离(篱)散及补缮之,辄以效苑吏,苑吏循之。"③禁苑以外则由县(道)府负责,县(道)府也可参与禁苑事务,其职责是负责禁苑围墙的加固与修缮,这显示了其较强的服务属性。《龙岗秦简》:"禁苑啬夫、吏数循行,垣有坏决兽道出,及见兽出在外,亟告县。"④

出入禁苑的要件受三种因素影响,一是形式上的因素,二是时效上的因素,三是个别特殊因素。

在形式上,出入禁苑需有正式凭证,且不得私自伪造、转借,保证专人专用,《龙岗秦简》记载:"于禁苑中者,吏与参辨券。"⑤没有出入凭证而非法进出禁苑的,处肉刑,《龙岗秦简》记载:"窦出入及毋(无)符传而阑入门者,斩其男子左

---

① 《睡虎地秦墓竹简》,第 26 页。
② 张晋藩主编、徐世虹编:《中国法制通史·战国、秦汉卷》,法律出版社,1999 年,第 109 页。
③ 《睡虎地秦墓竹简》,第 77 页。
④ 《龙岗秦简》,第 89 页。
⑤ 《龙岗秦简》,第 75 页。

趾。□女〔子〕☒"①凡有欺骗、伪造、借入与借出符传者,会受到斩左趾的刑罚,《龙岗秦简》记载:"诈(诈)伪、假人符传及让人符传者,皆与阑入门同罪。"②

在时效要件上,出入禁苑有严格的时间限制,如不按规定及时离开禁苑,会以"盗"罪论处。时效要件的成立应是以满足形式要件为前提的,即出入者有正式凭证,却超时滞留,故而被定为犯罪。如《龙岗秦简》记载:"不出者,以盗入禁。"③

在特殊要件的成立上,亲率是针对特殊行为而采取的处置办法,它取决于行为本身的"善"与"恶"。对"善"的许可,如《龙岗秦简》:"城旦舂其追盗贼、亡人,追盗贼、亡人出入禁苑奭(?)者得□□☒。""除其罪,有(又)赏之,如他人告☒。"④法律可能对城旦舂因追捕盗贼和逃亡者而进入禁苑墙地给予特殊许可,对有立功表现的人还予以一定的奖励。对"恶"的惩治,主要是针对显然是没有出入凭证而滞留于禁苑内的逃亡者一类预备犯施以极刑,这是将预备犯罪等同既遂犯罪的重刑表现,《龙岗秦简》载:"亡人挟弓、弩、矢居禁中者,弃市。"⑤"亡人挟弓、弩、矢居禁中者"只是具有犯罪的动机,甚至没有动机,携带弓、弩只是为了防止野兽,性质上最多就是属于预备犯罪,对预备犯罪的处罚轻于既遂犯罪。

在禁苑内部规制方面,禁苑内有严格的秩序规定,入内必须按照指定道路行走。《龙岗秦简》所载:"传者入门,必行其所当行之道,□□〔不〕行其所当行☒"⑥而在猎捕规定方面,应遵循(守)节令、法令与猎捕对象三项要求:一、猎捕动物时,要遵循节令和方式,否则可能被处以"赀"或"连坐"。《龙岗秦简》:"一盾;非田时殹(也),及田不□□坐☒"⑦二、无论何种猎捕行为,均应遵守法令,尤其是公车司马卫队参加猎捕活动时,法律设有专门的单行法规规定其捕猎的程

---

① 《龙岗秦简》,第69页。
② 《龙岗秦简》,第71页。
③ 《龙岗秦简》,第79页。
④ 《龙岗秦简》,第78、121页。
⑤ 《龙岗秦简》,第78页。
⑥ 《龙岗秦简》,第71页。
⑦ 《龙岗秦简》,第110页。

序以及违反此规定的处罚措施。《龙岗秦简》载:"田不从令者,论之如律。"①《秦律杂抄·公车司马猎律》:"射虎车二乘为曹。虎未越泛薜,从之,虎环(还),赀一甲。虎失(佚),不得,车赀一甲。虎欲犯,徒出射之,弗得,赀一甲。豹旞(遂),不得,赀一盾。"②三、因猎捕对象不同,处罚结果就会有区别。如猎捕危害生态平衡的动物,判决无罪,《龙岗秦简》:"诸取禁中豺狼者,毋(无)罪。"③原因可能是:"当时这些兽类或为人害,或捕猎苑中所豢养的其他动物,又或繁衍太甚,以故不禁民捕猎。"④如偷猎禁苑内的益类动物且数量较多的,则会处以"完城旦舂"。《龙岗秦简》:"鹿一、麑一、麇一、麚一、狐二,当(?)完为城旦舂,不□□□。""盗贼以田时杀□☑。"⑤

据以上所分析《秦律》中的禁苑法律规定可知,秦朝的苑囿管理非常严格。

三 秦朝的畜牧业法律制度

秦人是一个有悠久畜牧传统的民族,秦人祖先非子因为周天子牧马,而分封西垂,终成秦统一大业,因此秦朝统治者非常重视畜牧业的发展。

秦朝设置有专职的畜牧业职官,畜牧业职官的设置与禁苑中的职官属性较为近似,均负责管理畜牧事务,主要有啬夫,如《秦律十八种·内史杂》记载:"……苑啬夫不存,县为置守,如厩律。"《秦律杂抄》:"……马劳课殿,赀厩啬夫一甲,令、丞、佐、史各一盾。马劳课殿,赀皂啬夫一盾。"⑥

秦时的官牛马应该编有牛籍、马籍⑦,其管理权亦应属官啬夫,而在法律地位上,牛籍、马籍似可与户籍并列。睡虎地秦简《效律》记载:"马牛误职(识)耳,及物之不能相易者,赀官啬夫一盾。""……人户、马牛一以上为大误。误自重殴(也),减罪一等。"⑧

---

① 《龙岗秦简》,第110页。
② 《睡虎地秦墓竹简》,第140页。
③ 《龙岗秦简》,第85页。
④ 刘金华:《〈云梦龙岗秦简〉所见之秦代苑政》,《文博》2002年第1期。
⑤ 《龙岗秦简》,第85、113页。
⑥ 《睡虎地秦墓竹简》,第106、142页。
⑦ 参看曹旅宁:《秦律〈厩苑律〉考》,《中国经济史研究》2003年第3期。
⑧ 《睡虎地秦墓竹简》,第121、126页。

关于牛马饲料的处置,秦律有两方面的内容:一是对饲料的领取,设有严格的时限规定。发放时限规定,领取饲料的日期截止后,宽限期只有两个月。不过,大田处的发放则要严格遵循法定时间。《秦律十八种·田律》记载:"乘马服牛禀,过二月弗禀,弗致者,皆止,勿禀,致。禀大田而毋(无)恒籍者,以其致到日禀之,勿深致。"①二是日常供应方面,会根据畜种的不同、环境的差别制定针对性的标准。如传马的体力消耗大,因而喂饲的次数也较为频繁,《秦律十八种·仓律》记载:"驾传马,一食禾,其顾来有(又)一食禾,皆八马共。其数驾,毋过日一食。驾县马劳,有(又)益壶〈壹〉禾之。"②

秦朝上报制度涉及厩苑与禁苑,主要对象是马牛。在厩苑事务方面,上报内容主要为官有马牛的具体生存状态(丢失、残疾、死亡)。如马牛因放牧与驾用而死亡的,须上报上缴。对后续对象的处置与买卖也设有详细的规定,《秦律十八种·厩苑律》规定:"将牧公马牛,马〔牛〕死者,亟谒死所县,县亟诊而入之,其入之其弗亟而令败者,令以其未败直(值)赏(偿)之。……其大厩、中厩、宫厩马牛殹(也),以其筋、革、角及其贾(价)钱效,其人诣其官。其乘服公马牛亡马者而死县,县诊而杂买(卖)其肉,即入其筋、革、角,及索(索)入其贾(价)钱。钱少律者,令其人备之而告官,官告马牛县出之。……"③曹旅宁认为,以卖死马牛肉的钱充公是为了防止国家资财流失。④ 同时,禁苑中丢失的马、牛、驹、犊、羔及其兽皮也须上缴,《龙岗秦简》记载:"亡马、牛、驹、犊、〔羔〕,马、牛、驹、犊、〔羔〕皮及□皆入禁□□(官)□□"⑤

秦律关于马牛的保护措施,主要包括两方面:一是禁止猎杀马牛。行为有可能伤害马牛(只是隐患),但实际尚未造成伤害的,处以赀刑,这是重罚预备犯的体现。如果已经造成杀伤事实,则以"盗"罪论处,处罚结果显然会重于赀刑。《龙岗秦简》:"诸马、牛到所,毋敢穿阱及置它机,敢穿阱及置它〔机〕能害□□人马、牛者□□虽未有杀伤殹(也),赀二甲;杀伤马□□与为盗□"⑥二是通过对马

---

① 《睡虎地秦墓竹简》,第29页。
② 《睡虎地秦墓竹简》,第47页。
③ 《睡虎地秦墓竹简》,第33页。
④ 《秦律新探》,第146页。
⑤ 《龙岗秦简》,第108页。
⑥ 《龙岗秦简》,第107页。

牛羊的优劣评比,来考察饲养人的工作业绩,《龙岗秦简》记载:"马、牛杀之及亡之,当偿而诤□□□□□□"①睡虎地秦简《秦律杂抄》:"肤吏乘马笃、絜(胔),及不会肤期,赀各一盾。马劳课殿,赀厩啬夫一甲,令、丞、佐、史各一盾。马劳课殿,赀皂啬夫一盾。"②

同时,秦律规定,负责畜牧业的官员要定期进行耕牛评比。《秦律十八种·厩苑律》规定:"以四月、七月、十月、正月肤田牛。卒岁,以正月大课之,最,赐田啬夫壶酉(酒)束脯,为旱〈皂〉者除一更,赐牛长日三旬;殿者,诤田啬夫,罚冗皂者二月。"③对耕牛一年考核数次(四小考一大考),实行奖惩制。对驾车用牛亦每年考核一次,实行分级考核制。《秦律十八种·厩苑律》记载:"今课县、都官公服牛各一课,卒岁,十牛以上而三分一死;不〔盈〕十牛以下,及受服牛者卒岁死牛三以上,吏主者、徒食牛者及令、丞皆有罪。内史课县,大(太)仓课都官及受服者。"④同时亦对牛羊繁殖率进行考核,《秦律杂抄·牛羊课》:"牛大牝十,其六毋(无)子,赀啬夫、佐各一盾。羊牝十,其四毋(无)子,赀啬夫、佐各一盾。"⑤

第三节 手工业法律制度

秦的经济虽以农业为主,但工商业法规无论在规模还是影响上,都已成为全国性的了⑥。手工业是经济体系中不可缺少的重要组成部分,举世闻名的秦始皇陵兵马俑就是秦代手工业成就的突出体现。秦朝政府对违反相关法律的行为,一般采用经济制裁或行政处罚。

---

① 《龙岗秦简》,第 106 页。
② 《睡虎地秦墓竹简》,第 142 页。
③ 《睡虎地秦墓竹简》,第 30 页。
④ 《睡虎地秦墓竹简》,第 33 页。
⑤ 《睡虎地秦墓竹简》,第 142—143 页。
⑥ 张中秋:《秦代工商法律研究》,《江苏社会科学》1994 年第 5 期。

一 秦朝手工业职官设置

工室是秦朝管理全国官营手工业的机构,其官吏为工师。①《荀子·王制》记载:"论百工,审时事,辨功苦,尚完利,便备用,使雕琢、文采不敢专造于家,工师(工官)之事也。"②《秦律杂抄》记载:"县工新献,殿,赀啬夫一甲,县啬夫、丞、吏、曹长各一盾。"基层亦设置漆园啬夫管理漆园生产,《秦律杂抄》:"鬃园殿,赀啬夫一甲,令、丞及佐各一盾,徒络组各廿给。……"同时,秦朝政府设置采山啬夫,负责铁矿生产。《秦律杂抄》记载:"采山重殿,赀啬夫一甲,佐一盾……"③

二 秦律中所见手工业相关规定

出土简牍所见,秦手工业法规涉及工匠管理、生产原则、产品质量的保障办法、生产标准的设定与劳绩的核算四部分内容。

(1)对于工匠的管理,一是规范工匠资格的取得与赎免,二是严格要求工匠的日常训练事务。工匠资格的取得,主要是由普通劳役者的身份转化而来的。劳役者若要成为工匠,先决条件有二:一是隶臣如"有巧",便有成为工匠的机会,《秦律十八种·均工律》记载:"隶臣有巧可以为工者,勿以为人仆、养。"④二是工隶臣亦可通过"斩首"获得成为普通工匠的资格,残废的则可做隐官工,《秦律十八种·军爵律》:"工隶臣斩首及人为斩首以免者,皆令为工。其不完者,以为隐官工。"⑤吴荣曾认为:"从秦律材料可以得到证实,在官营手工业作坊中仅有少数的工匠具有自由民的身份,其余多数人则为不自由人或半自由人。"⑥所以,某些情况下是严禁赎免工匠的,尤其是对于优产工匠的赎免设定了限制,《秦律十八种·仓律》:"……女子操敁红及服者,不得赎。"⑦

关于工匠的训练事务方面,主要包括负责人、学徒期与奖惩办法三项内容:

---

① 《秦律通论》,第414页。
② 《荀子集解·王制》,第107页。
③ 《睡虎地秦墓竹简》,第137、138页。
④ 《睡虎地秦墓竹简》,第76页。
⑤ 《睡虎地秦墓竹简》,第93页。
⑥ 吴荣曾:《秦的官府手工业》,见《云梦秦简研究》,第38页。
⑦ 《睡虎地秦墓竹简》,第54页。

一是由工师负责训练工匠,"战国和秦代,器物上总有制造的工师的名字,工师是常见的官名"①。二是工匠的学徒期为故工一年、新工两年。三是对提前学成的学徒会予以奖励,而期满仍未学成的则要上报内史、面临处罚。《秦律十八种·均工律》:"新工初工事,一岁半红(功),其后岁赋红(功)与故等。工师善教之,故工一岁而成,新工二岁而成。能先期成学者谒上,上且有以赏之。盈期不成学者,籍书而上内史。"②

(2)在生产原则方面,秦律规定:一是不能违规生产,二是产品规格要统一。《秦律杂抄》:"……非岁红(功)及毋(无)命书,敢为它器,工师及丞赀各二甲。"③即违规生产的代价是,工师与丞同时受罚二甲。张中秋认为:"这条规定是西周官工制度的延续,《周礼·考工记》和《吕氏春秋》中有类似的内容。"④同时,在生产同类产品时,要求它们的规格(大小、长短、宽厚)必须符合统一标准,《秦律十八种·工律》:"为器同物者,其小大、短长、广亦必等。"⑤

(3)在产品质量的保障方面,秦律针对监管者与劳役者分别采用不同的刑种,来督促他们生产出合格的产品。《秦律杂抄》:"省殿,赀工师一甲,丞及曹长一盾,徒络组廿给。省三岁比殿,赀工师二甲,丞、曹长一甲,徒络组五十给。……县工新献,殿,赀啬夫一甲,县啬夫、丞、吏、曹长各一盾。城旦为工殿者,治(笞)人百。大车殿,赀司空啬夫一盾,徒治(笞)五十。"⑥秦律规定,年度考核评比中,产品质量被评为下等的,罚工师一甲,罚丞、曹长二甲,若连续三年被评为下等,则加倍处罚,过错年限与处罚轻重成正比。大体看来,赀刑用于监管领域中的啬夫、丞、吏和曹长等,笞刑施于生产环节中的城旦与徒。

漆园与矿业生产,是国家的重要经济命脉。所以,凡发现监管不力的情况,除赀刑之外,还会附加"废"刑。不过,对漆园生产的处罚略重于矿业生产。漆园生产中,如产品连续三年被评为下等的,"废"漆园啬夫。《秦律杂抄》:"漆园殿,赀啬夫一甲,令、丞及佐各一盾,徒络组各廿给。漆园三岁比殿,赀啬夫二甲

---

① 于豪亮:《云梦秦简所见职官述略》,见《文史 第八辑》,中华书局,1980年,第5页。
② 《睡虎地秦墓竹简》,第75页。
③ 《睡虎地秦墓竹简》,第137页。
④ 张中秋:《秦代工商法律研究》,《江苏社会科学》1994年第5期。
⑤ 《睡虎地秦墓竹简》,第69页。
⑥ 《睡虎地秦墓竹简》,第136—137页。

而法(废),令、丞各一甲。"而关于矿业生产,《秦律杂抄》规定:"采山重殿,赀啬夫一甲,佐一盾;三岁比殿,赀啬夫二甲而法(废)。殿而不负费,勿赀。赋岁红(功),未取省而亡之,及弗备,赀其曹长一盾。大(太)官、右府、左府、右采铁、左采铁课殿,赀啬夫一盾。"①可见,在矿业生产中,"废"刑的施用情况类似于漆园生产,但规定了一项特殊的免责条件:虽被评为下等而无亏欠。一方面,由此处罚办法应可推定,漆园生产的地位高于矿业生产,故处罚较严。另一方面,"透过这条规定的处理部分,我们可以发现,秦律对物品质量检查采取的是经济制裁与行政处罚相结合的方法,而且在其中贯彻严格的连带责任制"②。

(4)在生产标准的设定与劳绩的核算方面,秦律根据环境与季节的不同而分别设置相应的生产标准。《秦律十八种·工人程》:"隶臣、下吏、城旦与工从事者冬作,为矢程,赋之三日而当夏二日。"可见受季节因素影响,冬天的生产标准低于夏天。而关于劳绩的核算,因工种、年龄和性别的不同而有所区别。擅自增加劳绩天数的,赀刑处之,《秦律十八种·工人程》:"冗隶妾二人当工一人,更隶妾四人当工〔一〕人,小隶臣妾可使者五人当工一人。"一般情况下,女工的劳绩低于男工,《秦律十八种·工人程》:"隶妾及女子用箴(针)为缗绣它物,女子一人当男子一人。"③违规增加劳绩天数的处罚,《秦律杂抄·中劳律》规定:"敢深益其劳岁数者,赀一甲,弃劳。"④

第四节 商业法律制度

秦朝自商鞅变法以来,确定"事本而禁末"的国家政策,并制定了一系列奖惩性的法律条文。仅依据传世文献,我们觉得秦朝的商品经济并不发达,但出土秦简中有许多关于商业的律令,细致研究这些资料,会发现秦朝在商品经济的很多方面做出了详细的规定,足以反映秦朝商品经济发展的实际情况。

---

① 《睡虎地秦墓竹简》,第 138 页。
② 张中秋:《秦代工商法律研究》,《江苏社会科学》1994 年第 5 期。
③ 《睡虎地秦墓竹简》,第 73—75 页。
④ 《睡虎地秦墓竹简》,第 135 页。

一 秦朝商业职官的设置

秦朝政府设置了专职管理粮草事务的职官,《秦律十八种·仓律》:"入禾仓,万石一积而比黎之为户。县啬夫若丞及仓、乡相杂以印之,而遗仓啬夫及离邑仓佐主禀者各一户以气(饩),自封印,皆辄出,余之索而更为发户。"①可见县仓是以万石为一积而设立的,由仓啬夫负责;乡里的粮仓管理则需本地仓佐(离邑仓佐)参与。而皮革的贮藏由藏啬夫负责,《秦律杂抄·臧(藏)律》:"臧(藏)皮革橐(蠹)突,赀啬夫一甲,令、丞一盾。"为军队供应兵器的事务由库啬夫负责,《秦律杂抄》:"禀卒兵,不完善(缮),丞、库啬夫、吏赀二甲,法(废)。"②

会计事务由令史掾负责,《汉书音义》云:"正曰掾,副曰属。"睡虎地秦简《效律》规定:"其它冗吏、令史掾计者,及都仓、库、田、亭啬夫坐其离官属于乡者,如令、丞。""司马令史掾苑计,计有劾,司马令史坐之,如令史坐官计劾然。"③

二 秦朝调整商业贸易的法律规范

秦虽重农抑商,但也注意运用法律手段来调节商业贸易,当时已有专门调整商业市场的法律规范。秦律对商业贸易的调节包括两方面内容,一是禁止和打击非法商业,二是保护和规范合法商业④。

(一)禁止和打击非法商业

秦律规定,严禁官吏利用职务之便涉商牟私利。《秦律杂抄》:"吏自佐、史以上负从马、守书私卒,令市取钱焉,皆迁(迁)。"⑤即利用官府的马和私卒进行市场交易,借以牟取私人利益的行为是违法的。处迁刑应该说是对官吏不专于本职业务的一种加重的刑罚处置,其所针对的不仅仅是单一的渎职行为,而是对于复杂犯罪所设定的法定刑,以此来避免肉刑的施加。⑥ 秦律规定,官府可与百姓交易,但禁止官吏在买卖、租赁和借贷等活动中故意操纵价格(故贵赋其贾),

---

① 《睡虎地秦墓竹简》,第35—36页。
② 《睡虎地秦墓竹简》,第136、134页。
③ 《睡虎地秦墓竹简》,第124—125页。
④ 《中国法制史》,第85页。
⑤ 《睡虎地秦墓竹简》,第133页。
⑥ 《简牍秦律分类辑析》,第97页。

岳麓秦简规定:"新地吏及其舍人敢受新黔首钱财、酒肉、它物及有卖买叚(假)赁赁于新黔首而故贵赋其贾(价),皆坐其所受及故为贵赋之臧、叚(假)赁费赁息,与盗同法。"若以此牟私利的,将根据其所获得的赃值依盗窃罪论处(与盗同法)①。

农粮事关国家经济命脉,珠玉为王室专享之物,秦律规定,这些事务中决不允许商业因素的存在。《秦律十八种·田律》规定:"百姓居田舍者毋敢酤(酤)酉(酒),田啬夫、部佐谨禁御之,有不从令者有罪。"②可见农粮是杜绝商业买卖的。军粮也不可出售,违者戍边,《秦律杂抄》:"军人买(卖)稟稟所及过县,赀戍二岁;同车食、敦(屯)长、仆射弗告,戍一岁。"③对于走私珠玉等违法行为,故内史会以奖赏手段遏制珠玉的走私,《法律答问》:"'盗出朱(珠)玉邦关及买(卖)于客者,上朱(珠)玉内史,内史材鼠(予)购。'可(何)以购之?其耐罪以上,购如捕它罪人;赀罪,不购。"④

秦律规定,以盗窃物作为交易商品的行为属非法买卖。不过,法律会保护后续买进人的合法权益。如正常死亡的官有牛马可以交易,交易的收入归属官府,《秦律十八种·厩苑律》:"其乘服公马牛亡马者而死县,县诊而杂买(卖)其肉,即入其筋、革、角,及索(索)入其贾(价)钱。"⑤但盗来的死兽则不能用于交易,《龙岗秦简》:"盗死兽直(值)贾(价)以关□……"⑥同时秦律规定,买来的被盗衣服,不会被作为赃物追还,《法律答问》:"今盗盗甲衣,买(卖),以买布衣而得,当以衣及布畀不当?当以布及其它所买畀甲,衣不当。"⑦这一规定体现了保护单方合法贸易的精神,也"可能是因为盗窃所买衣物是为自己所用,不适合被盗之人,故法律规定不用交还"⑧。

---

① 于振波《秦律令中的"新黔首"与"新地吏"》,《中国史研究》2009 年第 3 期。
② 《睡虎地秦墓竹简》,第 30 页。
③ 《睡虎地秦墓竹简》,第 134 页。
④ 《睡虎地秦墓竹简》,第 211 页。
⑤ 《睡虎地秦墓竹简》,第 33 页。
⑥ 《龙岗秦简》,第 88 页。
⑦ 《睡虎地秦墓竹简》,第 160 页。
⑧ 朱红林:《张家山汉简〈二年律令〉集释》,社会科学文献出版社,2005 年,第 57 页。

(二)保护和规范合法商业

秦律确立基本的交易原则,同时针对涉外贸易还设有特别的规定。如在确立交易原则时,规定交易必须透明,且由专人监管,《秦律十八种·关市律》规定:"为作务及官府市,受钱必辄入其钱缿中,令市者见其入,不从令者赀一甲。"①岳麓秦简《金布律》:"官府为作务市,受钱及受赁租、质它稍入钱,皆官为缿,谨为缿空,婴毋令钱能出,以令若丞印封缿而入,与入钱者三辨券之,辄入钱缿中,令入钱者见其入。月壹输缿钱,及上券中辨其县廷;月未尽而缿盈者,辄输之。不如律,赀一甲。"②同时亦由专人监管官府的买卖活动。岳麓秦简《关市律》曰:"县官有买卖也,必令令史监,不从令者,赀一甲。"③睡虎地秦简《封诊式·告臣》:"某里士五(伍)甲缚诣男子丙,告曰:'丙,甲臣,桥(骄)悍,不田作,不听甲令。谒买(卖)公,斩以为城旦,受贾(价)钱。'讯丙,辞曰:'甲臣,诚悍,不听甲。甲未赏(尝)身免丙。丙毋(无)病殹(也),毋(无)它坐罪。'令令史某诊丙,不病。令少内某、佐某以市正贾(价)贾丙丞某前,丙中人,贾(价)若干钱。"④

在价格规范方面,秦律对劳动力与官粮均规定了法定价格,《秦律十八种·司空律》:"有罪以赀赎及有责(债)于公,以其令日问之,其弗能入及赏(偿),以令日居之,日居八钱;公食者,日居六钱。""毄(系)城旦舂,公食当责者,石卅钱。"⑤即劳力价格为一天八钱(包食的六钱),粮食价格为每石三十钱。

同时,秦律在原则上规定,卖出的商品必须要明码标价,《秦律十八种·金布律》:"有买及买(卖)殹(也),各婴其贾(价);小物不能各一钱者,勿婴。"⑥在对外贸易方面,秦律《法律答问》云:"'客未布吏而与贾,赀一甲。'可(何)谓'布吏'?诣符传于吏是谓'布吏'。"⑦即在本土买卖商品,邦客的交易资格必须经过官府的确认。

---

① 《睡虎地秦墓竹简》,第68页。
② 陈松长主编:《岳麓书院藏秦简(肆)》,上海辞书出版社,2015年,第108页。
③ 参见曹旅宁:《岳麓书院新藏秦简丛考》,《华东政法大学学报》2009年第6期。
④ 《睡虎地秦墓竹简》,第259页。
⑤ 《睡虎地秦墓竹简》,第84、88页。
⑥ 《睡虎地秦墓竹简》,第57页。
⑦ 《睡虎地秦墓竹简》,第230—231页。

三 商业税收法律制度

自商鞅变法之后,秦特别"重关市之赋(税)",《秦律十八种·关市律》规定:"为作务及官府市,受钱必辄入其钱缿中,令市者见其入,不从令者赀一甲。"岳麓秦简《关市律》规定:"县官有买卖也,必令令史监,不从令者,赀一甲。"岳麓秦简《金布律》规定:"官府为作务市,受钱及受赁租、质它稍入钱,皆官为缿,谨为缿空,婴毋令钱能出,以令若丞印封缿而入,与入钱者三辨券之,辄入钱缿中,令入钱者见其入。月壹输缿钱,及上券中辨其县廷;月未尽而缿盈者,辄输之。不如律,赀一甲。"①黄今言认为,在云梦秦简中有专门的《关市》律,说明秦时征收关税已成制度,而且很重。② 此观点是非常中肯的。

四 度量衡法律制度

秦统一六国之后,颁布了统一的度量衡制,《史记·秦始皇本纪》:"一法度衡石丈尺。车同轨。书同文字。"③从现阶段出土的文物以及相关史料可知,秦将统一的、标准的度量衡推广至全国。如阿房宫遗址出土的"三年高奴禾石铜权",当为秦所铸一石重标准衡器,据实际测量,重 30.75 千克。秦的衡制为:1 石 = 120 斤;1 均 = 30 斤;1 斤 = 16 两;1 两 = 4 锱 = 24 铢。

为了准确校正度量衡器具,县及主管手工业的官吏工室,每年至少检查校正一次度量衡器,对保管器具失职的人员要处以赀刑。睡虎地秦简《效律》:"衡石不正,十六两以上,赀官啬夫一甲;不盈十六两到八两,赀一盾。甬(桶)不正,二升以上,赀一甲;不盈二升到一升,赀一盾。斗不正,半升以上,赀一甲;不盈半升到少半升,赀一盾。半石不正,八两以上;钧不正,四两以上;斤不正,三朱(铢)以上;半斗不正,少半升以上;参不正,六分升一以上;升不正,廿分升一以上;黄金衡赢(累)不正,半朱(铢)〔以〕上,赀各一盾。"④

---

① 《岳麓书院藏秦简(肆)》,第 108 页。
② 黄今言:《秦汉赋役制度研究》,南昌:江西教育出版社,1988 年,第 137 页。
③ 《史记》卷六《秦始皇本纪》,第 239 页。
④ 《睡虎地秦墓竹简》,第 114 页。

第五节 货币管理制度

货币作为一般等价物的商品,在商品流通领域起着至关重要的作用,它的发行规格、质地、数量涉及国家经济局势的稳定,故秦政府以法律的形式对货币做了系统的规定。如在睡虎地秦简《金布律》《效律》《关市律》《工律》等律文中,记载有秦经济活动特别是货币规制、比价、流通等方面的内容。此外,《秦律杂抄》《法律问答》以及《封诊式》也涉及相关的经济法规,反映出法律意识在秦人的经济活动中有较为广泛和深入的贯穿。所以,秦律对于货币管理的各个环节均有涉及,不仅对货币的使用者进行了规范,也对政府官员(货币管理者)的经济职能进行了规范,以此达到国家对市场进行监控的实际效用①。

一 货币形式

何清谷先生认为,"秦币分为黄金、布、半两钱三等的制度在战国晚期就已形成"②。"金布"中的"金"和"布"都是战国时期秦国货币的名称,而用钱币来兑换黄金或布,表明秦国的法定货币有金、布、钱三种。如《秦律十八种·金布律》规定:"钱十一当一布。其出入钱以当金、布,以律。"③《法律答问》记载:"捕亡完城旦,购几可(何)?当购二两。"④

为统一货币,秦律规定,在全国范围内只允许使用国家法定的货币,制币权由国家绝对垄断。睡虎地秦简《封诊式》记载:"〔爰〕书:某里士五(伍)甲、乙缚诣男子丙、丁及新钱百一十钱、容(镕)二合,告曰:'丙盗铸此钱,丁佐铸。甲、乙捕索(索)其室而得此钱、容(镕),来诣之。'"⑤"民间私铸钱币属犯罪行为,私铸

---

① 严翔:《简牍中的历史——从云梦秦简看秦朝货币管理》,《现代商业》2008 年第 6 期。
② 何清谷:《秦币考略》,见《陕西历史博物馆馆刊 第五辑》,西北大学出版社,1998 年,第 22 页。
③ 《睡虎地秦墓竹简》,第 56 页。
④ 《睡虎地秦墓竹简》,第 209 页。
⑤ 《睡虎地秦墓竹简》,第 252—253 页。

钱要受刑罚制裁,并允许公民揭发和扭送。"①在货币收发环节,官府对于钱币的收入与支出有严格的程序规定。在日常交易中,不论是政府还是私人,都不准在货币的质量和种类上挑拣选择,必须一起使用,《秦律十八种·金布律》:"官府受钱者,千钱一畚,以丞、令印印。不盈千者,亦封印之。钱善不善,杂实之。出钱,献封丞、令,乃发用之。百姓市用钱,美恶杂之,勿敢异。""贾市居列者及官府之吏,毋敢择行钱、布;择行钱、布者,列伍长弗告,吏循之不谨,皆有罪。"②故吴荣曾认为,"行钱"即是典型代表,即"通过秦简、汉简,明确了当时所谓的行钱,实际上是指质次的铜钱。行钱不仅可以流通,而且拒用者还要受重罚"③。

对于布的形制,秦律规定得较为严格,不达标准的布是不准流通的,《秦律十八种·金布律》记载:"布袤八尺,福(幅)广二尺五寸。布恶,其广袤不如式者,不行。"④

二 货币兑换

在商品交易中,合理运用金、钱、布三者的兑换率,是准确把握货币价值的关键。《汉书·食货志》载:"黄金重一斤,直钱万。"这表明,一万钱的货币价值是由一斤金折算出来的,而不应理解成金一斤的价格为一万钱⑤。同时,《秦律十八种》亦记载"钱十一当一布"⑥,即十一钱折合一布。

三 管理机构

由出土简文看,"金布"当是负责管理钱币和物资的县曹职官。《金布律》当得名于"金布"这样一个管理金钱财物的机构,律条中规定的各项内容当然也就和"金布"这个机构的职能有关⑦。它所负责的工作是少内工作的一部分,"金

---

① 《中国法制史》,第 86 页。
② 《睡虎地秦墓竹简》,第 55、57 页。
③ 吴荣曾:《秦汉时的行钱》,《张家山汉简〈二年律令〉研究文集》,广西师范大学出版社,2007 年,第 189 页。
④ 《睡虎地秦墓竹简》,第 56 页。
⑤ 《秦汉法制史论考》,第 280 页。
⑥ 《睡虎地秦墓竹简》,第 56 页。
⑦ 朱红林:《里耶秦简"金布"与〈周礼〉中的相关制度》,《华夏考古》2007 年第 2 期。

布"当是隶属于少内的下属机关。岳麓秦简《律令杂抄》记载:"内史旁金布令乙四。"①《里耶秦简》记载:"四月丙午朔癸丑,迁陵守丞色下:少内谨案致之。书到言,署金布发,它如律令。欣手。四月癸丑水十一刻刻下五,守府快行少内。"②结合此简,于洪涛指出:"金布与少内在某些职能上相重合,但是少内职权较金布大得多。从《金布律》的内容来看,其主要负责货币及其相关的管理事物,也就是说只负责收入部分。而少内却不相同,不仅有收入,而且包括支出。由此可知,金布负责工作是少内工作的一部分,更加说明金布是隶属于少内的下属机关。"③如《里耶秦简》记载,"署金布发","四月己酉,阳陵守丞厨敢言之,写上谒报,报署金布发,敢言之。儋手"。④

第六节 赋税法律制度

赋税是一个国家的官僚、军队等生存、运作的基础。秦国在秦孝公三年(前359)就颁布诏令:"民有二男以上不分异者,倍其赋。"⑤这说明至少在秦国商鞅变法时期,秦国就开始向百姓征赋税。秦时的赋税主要有土地税(田赋)、人头税(口赋)。

一 秦朝土地税

土地税主要是指田租的征收。秦简公七年(前408),"初租禾",这是秦课收实物田租的开始⑥。后来,田租征收方面的法规不断发展、演进,在睡虎地、里

---

① 陈松长:《岳麓书院所藏秦简综述》,《文物》2009 年第 3 期。
② 湖南省文物考古研究所、湘西土家族苗族自治州文物处:《湘西里耶秦代简牍选释》,《中国历史文物》2003 年第 1 期。
③ 于洪涛:《试析里耶秦简"御史问直络裙程书"的传递过程》,《长江文明》2013 年第 13 辑。
④ 湖南省文物考古研究所、湘西土家族苗族自治州文物处:《湘西里耶秦代简牍选释》,《中国历史文物》2003 年第 1 期。
⑤ 《史记》卷六八《商君列传》,第 2230 页。
⑥ 《秦制研究》,第 187 页。

耶、岳麓与龙岗等秦简中均有不同程度的体现,其中关于田租征收的具体事务,龙岗秦简反映得较为全面。

秦征收田租的主管部门是县(道)、乡两级。负责征收田租者,被称为"租者";监收租者,被称为"监者"。日本学者古贺登在对睡虎地秦简的《田律》和《仓律》分析后指出,县仓中收储了各县租税的大部分,究其缘由:一是因为当时运送到中央很困难,二是因为商鞅的耕战制度将所有成年男子变为耕战之士,这是一种以县为单位进行战争的体制。① 简牍所见内容,涉及田租的征收范围、征收标准与具体事务三个方面:

关于土地税的征课范围,主要为土地的出产物,包括粟米、刍稿以及枲等。均以实物交纳,且这种田租属于分成租而非定额租②。《秦律十八种·田律》规定:"入顷刍稿,以其受田之数,无垦(垦)不垦(垦),顷入刍三石、稿二石。"③

关于土地税征收标准的划定,需要考量总田亩数、税田与程三项要素。官吏汇报田租征收的内容包括田地总数、税田总数和平均亩产量("率")。首先,秦田租征收的标准是土地的多少,而不是人户。其次,具体的实施办法是,分别从各户田地中划出一定数量的"税田",而田租就来自"税田"。"税田"是从总田地面积中划分出用于交租的部分,"税田"所产全部作为租税。《里耶秦简》中有具体体现:"迁陵卅五年垦田舆五十二顷九十五亩,税田四顷□□。户百五十二,租六百七十七石。(率)之,亩一石五;户婴四石四斗五升,奇不(率)六斗。启田九顷十亩,租九十七石六斗。都田十七顷五十一亩,租二百卌一石。贰田廿六顷卅四亩,租三百卅九石三。凡田七十顷卌二亩。租凡九百一十。六百七十七石。"④

秦律中关于土地税征收的具体事务,主要包括百姓的义务与官吏的职责两方面内容。百姓的义务要求是真实呈报土地占有量,自耕农要向官府呈报自己占有土地的数量,《龙岗秦简》记载:"租者且出以律,告典、田典,典、田典令黔首皆智(知)之,及 ▢。"⑤张金光先生认为此举意义大致有三:一为严格登记以实

---

① 〔日〕古贺登:《汉长安城与阡陌、县乡亭里制度》,东京:雄山阁,1980年,第163页。
② 于振波:《秦简所见田租的征收》,《湖南大学学报》2012年第5期。
③ 《睡虎地秦墓竹简》,第27—28页。
④ 《里耶秦简牍校释》,文物出版社,2012年,第345—346页。
⑤ 《龙岗秦简》,第122页。

现税收;二也是宣传、普及法规的有效措施;三为防止官吏贪腐,即"收租之律非仅只催促黔首缴租,此外杜绝收租吏员贪污盗窃以及营私舞弊,亦为其重要内容,……普遍法的作用也是两刃的,既治民,又治吏"①。同时,百姓盗占田地会被定性为逃漏田租,且盗占面积与缴纳租额成正比,《龙岗秦简》规定:"一町,当遗二程者,而□□□□□□☑。"②

二 秦朝人头税

秦既有土地税,又有人口税③。人口税有二:户赋和口赋。秦孝公十四年(前348)颁布"初为赋",即"户赋",此外"口赋"也是国家赋税征收的一项重要内容。

出土简牍所见,一是关于"户赋"的征收单位与征收物,二是关于"口赋"的征收单位与缴纳额度。"户赋"有法定的征收单位,且征收物的范围较为广泛。"户赋"名目,是以"户"为单位实行征收,《法律答问》记载:"可(何)谓'匿户'及'敖童弗傅'?匿户弗繇(徭)、使,弗令出户赋之谓殹。"征收物的范围,不止于粮草和钱,也可以折纳之物代替。户赋的征收物,一般是刍或钱。《秦律十八种·田律》记载:"入顷刍稿,以其受田之数,无垦(垦)不垦(垦),顷入刍三石、稿二石。"《里耶秦简》记载:"十月户刍钱三〔百〕……户刍钱六十四。"④

"户赋"的征收,还可以折纳的实物代替,《里耶秦简》记载:"卅四年,启陵乡见户、当出户赋者志:见户廿八户,当出茧十斤八两。"即"二十八户交纳的'户赋'总数为十斤八两蚕茧,每户约交纳蚕茧三两八钱"⑤。

"口赋"按人头收税,所以法律严禁人口的非法外流,《法律答问》:"'臣邦人不安其主长而欲去夏者,勿许。'可(何)谓'夏'?欲去秦属是谓'夏'。"⑥这当然是为了保证劳动力的稳定,同时也是为了不减少赋税来源。⑦ 关于"口赋"的缴

---

① 《秦制研究》,第196—197页。
② 《龙岗秦简》,第115页。
③ 《战国秦代法制管窥》,第403页。
④ 《里耶秦简(壹)》,第179、286页。
⑤ 李恒全:《从出土简牍看秦汉时期的户税征收》,《甘肃社会科学》2012年第6期。
⑥ 《睡虎地秦墓竹简》,第226页。
⑦ 《战国秦代法制管窥》,第80页。

纳额度,从睡虎地秦简的两条律文中大致可以得出"口赋"的一个近似数,《效律》:"人户、马牛一,赀一盾;自二以上,赀一甲。"①《法律答问》:"可(何)如为大误?人户、马牛及者(诸)货材(财)直(值)过六百六十钱为大误,其它为小。"②张金光据此认为"计会人员误缺一户,其价值与统计货财差错六百六十钱同等。……一户之口赋当少于六百六十钱"③。

三 秦朝徭役

从广义上来讲,封建社会的徭役包括全部徭、戍等力役。秦之服役分"徭"(更)役与"戍"役(兵役)两大类,且"徭""戍"有别。在具体事务上,相关法规主要由徭、戍役的单行法规、徭役征调与管理制度三项内容组成。

广义的徭役可分为"徭"与"戍",即"戍役同徭役一样,按法律上的规定,是秦民的普遍义务,即按户籍征发"④。论及专项法规,《秦律十八种·徭律》记载:"御中发征,乏弗行,赀二甲。失期三日到五日,谇;六日到旬,赀一盾;过旬,赀一甲。其得殹(也),及诣。水雨,除兴。""兴徒以为邑中之红(功)者,令结(褚)堵卒岁。未卒堵坏,司空将红(功)及君子主堵者有罪,令其徒复垣之,勿计为繇(徭)。县葆禁苑、公马牛苑,兴徒以斩(堑)垣离(篱)散及补缮之,辄以效苑吏,苑吏循之。未卒岁或坏陕(决),令县复兴徒为之,而勿计为繇(徭)。卒岁而或陕(决)坏,过三堵以上,县葆者补缮之;三堵以下,及虽未盈卒岁而或陕(决)道出入,令苑辄自补缮之。县所葆禁苑之傅山、远山,其土恶不能雨,夏有坏者,勿稍补缮,至秋毋(无)雨时而以繇(徭)为之。其近田恐兽及马牛出食稼者,县啬夫材兴有田其旁者,无贵贱,以田少多出人,以垣缮之,不得为繇(徭)。县毋敢擅坏更公舍官府及廷,其有欲坏更殹(也),必瀸之。欲以城旦舂益为公舍官府及补缮之,为之,勿瀸。县为恒事及瀸有为殹(也),吏程攻(功),赢员及减员自二日以上,为不察。上之所兴,其程攻(功)而不当者,如县然。度攻(功)必令司空与匠度之,毋独令匠。其不审,以律论度者,而以其实为繇(徭)徒计。"⑤岳麓秦

---

① 《睡虎地秦墓竹简》,第 125 页。
② 《睡虎地秦墓竹简》,第 242 页。
③ 《秦制研究》,第 202 页。
④ 高恒:《秦律中的徭、戍问题——读云梦秦简札记》,《考古》1980 年第 6 期。
⑤ 《睡虎地秦墓竹简》,第 76—77 页。

简《徭律》曰："□县□……繇戍自□日以上尽券书及署于牒,将阳倍事者亦署之,不从令及繇不当。"①

戍役即兵役,《戍律》当为有关征发兵役的法律。其以赏罚保障,乃"实行谪戍的原因是戍卒太苦,人民不愿行戍,故强制一部分人行戍,以满足秦政府所需的戍卒人数"。《秦律杂抄·戍律》曰:"同居毋并行,县啬夫、尉及士吏行戍不以律,赀二甲。""戍者城及补城,令姑(嫭)堵一岁,所城有坏者,县司空署君子将者,赀各一甲;县司空佐主将者,赀一盾。令戍者勉补缮城,署勿令为它事;已补,乃令增塞埤塞。县尉时循视其攻(功)及所为,敢令为它事,使者赀二甲。"②岳麓秦简《癸、琐相移谋购案》:"绾等以盗未有取吏赀法戍律令论癸、琐等。"③

在徭役征调方面,主要规定相关责任人应及时征调并配套合理的保障措施,以及服役者要按时报到。官府人员有按时征调徭役的义务,不执行命令或是耽误了日程,根据行为轻重,施以"谇"至"赀二甲"不等的行政与刑事处罚。《秦律十八种·徭律》:"御中发征,乏弗行,赀二甲。失期三日到五日,谇;六日到旬,赀一盾;过旬,赀一甲。其得殹(也),及诣。"④朝廷运输劳役者,会用到大量的车辆物资,百姓无论是雇车还是用他人车辆运送物品,都减少了国家可利用的车马资源,严重影响到徭役征调,故依法论处。睡虎地秦简《效律》:"上节(即)发委输,百姓或之县就(僦)及移输者,以律论之。"⑤

关于徒役的违法形式和处罚措施,睡虎地秦简《法律答问》规定:"可(何)谓'逋事'及'乏繇(徭)'?律所谓者,当繇(徭)、吏、典已令之,即亡弗会,为'逋事';已阅及敦(屯)车食若行到繇(徭)所乃亡,皆为'乏繇(徭)'。"⑥被征调的人不报到(逋事)或报到后又逃亡的(乏徭),就构成了逃避服役的罪名⑦。对不报到("不会")的具体处罚是笞打。《法律答问》:"'不会,治(笞);未盈卒岁得,以将阳有(又)行治(笞)。'今士五(伍)甲不会,治(笞)五十;未卒岁而得,治(笞)

---

① 参见陈松长:《睡虎地秦简中的"将阳"小考》,《湖南大学学报》2012年第5期。
② 《睡虎地秦墓竹简》,第147、148页。
③ 《岳麓书院藏秦简(叁)》,第99—100页。
④ 《睡虎地秦墓竹简》,第76页。
⑤ 《睡虎地秦墓竹简》,第123页。
⑥ 《睡虎地秦墓竹简》,第221页。
⑦ 《秦汉法制史论考》,第19页。

当驾(加)不当？当。"①岳麓秦简："不会，笞及除。未盈卒岁而得，以将阳癖；卒岁而得，以阑癖，又行其笞。"②可见，首先，服徭役者多为缴纳不了赀罚而以劳役抵偿的普通百姓，故而对其加以笞打并非出自所谓"法定刑"，乃因逃亡者无力缴偿所致。其次，笞打的施用有具体的标准。关于这一点，岳麓秦简的律文记载得非常清楚，即"未满一年而捕获的话，'以将阳癖'；满一年而捕获的话，'以阑亡癖，又行其笞'"③。

秦律中关于徭役的管理制度，主要包括人员的管理与生产的管理。关于人员管理，《秦律杂抄》规定："戍者城及补城……敢令为它事，使者赀二甲。"④即为"戍者"，当使其专于役事，违者赀二甲。此措施保障了徭戍管理中对人力资源的有效利用。同时，残疾人也要负担一定的徭役，《法律答问》："罢癃(癃)守官府，亡而得，得比公癃(癃)不得？得比焉。"⑤

关于生产管理，徭役由朝廷集中统一使用，禁止郡县擅自滥用。使用徭役兴建工程，要计划精密，不得无故拖延工程进度。要按规定施工，保证工程质量。此三点引自栗劲先生对《秦律十八种·徭律》简 116—124 的总结⑥，不再赘述。

第七节　财政法律制度

秦在统一中国后，废分封制，全面实行郡县制度。随着中央集权制的建立，建立了一套完整而又庞大的职官体系和一支强大的军队，同时秦始皇还下令修建骊山陵园与北部长城，官俸、军费、大型工程成为国家财政支出的大头，于是秦朝政府制定了一系列相关的国家财政法律法规。

---

① 《睡虎地秦墓竹简》，第 220—221 页。
② 《岳麓书院藏秦简(肆)》，第 108 页。
③ 陈松长：《睡虎地秦简中的"将阳"小考》，《湖南大学学报》2012 年第 5 期。
④ 《睡虎地秦墓竹简》，第 148 页。
⑤ 《睡虎地秦墓竹简》，第 208 页。
⑥ 《秦律通论》，第 390—391 页。

一 秦朝国家财政职官的设置

秦的国家财政由职掌京畿的机构——内史兼管。睡虎地秦简《秦律十八种·厩苑律》中关于牧养公马牛的业绩考课办法规定:"内史课县,大(太)仓课都官及受服者。"①《秦律十八种·仓律》规定:"入禾稼、刍稾,辄为廥籍,上内史。刍稾各万石一积,咸阳二万一积,其出入、增积及效如禾。""稻后禾孰(熟),计稻后年。已获上数,别粲、糯秙(黏)稻。别粲、糯之襄(酿),岁异积之,勿增积,以给客,到十月牒书数,上内〔史〕。"②《秦律十八种·金布律》亦规定:"县、都官以七月粪公器不可缮者,有久识者靡蚩之。其金及铁器入以为铜。都官输大内,内受买(卖)之,尽七月而觱(毕)。都官远大内者输县,县受买(卖)之。粪其有物不可以须时,求先买(卖),以书时谒其状内史。凡粪其不可买(卖)而可以为薪及盖蘁〈蘩〉者,用之;毋(无)用,乃燔之。"③《秦律十八种·内史杂》:"都官岁上出器求补者数,上会九月内史……有实官县斛者,各有衡石赢(累)、斗甬(桶),期豂。计其官,毋(假)百姓。不用者,正之如用者。"④这些资料都反映出秦朝内史管理国家财政。

睡虎地秦简《法律答问》中记载有缴获私携出关买卖珠宝如何奖赏的问答,"'盗出朱(珠)玉邦关及买(卖)于客者,上朱(珠)玉内史,内史材鼠(予)购。'可(何)以购之?其耐罪以上,购如捕它罪人;赀罪,不购。"⑤由此可知,内史可根据不同情况决定是否给予奖赏,足见内史管理国家财政之具体工作⑥。之后秦朝出现专职职掌国家财政的机构与官员,即治粟内史。《汉书·百官公卿表》记载:"治粟内史,秦官,掌谷货,有两丞。景帝后元年更名大农令,武帝太初元年更名大司农。属官有太仓、均输、平准、都内、籍田五令丞、斡官、铁市两长丞。"⑦这正好说明治粟内史始设于秦朝。

---

① 《睡虎地秦墓竹简》,第33页。
② 《睡虎地秦墓竹简》,第38、41页。
③ 《睡虎地秦墓竹简》,第64页。
④ 《睡虎地秦墓竹简》,第105—108页。
⑤ 《睡虎地秦墓竹简》,第211页。
⑥ 史卫:《从收支项目看秦汉二元财政的源流》,《南都学坛》2005年第2期。
⑦ 《汉书》卷一九上《百官公卿表》,第731页。

二　上计制度

从睡虎地秦简的内容来看,很大一部分是属于经济规范,包括生产、流通、分配、储运、经济管理及责任等各方面的法律规定,特别是关于加强钱、粮、衣布、车牛马及其他公物等管理的规定①。对于钱、粮、衣布、车牛马等各类公物,秦以上计制度统筹保障之,并依据度量衡完成了对物资的控制与调节,《效律》就规定了官吏对官府物资财产保管、出纳的责任,设定了对县、都官物资账目的审计核验制度。这些制度的施行,为秦国家财政制度的施行提供了便利。

所谓上计,即要求地方行政长官于每年年终将施政情形,如户口、垦田、赋税收入、狱政等,编为簿籍以呈送朝廷,朝廷据此决定对地方官吏的奖惩、任免。秦最初实行的上计制度,并非由县上计于郡,再由郡上计于朝廷,而是县直接上计于朝廷。计偕,就是指地方在上计时,将有关的物或人一并送到京师。

出土简牍所见,有财务登记与出纳记账两方面的规定。财务登记形式,主要有"廥籍""致""书"与"参辨(办)券"等②。"廥籍",是登记粮食、刍稿的文书,《秦律十八种·仓律》记载:"入禾稼、刍稿,辄为廥籍,上内史。""致",《礼记·曲礼》:"献田宅者操书致。"朱骏声《说文通训定声》:"按:犹券也。""致"即领取衣服和粮草的凭证。《秦律十八种·金布律》记载:"在咸阳者致其衣大内,在它县者致衣从事之县。县、大内皆听其官致,以律禀衣。"③《秦律十八种·田律》记载:"乘马服牛禀……禀大田而毋(无)恒籍者,以其致到日禀之,勿深致。"④"书",相当于上报损耗的原始凭证,《秦律十八种·厩苑律》记载:"叚(假)铁器,销敝不胜而毁者,为用书,受勿责。"⑤"参辨(办)券",多用于财物出入管理⑥,《秦律十八种·金布律》记载:"县、都官坐效、计以负赏(偿)者,已论,啬夫即以其直(值)钱分负其官长及冗吏,而人与参辨券,以效少内,少内以收责之。

---

① 刘向明:《从睡虎地秦简看秦代有关衣布管理的法律》,《江西师范大学学报》2006年第4期。
② 周传丽:《论秦朝的会计管理制度》,《河南大学学报》1996年第4期。
③ 《睡虎地秦墓竹简》,第66页。
④ 《睡虎地秦墓竹简》,第29页。
⑤ 《睡虎地秦墓竹简》,第32页。
⑥ 李孝林:《从云梦秦简看秦朝的会计管理》,《江汉考古》1984年第3期。

其入赢者,亦官与辨券,入之。其责(债)毋敢喻(逾)岁,喻(逾)岁而弗入及不如令者,皆以律论之。"①《龙岗秦简》记载:"于禁苑中者,吏与参辨券。"②

出纳记账,主要是确定好物品的年份与种类。首先,运送官有物品,要严格按照出入账的时间进行登记,可能跨年运送的,应计入下一年度。其次,上缴手工业产品时,一律按照产出年份登记。《秦律十八种·金布律》记载:"官相输者,以书告其出计之年,受者以入计之。八月、九月中其有输,计其输所远近,不能逮其输所之计,□□□□□□移计其后年,计毋相缪。工献输官者,皆深以其年计之。"③同时,不同种类的产品应分别记账,以使账目清晰。《秦律十八种·工律》记载:"为计,不同程者毋同其出。"④物资统计中,如出现数量上的较大误差,便可能被举劾,岳麓秦简《暨过误失坐官案》记载:"……除销史丹为江陵史,□未定(?);与从事廿(二十)一年库计,劾缪(谬)弩百。"⑤

由上述的分析中我们可以看出,秦朝的法律不但内容丰富,调整范围广泛,而且相当细密严苛。它反映了秦朝统治者在推行重本抑末政策的同时,对手工业、商业也很重视,并从法律上进行了全面的规定。说明当时的统治者认识到,没有手工业的发展,就无法提供农业生产工具以及战争的武器。没有商业,工业、农业之间的交换也无法进行。因此,秦朝统治者运用法律手段调整经济关系,以调和国家与人民之间在经济利益上的冲突。特别是在秦民的赋税和徭役问题上,统治者以法律的手段采取强制性的规定,从而保证了国家的收入与戍边、工程等人员的充足。⑥

---

① 《睡虎地秦墓竹简》,第61—62页。
② 《龙岗秦简》,第75页。
③ 《睡虎地秦墓竹简》,第58页。
④ 《睡虎地秦墓竹简》,第70页。
⑤ 《岳麓书院藏秦简(叁)》,第146页。
⑥ 《中国法制通史·战国、秦汉卷》,第126页。

第九章　秦的司法文化

王夫之《读通鉴论》："孰谓秦之法密,能胜天下也？项梁有栎阳逮,蕲狱掾曹咎书抵司马欣而事得免。其他请托公行、货贿相属而不见于史者,不知凡几也。项梁,楚大将军之子,秦之所尤忌者,欣一狱掾,驰书而难解。则其他位尊而权重者,抑孰与御之？法愈密,吏权愈重；死刑愈繁,贿赂愈章；涂饰以免罪罟,而天子之权,倒持于掾史。"①王夫之所论,当为秦之司法。据王夫之所论,秦之司法"请托公行、货贿相属",这是秦司法实际情况之一斑。

第一节　秦的法官法吏

中央政府由皇帝及三公九卿组成。皇帝即天子,受命于天,拥有至高无上的权力,而且权力无所不包。古人无所谓"司法"与"行政""立法"的三权划分。套用今人的概念,天子的权力中自然也包括司法审判权。《汉书·刑法志》："至于秦始皇,兼吞战国,遂毁先王之法,灭礼谊之官,专任刑罚,躬操文墨,昼断狱,夜理书,自程决事,日县石之一。而奸邪并生,赭衣塞路,囹圄成市,天下愁怨,溃而叛之。"②秦始皇开创了君主专制的体制,皇权无所不包,最高司法权也在皇帝掌握之中,甚至始皇本人要"躬操文墨,昼断狱,夜理书"。在皇帝之下,其整个官僚体系皆听命于上,皆为司法执法之官员。

早在商鞅变法时,秦国封建统治者为了保证法律实施,就提出："为法令,置官吏朴足以知法令之谓者,以为天下正,则奏天子。天子则各主法令之。皆降,

---

① 《读通鉴论》卷一《二世》,第 7 页。
② 《汉书》卷二三《刑法志》,第 1096 页。

受命发官,各主法令之。民敢忘行主法令之所谓之名,各以其所忘之法令名罪之。主法令之吏有迁徙物故,辄使学读法令所谓。为之程式,使日数而知法令之所谓。不中程,为法令以罪之。有敢剟定法令一字以上,罪死不赦。"①国家要贯彻法令,必须设置官吏,并请那些通晓法令的人担任各级司法官吏,主持司法工作。

商鞅设想的法吏体系的具体实施方案是,"天子置三法官:殿中置一法官,御史置一法官及吏,丞相置一法官。诸侯郡县皆各为置一法官及吏,皆此秦一法官。郡县诸侯一受宝来之法令,学问并所谓。吏民知法令者,皆问法官。故天下之吏民无不知法者。吏明知民知法令也,故吏不敢以非法遇民,民不敢犯法以干法官也。遇民不修法,则问法官,法官即以法之罪告之。民即以法官之言正告之吏,吏知其如此,故吏不敢以非法遇民,民又不敢犯法。"②在朝廷中设置三名法官:天子殿里设一名法官,御史衙门设一名法官,丞相府设一名法官。各诸侯和郡、县都由天子给他们设置一名法官和法吏,统属于国家的司法官吏体系,听命于朝廷。从史籍记载看,这些主张基本上得到了贯彻,自商鞅开始,秦统治者从中央到地方逐步建立了一套较完整的司法官吏体系。

一 中央的司法机构

(一)廷尉

廷尉,位列九卿,为秦最主要的司法机构,《汉书·百官公卿表》曰:"廷尉,秦官。掌刑辟。"注引应劭曰:"听狱必质诸朝廷,与众共之,兵狱同制,故称廷尉。"③《太平御览》卷二三一《职官部·大理卿》引韦昭语云:"廷尉、县尉皆古尉也,以尉尉人也。凡掌贼及司察之官皆曰尉。尉,罚也,言以罪罚奸非也。"

廷尉为执法之臣,通过执法来维护法律的公平公正。《史记·张释之传》:"今既下廷尉,廷尉,天下之平也,一倾而天下用法皆为轻重,民安所措其手足?"④廷尉的具体职责有三:一是审理刑狱,此为其主要职责,《史记·陈丞相世

---

① 《商君书锥指·定分》,第139—141页。
② 《商君书锥指·定分》,第143—144页。
③ 《汉书》卷一九《百官公卿表》,第730页。
④ 《史记》卷一〇二《张释之冯唐列传》,第2755页。

家》云"陛下即问决狱,责廷尉;问钱谷,责治粟内史"①;二是地方谳疑案件也要上报廷尉;三是每年到御史府校对刑律,即秦简《尉杂》律所谓"岁雠辟律于御史"。

廷尉一般由精通法律者担任,如西汉的张释之、张汤、杜周等。东汉郭氏家族世传律学,因此,族中七人曾任廷尉,任廷尉正、监、平者更多。"郭氏自弘后,数世皆传法律,子孙至公者一人,廷尉七人,侯者三人,刺史、二千石、侍中、中郎将者二十余人,侍御史、正、监、平者甚众。"②

廷尉属官有廷尉正、廷尉监、廷尉平、廷尉史等。《汉书·百官公卿表》云,廷尉"有正、左右监,秩皆千石"。《通典·职官·大理卿》云"正,秦置,廷尉正","监,秦置,廷尉监"。汉卫宏《汉官旧仪》云:"廷尉正、监、平物故,以御史高第补之。"就是说,当廷尉正、廷尉监、廷尉平死亡,职位出现空缺时,应从御史中选拔水平高的补任之。由此可见,廷尉正、监、平高于御史,"为廷尉三官"。以汉制推测秦制,可知秦的廷尉正、廷尉监均是廷尉的属官,其职责是协助廷尉治理刑狱。

(1)廷尉正。《通典·职官》:"秦置,廷尉正。"《汉书·景十三王传》:"天子遣大鸿胪、丞相长史、御史丞、廷尉正杂治钜鹿诏狱,奏请逮捕去及后昭信。"③《汉书·黄霸传》:"霸为人明察内敏,又习文法,然温良有让……会宣帝即位,在民间时知百姓苦吏急也,闻霸持法平,召以为廷尉正,数决疑狱,庭中称平。"④

廷尉正权位较高,当为廷尉的副职。《后汉书·何敞传》:"何敞字文高,扶风平陵人也。其先家于汝阴。六世祖比干,学《尚书》于朝(晁)错,武帝时为廷尉正,与张汤同时。汤持法深而比干务仁恕,数与汤争,虽不能尽得,然所济活者以千数。"⑤

(2)廷尉监。有时分为左监、右监,秩皆千石。《汉书·丙吉传》:"丙吉字少卿,鲁国人也。治律令,为鲁狱史。积功劳,稍迁至廷尉右监。"⑥《后汉书·陈宠

---

① 《史记》卷五六《陈丞相世家》,第 2061 页。
② 《后汉书》卷四六《郭陈列传》,第 1546 页。
③ 《汉书》卷五三《景十三王传》,第 2432 页。
④ 《汉书》卷八九《循吏传》,第 3628—3629 页。
⑤ 《后汉书》卷四三《朱乐何列传》,第 1480 页。
⑥ 《汉书》卷七四《魏相丙吉传》,第 3142 页。

传》:"建武初,钦子躬为廷尉左监,早卒。"①廷尉监的职责似乎是逮捕诏狱嫌犯,《汉书·淮南王传》记载,淮南王谋反时,"廷尉以建辞连太子迁闻,上遣廷尉监与淮南中尉逮捕太子"②。《汉书·息夫躬传》:"上遣侍御史、廷尉监逮躬,系雒阳诏狱。"③

(3)廷尉史。廷尉史简称"廷史",当是廷尉府人数较多且承担主要事务的属吏,因此廷尉史多选用明习法律之士。《汉书·贾邹枚路传》:"元凤中,廷尉光以治诏狱,请温舒署奏曹掾,守廷尉史。"《汉书·酷吏传》:"数为吏,以治狱至廷尉史。"《汉书·杜周传》:"杜周,南阳杜衍人也。义纵为南阳太守,以周为爪牙,荐之张汤,为廷尉史。"《汉书·元后传》:王禁"字稚君,少学法律长安,为廷尉史"。《汉书·隽疏于薛平彭传》:"定国少学法于父,父死,后定国亦为狱史、郡决曹,补廷尉史。"《后汉书·酷吏列传》:"周纡字文通,下邳徐人也。为人刻削少恩,好韩非之术。少为廷尉史。"④

秦朝廷尉属官为清一色的法吏或精通法律之士。由于秦朝奉行"以法为教""以吏为师",秦朝官吏必须是法吏,更不必说在廷尉府的法官了。汉武帝时,张汤为廷尉,廷尉史多选用经学之士,才改变了这个传统。《汉书·张汤传》:"是时,上方乡文学,汤决大狱,欲傅古义,乃请博士弟子治《尚书》《春秋》,补廷尉史,平亭疑法。奏谳疑,必奏先为上分别其原,上所是,受而著谳法廷尉挈令,扬主之明。"⑤

张汤选用文吏作为廷尉史是从选用兒宽开始。《汉书·兒宽传》:"时张汤为廷尉,廷尉府尽用文史法律之吏,而宽以儒生在其间,见谓不习事,不署曹,除为从史,之北地视畜数年。还至府,上畜簿,会廷尉时有疑奏,已再见却矣,掾史莫知所为。宽为言其意,掾史因使宽为奏。奏成,读之皆服,以白廷尉汤。汤大惊,召宽与语,乃奇其材,以为掾。上宽所作奏,即时得可。异日,汤见上。问曰:'前奏非俗吏所及,谁为之者?'汤言兒宽。上曰:'吾固闻之久矣。'汤由是乡学,

---

① 《后汉书》卷四六《郭陈列传》,第1548页。
② 《汉书》卷四四《淮南衡山济北王传》,第2151页。
③ 《汉书》卷四五《蒯伍江息夫传》,第2187页。
④ 《后汉书》卷七七《酷吏列传》,第2493页。
⑤ 《汉书》卷五九《张汤传》,第2639页。

以宽为奏谳掾,以古法义决疑狱,甚重之。"①

(二) 御史大夫

《汉书·百官公卿表》:"御史大夫,秦官,位上卿,银印青绶,掌副丞相。有两丞,秩千石。一曰中丞,在殿中兰台,掌图籍秘书,外督部刺史,内领侍御史员十五人,受公卿奏事,举劾按章。"②

御史原为周官,后为秦汉所沿袭。《周礼·春官宗伯》:"御史,中士八人,下士十有六人。"注:"御犹侍也,进也。"疏:"此官亦掌藏书,所谓柱下史也。""柱下史,老聃为之,秦改为御史。"对于"柱下",司马贞认为是"所掌及侍立恒在殿柱之下"。《史记·滑稽列传》:"赐酒大王之前,执法在傍,御史在后。"《史记·廉颇蔺相如列传》:"赵王鼓瑟,秦御史前书曰……"《战国策·赵策》:"弊邑秦王,使臣敢献书大王御史。"《通典》:御史"皆记事之职也"。

秦统一后,御史的地位有所提升,作为天子耳目,常负监督之责。《史记·秦始皇本纪》:"使御史悉案问诸生。"秦简中的"岁雠辟律于御史",意思是说司法官吏每年要到御史那里核对刑律。御史逐渐转化为执法之臣,《史记正义·天官书》:"南藩中二星间为端门。次东第一星为左执法,廷尉之象……端门西第一星为右执法,御史大夫之象也。"《后汉书·舆服志》:"法冠,一曰柱后。高五寸,以纚为展筒,铁柱卷,执法者服之,侍御史,廷尉正监平也。或谓之獬豸冠。獬豸神羊,能别曲直,楚王尝获之,故以为冠。胡广说曰:'《春秋左氏传》有南冠而絷者,则楚冠也。秦灭楚,以其君服赐执法近臣御史服之。'"③

司隶校尉,《汉书·百官公卿表》:"司隶校尉,周官,武帝征和四年初置。持节,从中都官徒千二百人,捕巫蛊,督大奸猾。后罢其兵。察三辅、三河、弘农。元帝初元四年去节。成帝元延四年省。绥和二年,哀帝复置,但为司隶,冠进贤冠,属大司空,比司直。"④

绣衣直指使者,《汉书·百官公卿表》:"侍御史有绣衣直指,出讨奸猾,治大狱,武帝所制,不常置。"绣衣使者是侍御史的一种,为非常之时的非常之举。

---

① 《汉书》卷五八《公孙弘卜式儿宽传》,第 2628—2629 页。
② 《汉书》卷一九《百官公卿表》,第 725 页。
③ 《后汉书》志第三十《舆服下》,第 3667 页。
④ 《汉书》卷一九《百官公卿表》,第 739 页。

"武帝末,郡国盗贼群起,暴胜之为直指使者,衣绣衣,持斧,逐捕盗贼,督课郡国,东至海,以军兴诛不从命者,威振州郡。"①武帝时"直指之使始出,衣绣杖斧,断斩于郡国,然后胜之"②。

二　州郡司法

(一) 监御史

《汉书·百官公卿表》:"监御史,秦官,掌监郡。汉省,丞相遣史分刺州,不常置。武帝元封五年初置部刺史,掌奉诏条察州,秩六百石,员十三人。成帝绥和元年更名牧,秩二千石。哀帝建平二年复为刺史,元寿二年复为牧。"③《后汉书·百官志》:"外十二州,每州刺史一人,六百石。本注曰:秦有监御史,监诸郡,汉兴省之,但遣丞相史分刺诸州,无常官。孝武帝初置刺史十三人,秩六百石。成帝更为牧,秩二千石。建武十八年,复为刺史,十二人各主一州,其一州属司隶校尉。诸州常以八月巡行所部郡国,录囚徒,考殿最。初岁尽诣京都奏事,中兴但因计吏。"注引蔡质《汉仪》曰:"诏书旧典,刺史班宣,周行郡国,省察治政,黜陟能否,断理冤狱,以六条问事,非条所问,即不省。一条,强宗豪右,田宅逾制,以强凌弱,以众暴寡。二条,二千石不奉诏书,遵承典制,倍公向私,旁诏守利,侵渔百姓,聚敛为奸。三条,二千石不恤疑狱,风厉杀人,怒则任刑,喜则任赏,烦扰苛暴,剥戮黎元,为百姓所疾,山崩石裂,妖祥讹言。四条,二千石选署不平,苟阿所爱,蔽贤宠顽。五条,二千石子弟怙恃荣势,请托所监。六条,二千石违公下比,阿附豪强,通行货赂,割损政令。"④

(二) 郡守

《汉书·百官公卿表》:"郡守,秦官,掌治其郡,秩二千石。有丞,边郡又有长史,掌兵马,秩皆六百石。景帝中二年更名太守。"

两汉时期,郡守专千里之任,虽不乏如黄霸一样以宽柔治理的循吏,但也不乏刑杀自恣、喜怒任刑的酷吏,究其原因,两汉郡守有相当大的权力,包括司法审

---

① 《汉书》卷七一《隽疏于薛平彭传》,第 3035 页。
② 《汉书》卷九六《西域传下》,第 3929 页。
③ 《汉书》卷一九《百官公卿表》,第 741 页。
④ 《后汉书》志第二十八《百官五》,第 3617—3618 页。

判权。《汉书·严延年传》："初，延年母从东海来，欲从延年腊，到雒阳，适见报囚。母大惊，便止都亭，不肯入府。延年出至都亭谒母，母闭阁不见。延年免冠顿首阁下，良久，母乃见之，因数责延年：'幸得备郡守，专治千里，不闻仁爱教化，有以全安愚民，顾乘刑罚多刑杀人，欲以立威，岂为民父母意哉！'延年服罪，重顿首谢，因自为母御，归府舍。母毕正腊，谓延年：'天道神明，人不可独杀。我不意当老见壮子被刑戮也！行矣！去女东归，扫除墓地耳。'"①

郡守以下分曹治事。《后汉书·百官志》云："户曹主民户、祠祀、农桑。奏曹主奏议事。辞曹主辞讼事。法曹主邮驿科程事。尉曹主卒徒转运事。贼曹主盗贼事。决曹主罪法事。兵曹主兵事。金曹主货币、盐、铁事。仓曹主仓谷事。"此段文字虽说的是太尉府诸曹事，但考之文献，两汉郡守府亦分曹治事，职责大略相同。

"决曹主罪法事"，决曹当为郡守府中主管刑事审判的机构。于定国父子曾任职于郡决曹，当时传为佳话。《汉书·于定国传》："于定国字曼倩，东海郯人也。其父于公为县狱吏，郡决曹，决狱平，罗文法者于公所决皆不恨。郡中为之生立祠，号曰于公祠。""定国少学法于父，父死，后定国亦为狱史、郡决曹，补廷尉史，以选与御史中丞从事治反者狱，以材高举侍御史，迁御史中丞。"②《后汉书·酷吏列传·黄昌传》："黄昌字圣真，会稽余姚人也。本出孤微。居近学官，数见诸生修庠序之礼，因好之，遂就经学。又晓习文法，仕郡为决曹。刺史行部，见昌，甚奇之，辟从事。"

郡决曹设决曹史。《汉书·王尊传》："王尊字子赣，涿郡高阳人也。少孤，归诸父，使牧羊泽中。尊窃学问，能史书。年十三，求为狱小吏。数岁，给事太守府，问诏书行事，尊无不对。太守奇之，除补书佐，署守属监狱。久之，尊称病去，事师郡文学官，治《尚书》《论语》，略通大义。复召署守属治狱，为郡决曹史。"③《后汉书·应奉传》："为郡决曹史，行部四十二县，录囚徒数百千人。及还，太守备问之，奉口说罪系姓名，坐状轻重，无所遗脱，时人奇之。"④

---

① 《汉书》卷九〇《酷吏传》，第 3671—3672 页。
② 《汉书》卷七一《隽疏于薛平彭传》，第 3041、3042 页。
③ 《汉书》卷七六《赵尹韩张两王传》，第 3226—3227 页。
④ 《后汉书》卷四八《杨李翟应霍爰徐列传》，第 1607 页。

决曹亦设决曹掾。《汉书·薛宣传》："池阳令举廉吏狱掾王立，府未及召，闻立受囚家钱。宣责让县，县案验狱掾，乃其妻独受系者钱万六千，受之再宿，狱掾实不知。掾惭恐自杀。宣闻之，移书池阳曰：'县所举廉吏狱掾王立，家私受赇，而立不知，杀身以自明。立诚廉士，甚可闵惜！其以府决曹掾书立之枢，以显其魂。府掾史素与立相知者，皆予送葬。'"①《后汉书·王霸传》："王霸字元伯，颍川颍阳人也。世好文法，父为郡决曹掾，霸亦少为狱吏。"《后汉书·郭躬传》："郭躬字仲孙，颍川阳翟人也。家世衣冠。父弘，习《小杜律》。太守寇恂以弘为决曹掾，断狱至三十年，用法平。"《后汉书·周燮传》："周燮字彦祖，汝南安城人，决曹掾燕之后也。"

《后汉书·周嘉传》："周嘉字惠文，汝南安城人也。高祖父燕，宣帝时为郡决曹掾。太守欲枉杀人，燕谏不听，遂杀囚而黜燕。囚家守阙称冤，诏遣复考，燕见太守曰：'愿谨定文书，皆著燕名，府君但言时病而已。'出谓掾史曰：'诸君被问，悉当以罪推燕。如有一言及于府君，燕手剑相刃。'使者乃收燕系狱。屡被掠楚，辞无屈挠。当下蚕室，乃叹曰：'我平王之后，正公玄孙，岂可以刀锯之余下见先君？'遂不食而死。"②由此可知，郡之定罪量刑，由郡守最终定夺，而郡决曹掾在定罪量刑上可参与讨论并在判牍上署名。

"奏曹主奏议事。"《汉书·路温舒传》："元凤中，廷尉光以治诏狱，请温舒署奏曹掾，守廷尉史。"《汉书·匡衡传》："初，衡封僮之乐安乡，乡本田堤封三千一百顷，南以闽佰为界。初元元年，郡图误以闽佰为平陵佰。积十余岁，衡封临淮郡，遂封真平陵佰以为界，多四百顷。至建始元年，郡乃定国界，上计簿，更定图，言丞相府。衡谓所亲吏赵殷曰：'主簿陆赐故居奏曹，习事，晓知国界，署集曹掾。'"③

"辞曹主辞讼事。"《后汉书·陈宠传》："明习家业，少为州郡吏，辟司徒鲍昱府。是时，三府掾属专尚交游，以不肯视事为高。宠常非之，独勤心物务，数为昱陈当世便宜。昱高其能，转为辞曹，掌天下狱讼。其所平决，无不厌服众心。"陈宠为司徒府辞曹，"掌天下狱讼"，而郡之辞曹当掌一郡之狱讼。

---

① 《汉书》卷八三《薛宣朱博传》，第 3390 页。
② 《后汉书》卷八一《独行列传》，第 2675 页。
③ 《汉书》卷八一《匡张孔马传》，第 3346 页。

"贼曹主盗贼事",意即贼曹主要负责一郡追捕盗贼之事。《汉书·薛宣传》:"及日至休吏,贼曹掾张扶独不肯休,坐曹治事。宣出教曰:'盖礼贵和,人道尚通。日至,吏以令休,所豫来久。曹虽有公职事,家亦望私恩意。掾宜从众,归对妻子,设酒肴,请邻里,一笑相乐,斯亦可矣!'扶惭愧。官属善之。"《汉书·朱博传》:"姑幕县有群辈八人报仇廷中,皆不得。长吏自系书言府,贼曹掾史自白请至姑幕。"①《后汉书·黄昌传》:"人有盗其车盖者,昌初无所言,后乃密遣亲客至门下贼曹家掩取得之,悉收其家,一时杀戮。"《后汉书·岑晊传》:"太守弘农成瑨下车,欲振威严,闻晊高名,请为功曹,又以张牧为中贼曹吏。瑨委心晊、牧,褒善纠违,肃清朝府。宛有富贾张汎者,桓帝美人之外亲,善巧雕镂玩好之物,颇以赂遗中官,以此并得显位,恃其伎巧,用势纵横。晊与牧劝瑨收捕汎等,既而同赦,晊竟诛之,并收其宗族宾客,杀二百余人,后乃奏闻。于是中常侍侯览使汎妻上书讼其冤。帝大震怒,征瑨,下狱死。"②

内史,《汉书·百官公卿表》:"周官,秦因之,掌治京师。"秦简《仓律》:"入禾稼、刍稿,辄为廥籍,上内史。刍稿各万石一积,咸阳二万一积,其出入、增积及效如禾。"③

三 县乡司法

(一)县令

《汉书·百官公卿表》:"县令、长,皆秦官,掌治其县。万户以上为令,秩千石至六百石。减万户为长,秩五百石至三百石。皆有丞、尉,秩四百石至二百石,是为长吏。"④《后汉书·百官志》:"凡县主蛮夷曰道。公主所食汤沐曰邑。县万户以上为令,不满为长。侯国为相。皆秦制也。丞各一人。尉大县二人,小县一人。本注曰:丞署文书,典知仓狱。尉主盗贼。凡有贼发,主名不立,则推索行寻,案察奸宄,以起端绪。各署诸曹掾史。本注曰:诸曹略如郡员,五官为廷掾,监乡五部,春夏为劝农掾,秋冬为制度掾。"⑤

---

① 《汉书》卷八三《薛宣朱博传》,第3390、3401页。
② 《后汉书》卷六七《党锢列传》,第2212页。
③ 《睡虎地秦墓竹简》,第38页。
④ 《汉书》卷一九《百官公卿表》,第742页。
⑤ 《后汉书》志第二十八《百官五》,第3623页。

《汉书·曹参传》："曹参,沛人也。秦时为狱掾。"①两汉时期,郡县以及诸侯国皆设狱史,专门处理刑狱。《汉书·路温舒传》："路温舒字长君,钜鹿东里人也。父为里监门。使温舒牧羊,温舒取泽中蒲,截以为牒,编用写书。稍习善,求为狱小吏,因学律令,转为狱史,县中疑事皆问焉。"②由此可知,温舒为县狱史。《汉书·丙吉传》："丙吉字少卿,鲁国人也。治律令,为鲁狱史。"③由此可知丙吉曾为鲁国狱史。狱史一职承秦而来。《汉书·项籍传》："梁尝有栎阳逮,请蕲狱掾曹咎书抵栎阳狱史司马欣,以故事皆已。"④

(二) 乡、亭

《汉书·百官公卿表》："大率十里一亭,亭有长。十亭一乡,乡有三老、有秩、啬夫、游徼。三老掌教化。啬夫职听讼,收赋税。游徼徼循禁贼盗。"⑤《后汉书·百官志》："乡置有秩、三老、游徼。本注曰:有秩,郡所署,秩百石,掌一乡人;其乡小者,县置啬夫一人。皆主知民善恶,为役先后,知民贫富,为赋多少,平其差品。三老掌教化。……游徼掌徼循,禁司奸盗。又有乡佐,属乡,主民收赋税。"⑥

乡三老负责乡里的教化,一般推选年高有德之人担任。《汉书·高帝纪》："举民年五十以上,有修行,能帅众为善,置以为三老,乡一人。"⑦《汉书·文帝纪》诏曰:"三老,众民之师也。"⑧又,《后汉书·百官志》："凡有孝子顺孙,贞女义妇,让财救患,及学士为民法式者,皆扁表其门,以兴善行。"⑨

(1) 亭长。《汉书·百官公卿表》："大率十里一亭,亭有长;十亭一乡……县大率方百里,其民稠则减,稀则旷,乡、亭亦如之。皆秦制也。"《史记·高祖本纪》："高祖为亭长,乃以竹皮为冠,令求盗之薛治之,时时冠之,及贵常冠,所谓

---

① 《汉书》卷三九《萧何曹参传》,第 2013 页。
② 《汉书》卷五一《贾邹枚路传》,第 2367 页。
③ 《汉书》卷七四《魏相丙吉传》,第 3142 页。
④ 《汉书》卷三一《陈胜项籍传》,第 1796 页。
⑤ 《汉书》卷一九《百官公卿表》,第 742 页。
⑥ 《后汉书》志第二十八《百官五》,第 3624 页。
⑦ 《汉书》卷一《高帝纪》,第 33 页。
⑧ 《汉书》卷四《文帝纪》,第 124 页。
⑨ 《后汉书》志第二十八《百官五》,第 3624 页。

'刘氏冠'乃是也。"《集解》引应劭曰:"求盗者,旧时亭有两卒,其一为亭父,掌开闭埽除,一为求盗,掌逐捕盗贼。"①《急就篇》:"变斗杀伤捕伍邻,亭长游徼共杂诊。"②《汉官旧仪》卷下:"设十里一亭,亭长、亭候;五里一邮,邮间相去二里半,司奸盗。亭长持三尺板以劾贼,索绳以收执盗。"③

(2)求盗。《汉书·高帝纪》注引应劭曰:"求盗者,亭卒。旧时事有两卒,一为亭父,掌开闭扫除,一为求盗,掌逐捕盗贼。"《汉书·淮南衡山济北王传·淮南王传》:"又欲令人衣求盗衣,持羽檄从南方来,呼言曰'南越兵入',欲因以发兵。乃使人之庐江、会稽为求盗,未决。"汉代求盗一职承秦而来。秦简《封诊式·盗马》:"爰书:市南街亭求盗才(在)某里曰甲缚诣男子丙,及马一匹,雒牝右剽;缇覆(复)衣,帛里莽缘领袖,及履,告曰:'丙盗此马、衣,今日见亭旁,而捕来诣。'"④秦律规定,求盗专司追捕盗贼,不允许做其他杂务。《法律答问》:"求盗勿令送逆为它,令送逆为它事者,赀二甲。"⑤"求盗追捕罪人,罪人格(格)杀求盗,问杀人者为贼杀人,且斗(斗)杀?斗(斗)杀人,廷行事为贼。"⑥

第二节 秦的诉讼文化

一 诉讼的提起

诉讼的提起指刑事诉讼中的被害人及家属到官府对加害方也即刑事被告提出刑事指控的行为,或者民事诉讼中出于对自己民事权利的主张而对另一方到官府提出民事追诉声索的行为。

秦自商鞅变法起,鼓励告奸。《史记·商君列传》:"令民为什伍,而相牧司连坐。不告奸者腰斩,告奸者与斩敌首同赏,匿奸者与降敌同罚。"贾谊《新书·

---

① 《史记》卷八《高祖本纪》,第346页。
② 《急就篇》,第301—302页。
③ [汉]卫宏撰:《汉官旧仪》卷下,中华书局,1985年,第15页。
④ 《睡虎地秦墓竹简》,第253页。
⑤ 《睡虎地秦墓竹简》,第147页。
⑥ 《睡虎地秦墓竹简》,第179—180页。

保傅篇》曰:"秦之俗,非贵辞让也,所上者告讦也。"马端临《文献通考·职役考一》:"秦人所行什伍之法,与成周一也。然周之法,则欲其出入相友,守望相助,疾病相扶持,是教其相率而为仁厚辑睦之君子也。秦之法,一人有奸,邻里告之,一人犯罪,邻里坐之,是教其相率而为暴戾刻核之小人也。"

秦律规定,受理诉讼的官员必须是有法律权限的。"'辞者辞廷。'今郡守为廷不为?为殹(也)。'辞者不先辞官长、啬夫。'可(何)谓'官长'?可(何)谓'啬夫'?命都官曰'长',县曰'啬夫'。"①

提起诉讼的方式包括以下几种:

(1)书面提起诉讼。书面提起诉讼是秦汉时期很重要的一种起诉方式。秦汉实行什伍制,鼓励百姓举告,但一般须以书面形式公开举告,即书面诉状除有被告姓名、犯罪事实以外,须有举告者姓名,否则为"投书罪"。

(2)口头起诉。一般由受害人或相关人口头提起诉讼,这一般被称为"告"。也可以将犯罪者直接押送司法机关,并口头起诉。如《封诊式·争牛》:"爰书:某里公士甲、士五(伍)乙诣牛一,黑牝曼麝(縻)有角,告曰:'此甲、乙牛殹(也),而亡,各识,共诣来争之。'"②

(3)由官吏特别是御史、刺史、督邮等负有监察职责的官吏提起诉讼,即劾。

二 不予受理的诉讼

秦律规定有一些诉讼行为为无效的诉讼行为,官府一般"勿听""勿治",也就是不予受理。主要有四种:

(一)公室告与非公室告

秦律中有"公室告"与"非公室告"的区分。《法律答问》:"'公室告'〔何〕殹(也)?'非公室告'可(何)殹(也)?贼杀伤、盗它人为'公室';子盗父母,父母擅杀、刑、髡子及奴妾,不为'公室告'。"③杀伤或盗窃他人,属于"公室告";子盗窃父母,父母擅自杀死、刑伤、髡剃子及奴婢等,不属于"公室告"。

《法律答问》:"'子告父母,臣妾告主,非公室告,勿听。'可(何)谓'非公室

---

① 《睡虎地秦墓竹简》,第192页。
② 《睡虎地秦墓竹简》,第254页。
③ 《睡虎地秦墓竹简》,第195页。

告'？主擅杀、刑、髡其子、臣妾,是谓'非公室告',勿听。而行告,告者罪。告〔者〕罪已行,它人有（又）袭其告之,亦不当听。"①"非公室告"为无效诉讼,一般不予受理。如仍行控告,控告者有罪。控告者已经处罪,又有别人接替控告,也不应受理。

(二)"家罪"勿听

《法律答问》:"可（何）谓'家罪'？父子同居,杀伤父臣妾、畜产及盗之,父已死,或告,勿听,是胃（谓）'家罪'。有收当耐未断,以当刑隶臣罪诬告人,是谓'当刑隶臣'。"②父子居住在一起,子杀伤及盗窃父亲的奴婢、牲畜,父死后,有人控告,不予受理,这叫"家罪"。

《法律答问》:"'家人之论,父时家罪殹（也）,父死而誧（甫）告之,勿听。'可（何）谓'家罪'？'家罪'者,父杀伤人及奴妾,父死而告之,勿治。"③家罪即父杀伤了人以及奴婢,在父死后才有人控告,不予处理。

《法律答问》:"葆子以上,未狱而死若已葬,而誧（甫）告之,亦不当听治,勿收,皆如家罪。"④葆子以上有罪,未经审判而死或已埋葬,才有人控告,也不应受理,不加拘捕,都和家罪同例。

(三)州告不予受理

《法律答问》:"可（何）谓'州告'？'州告'者,告罪人,其所告且不审,有（又）以它事告之。勿听,而论其不审。"⑤州,读为周,义为循环重复。所谓"州告",就是控告罪人,所控告的已属不实,又以其他事控告。对于"州告",秦律规定不应受理,而对控告人以所告不实论罪。

(四)禁止性的诉讼行为

秦律中禁止性的诉讼行为主要包括诬告和投书。诬告,是指故意捏造事实,向司法机构做虚假告发,陷他人于罪的行为。《法律答问》中对此多有规定:"当耐司寇而以耐隶臣诬人,可（何）论？当耐为隶臣。当耐为侯（候）罪诬人,可

---

① 《睡虎地秦墓竹简》,第196页。
② 《睡虎地秦墓竹简》,第197—198页。
③ 《睡虎地秦墓竹简》,第197页。
④ 《睡虎地秦墓竹简》,第197页。
⑤ 《睡虎地秦墓竹简》,第194页。

(何)论？当耐为司寇"①"当耐为隶臣,以司寇诬人,可(何)论？当耐为隶臣,有(又)系城旦六岁。"②"完城旦,以黥城旦诬人。可(何)论？当黥。"③"当黥城旦而以完城旦诬人,可(何)论？当黥劓(劓)。"④

投书,秦简《法律答问》规定："'有投书,勿发,见辄燔之;能捕者购臣妾二人,系投书者鞫审谳之。'所谓者,见书而投者不得,燔书,勿发;投者〔得〕,书不燔,鞫审谳之之谓殹(也)。"⑤汉律继承了"投书"的罪名："毋敢以投书者言毄(系)治人。不从律者,以鞫狱故不直论。"⑥《汉书·赵广汉传》："又教吏为缿筒,及得投书,削其主名,而托以为豪桀大姓子弟所言。其后强宗大族家家结为仇雠,奸党散落,风俗大改。"《后汉书·马援列传》："太后崩后,马氏失势,廖性宽缓,不能教勒子孙,豫遂投书怨诽。"

三 逮捕

(一)对逮捕权的限制

(1)贵族及二千石的官员不得擅自逮捕,必须先请示。《汉书·文帝纪》："七年冬十月,令列侯太夫人、夫人、诸侯王子及吏二千石无得擅征捕。"《后汉书·党锢列传》:张俭"延熹八年,太守翟超请为东部督邮。时中常侍侯览家在防东,残暴百姓,所为不轨。俭举劾览及其母罪恶,请诛之。览遏绝章表,并不得通,由是结仇"。《汉书·王嘉传》："张敞为京兆尹,有罪当免,黠吏知而犯敞,敞收杀之,其家自冤,使者覆狱,劾敞贼杀人,上逮捕不下。"师古曰："言使者上奏请逮捕敞,而天下不下其事。"⑦

(2)时间上的限制。《后汉书·鲁恭传》："旧制至立秋乃行薄刑,自永元十五年以来,改用孟夏,而刺史、太守不深惟忧民息事之原,进良退残之化,因以盛夏征召农人,拘对考验,连滞无已。司隶典司京师,四方是则,而近于春月分行诸

---

① 《睡虎地秦墓竹简》,第 202 页。
② 《睡虎地秦墓竹简》,第 202 页。
③ 《睡虎地秦墓竹简》,第 203 页。
④ 《睡虎地秦墓竹简》,第 203 页。
⑤ 《睡虎地秦墓竹简》,第 174 页。
⑥ 《张家山汉墓竹简》,第 25 页。
⑦ 《汉书》卷八六《何武王嘉师丹传》,第 3489 页。

部,托言劳来贫人,而无隐恻之实,烦扰郡县,廉考非急,逮捕一人,罪延十数,上逆时气,下伤农业。"①

(二)秦朝逮捕的方式

(1)逮捕。《史记·项羽本纪》"项梁尝有栎阳逮",《索隐》:"按:逮训及。谓有罪相连及,为栎阳县所逮录也。故汉(史)〔世〕每制狱皆有逮捕也。"《史记·绛侯周勃世家》:"廷尉下其事长安,逮捕勃治之。勃恐,不知置辞。"

(2)对逃犯进行逐捕。《史记·秦始皇本纪》:"群盗,郡守尉方逐捕,今尽得,不足忧。"

(3)重要案犯由皇帝诏捕。《史记·秦始皇本纪》:"中人或告丞相,丞相后损车骑。始皇怒曰:'此中人泄吾语。'案问莫服。当是时,诏捕诸时在旁者,皆杀之。自是后莫知行之所在。"

(4)连逮。《史记·秦始皇本纪》:"乃行诛大臣及诸公子,以罪过连逮少近官三郎。"《索隐》:"逮训及也。谓连及俱被捕,故云连逮。少,小也。近,近侍之臣。三郎谓中郎、外郎、散郎。"《急就篇》:"变斗杀伤捕伍邻,亭长游徼共杂诊。"师古曰:"变斗者,为变难而相斗也。杀伤,相伤及相杀也。捕,收掩也。有犯变斗伤杀者则同伍及邻居之人皆被收掩也。"②

(5)对藏匿罪犯进行搜捕。《汉书·张敞传》:"广川王姬昆弟及王同族宗室刘调等通行为之囊橐,吏逐捕穷窘,踪迹皆入王宫。敞自将郡国吏,车数百两,围守王宫,搜索调等,果得之殿屋重辕中。"③

(6)在实施逮捕过程中,可以采取强制措施,甚至可以将反抗的罪犯格杀。《汉书·何并传》:"徙颍川太守……是时颍川钟元为尚书令,领廷尉,用事有权。弟威为郡掾,臧千金。并为太守,(故)〔过〕辞钟廷尉,廷尉免冠为弟请一等之罪,愿蚤就髡钳。并曰:'罪在弟身与君律,不在于太守。'元惧,驰遣人呼弟。阳翟轻侠赵季、李款多畜宾客,以气力渔食闾里,至奸人妇女,持吏长短,从横郡中,闻并且至,皆亡去。并下车求勇猛晓文法吏且十人,使文吏治三人狱,武吏往捕之,各有所部。敕曰:'三人非负太守,乃负王法,不得不治。钟威所犯多在赦

---

① 《后汉书》卷二五《卓鲁魏刘列传》,第879页。
② 《急就篇》,第301—302页。
③ 《汉书》卷七六《赵尹韩张两王传》,第3225页。

前,驱使入函谷关,勿令污民间;不入关,乃收之。赵、李桀恶,虽远去,当得其头,以谢百姓。'钟威负其兄,止雒阳,吏格杀之。亦得赵、李它郡,持头还,并皆县头及其具狱于市。郡中清静,表善好士,见纪颍川,名次黄霸。"①

第三节　秦的审判文化

鞫狱的官员在整个鞫狱过程中起主导作用,法律对其鞫讯有严格规定。

一　讯问

《封诊式·讯狱》:"凡讯狱,必先尽听其言而书之,各展其辞,虽智(知)其訑,勿庸辄诘。其辞已尽书而毋(无)解,乃以诘者诘之。……"②

二　诘问

诘问即反复诘问罪犯,直到罪犯"辞穷""无解",将案情调查清楚为止。《急就篇》:"欺诬诘状还反真,坐生患害不足怜。"师古曰:"囚系之徒,或欺诈闭匿,或诬冤良善,既被考诘穷治,由状乃归实也。""既穷其辞,又得其情,则鞫讯之吏具成其狱,锻练周密,文致坚牢,不可反动也。"③

三　考掠

为了迫使罪犯交代犯罪的实情,或承认犯罪事实,或牵引同案犯,秦汉法律规定可以用刑讯的方式,即考掠。《急救篇》:"盗贼系囚榜笞臀,朋党谋败相引牵。"师古曰:"系囚,拘絷之也。榜笞,棰击之也。臀,脽也。获盗贼者则拘絷而棰击其脽,考问其状也。"④秦国早在战国时期,其法律就规定:"凡讯狱……诘之有(又)尽听书其解辞,有(又)视其它毋(无)解者以复诘之。诘之极而数訑,更

---

① 《汉书》卷七七《盖诸葛刘郑孙毋将何传》,第3267—3268页。
② 《睡虎地秦墓竹简》,第246页。
③ 《急就篇》,第303—304页。
④ 《急就篇》,第302—303页。

言不服,其律当治(笞)谅(掠)者,乃治(笞)谅(掠)。治(笞)谅(掠)之必书曰:爰书:以某数更言,毋(无)解辞,治(笞)讯某。"①汉代亦大略继承了秦律的相关规定。《陈书》卷三三《儒林传·沈洙传》载南朝陈都官尚书周弘正语云"凡小大之狱,必应以情,正言依准五听,验其虚实",这或许就是对秦汉相关规定的总结。

一般情况下,不得滥用考讯之法,只能在被审讯者犯有实据而狡赖不款的情况下加以考讯,秦律规定:"治狱,能以书从迹其言,毋治(笞)谅(掠)而得人请(情)为上;治(笞)谅(掠)为下;有恐为败。"②汉代的考讯之法,《后汉书·肃宗孝章帝纪》载秋七月丁未诏曰:"《律》云'掠者唯得榜、笞、立'。又《令丙》,棰长短有数。""立"谓立而考讯之。

四 读鞫

在鞫狱完成后,应向犯罪嫌疑人宣告,即"读鞫"。鞫,《周礼·小司寇》疏云:"谓劾囚之要辞。"鞫之例见于张家山汉简《奏谳书》,应是对鞫狱情况及犯罪嫌疑人犯罪事实的简要陈述,作为下一阶段"断狱"的事实依据。沈家本说:"唐法有宣告,见《唐六典》,实即汉之读鞫也。"③

五 法官责任

为了严格规范鞫狱行为,秦汉律针对鞫狱官员设立了多种罪名,见于文献与睡虎地秦简、张家山汉简的主要罪名有三种,即不直、纵囚、失刑。

首先,秦汉律规定了三种罪的区别与联系。栗劲认为,秦律三种犯罪"从根本上说就是违背了依据事实适用法律的审判原则而产生的犯罪"④,但有严格的区分。秦律中的失刑是一种过失犯罪,是指在鞫狱过程中出于主观过失对犯罪事实的认定有偏差,从而导致重罪轻判或轻罪重判的后果。清人沈之奇对"失出入人罪"解释说:"失者,无心而失错也。本无曲法加罪之意,而误将无罪为有罪,轻罪为重罪者,曰失于入;本无曲法开释之情,而误将有罪为无罪,重罪为轻

---

① 《睡虎地秦墓竹简》,第 246 页。
② 《睡虎地秦墓竹简》,第 245—246 页。
③ 《历代刑法考》第三册《汉律摭遗》卷六,第 1493 页。
④ 《秦律通论》,第 339 页。

罪者,曰失于出。"①秦律"失刑"正与此相符。

与"失刑"罪不同,秦律中的"不直"罪是一种故意犯罪,睡虎地秦简《法律答问》:"论狱〔何谓〕'不直'？……罪当重而端轻之,当轻而端重之,是谓'不直'。"②正如栗劲所言:"根据犯罪的事实和相应的法律规定,本应重判而从轻了,或是本应轻判而从重了,就是失刑罪。如果出于故意,无论是重罪轻判,还是轻罪重判,都属于不直罪。"③在睡虎地秦简《法律答问》中有这样典型的案件及"律说":

例一:"士五(伍)甲盗,以得时直(值)臧(赃),臧(赃)直(值)过六百六十,吏弗直(值),其狱鞫乃直(值)臧(赃),臧(赃)直(值)百一十,以论耐,问甲及吏可(何)论？甲当黥为城旦；吏为失刑罪,或端为,为不直。"④

例二:"士五(伍)甲盗,以得时直(值)臧(赃),臧(赃)直(值)百一十,吏弗直(值),狱鞫乃直(值)臧(赃),臧(赃)直(值)过六百六十,黥甲为城旦,问甲及吏可(何)论？甲当耐为隶臣,吏为失刑罪。甲有罪,吏智(知)而端重若轻之,论可(何)殹(也)？为不直。"⑤

例三:"失鉴足,论可(何)殹(也)？如失刑罪。"⑥

例四:"赎罪不直,史不与啬夫和,问史可(何)论？当赀一盾。"⑦

按后世法律的分类,秦律的"失刑"即后世的"失出入人"罪,"不直"即"故出入人"罪。而后世的"故出入人"罪又可细分:"故为曲法以开脱人罪曰故出；故为曲法以枉坐人罪曰故入；将有罪者不问所犯轻重,而尽与开脱曰全出；将无罪者随人所诬轻重,而尽为枉坐曰全入。"⑧

汉律中也有"不直"的罪名,但与秦律不同。《史记》《汉书》有时称"鞫狱故

---

① 《大清律辑注》(下),第 1015 页。
② 《睡虎地秦墓竹简》,第 191 页。
③ 《秦律通论》,第 339 页。
④ 《睡虎地秦墓竹简》,第 165 页。
⑤ 《睡虎地秦墓竹简》,第 166 页。也可以推测《法律答问》这两条应是对秦《囚律》的解释。
⑥ 《睡虎地秦墓竹简》,第 200－201 页。
⑦ 《睡虎地秦墓竹简》,第 191 页。
⑧ 《大清律辑注》(下),第 1014 页。

不直"或"鞫狱不实"①,实际上都是指"故入人罪"和"全入"这两种犯罪。《史记》《汉书》中所记载的汉代鞫狱"不直"或"不实"有四例:

例一,《史记·淮南衡山列传》:"元光六年,衡山王入朝,其谒者卫庆有方术,欲上书事天子,王怒,故劾庆死罪,强榜服之。衡山内史以为非是,却其狱。王使人上书告内史,内史治,言王不直。"

例二,《汉书·赵尹韩张两王列传·张敞传》:"臣窃以舜无状,枉法以诛之。臣敞贼杀无辜,鞫狱故不直,虽伏明法,死无所恨。"

例三,《汉书·赵尹韩张两王列传·赵广汉传》:"下广汉廷尉狱,又坐贼杀不辜,鞫狱故不以实,擅斥除骑士乏军兴数罪。"

例四,《汉书·景武昭宣元成功臣表》:"新时侯赵弟……太始三年,坐为太常鞫狱不实,入钱百万赎死,而完为城旦。"晋灼曰:"《律说》出罪为故纵,入罪为故不直。"

以上前三例,显系故入人罪,第四例按晋灼注引《律说》,当亦为故入人罪。晋灼所引《律说》与张家山汉简《囚律》中的专门法律界定一致:"劾人不审,为失;其轻罪也而故以重罪劾之,为不直。"②可见,汉律的"不直"罪专指"故入人罪",当然包括"全入"的情形在内,与秦律不同。

与秦律"不直"一样,秦律"纵囚"也是一种故意犯罪,睡虎地秦简《法律答问》:"论狱〔何谓〕'不直'?可(何)谓'纵囚'?罪当重而端轻之,当轻而端重之,是谓'不直'。当论而端弗论,及伤其狱,端令不致,论出之,是谓'纵囚'。"③显然两者所指有重合,但与秦律"不直"罪包括"故出人"与"故入人"罪不同,秦律"纵囚"是专指依法应该判刑的故意不判刑,或者故意减轻犯罪事实使其达不到判刑标准,使罪犯逃脱刑罚的制裁,实际上即后世"故出人"罪中的"全出"。汉代法律调整以后,如晋灼注引《律说》,故出人罪及全出为"故纵",故入人罪及全入为"故不直"。

---

① 沈家本说:"《秦律》有治狱不直之文……汉乃采用秦法。据晋灼引律说,足证汉之律文为故不直。《表》《传》之或称不实,或称故不以实者,就事实上言之也。"见《历代刑法考》第四册《汉律摭遗》卷六,第1495页。

② 这里顺便提一下,《史记》《汉书》等秦汉传世文献未见汉律有"失刑"罪,窃以为此处"劾人不审,为失"即指"失刑"。

③ 《睡虎地秦墓竹简》,第191页。

其次,秦汉时期三罪的量刑原则基本一致。由于"纵囚""不直"为故意犯罪,因此秦汉律针对"纵囚""不直"等故意犯罪一般从重量刑,而且实行反坐。如秦简《法律答问》:"赀盾不直,可(何)论?赀盾。"①张家山汉简《囚律》也规定:"鞫(鞠)狱故纵、不直,及诊、报、辟故弗穷审者,死罪,斩左止(趾)为城旦,它各以其罪论之。其当毄(系)城旦舂,作官府偿日者,罚岁金八两;不盈岁者,罚金四两。□□□□两,购、没入、负偿,各以其直(值)数负之。"②如果有受贿情况,则相应加重,"其受赇者,驾(加)其罪二等。所予臧(赃)罪重,以重者论之,亦驾(加)二等"。后世的法律沿用了这个传统。

对于"失刑",由于是过失犯罪,一般从轻处罚。秦简《法律答问》:"当赀盾,没钱五千而失之,可(何)论?当谇。"③张家山汉简《囚律》:"其非故也,而失不审者,以其赎论之。爵戍四岁及毄(系)城旦舂六岁以上罪,罚金四两。赎死、赎城旦舂、鬼薪白粲、赎斩宫、赎劓黥、戍不盈四岁、毄(系)不盈六岁,及罚金一斤以上罪,罚金二两。毄(系)不盈三岁、赎耐、赎靐(迁)、及不盈一斤以下罪,购、没入,负偿、偿日作县官罪,罚金一两。"④《敦煌悬泉汉简释萃》:"《囚律》:劾人不审为失,以其赎半论之。"⑤看来从秦律到汉律,相关规定基本上是一致的。

第三,有些鞫狱行为虽不是典型的"不直"罪,但"以鞫狱故不直论"。如张家山汉简《囚律》规定:"治狱者,各以其告劾治之。敢放讯杜雅,求其它罪,及人毋告劾而擅覆治之,皆以鞫狱故不直论。"⑥《唐律·断狱律》:"诸鞫狱者皆须依所告状鞫之。若于本状之外别求他罪者,以故入人罪论。"⑦显系与汉律之精神一致。

又如投书的受理,睡虎地秦简《法律答问》:"'有投书,勿发,见辄燔之;能捕者购臣妾二人,系投书者鞫审谳之。'所谓者,见书而投者不得,燔书,勿发;投者〔得〕,书不燔,鞫审谳之之谓殴(也)。"⑧张家山汉简《囚律》:"毋敢以投书者言

---

① 《睡虎地秦墓竹简》第171页。
② 《张家山汉墓竹简》,第22页。
③ 《睡虎地秦墓竹简》,第171页。
④ 《张家山汉墓竹简》,第22页。
⑤ 《敦煌悬泉汉简释粹》,第17页。
⑥ 《张家山汉墓竹简》,第24页。
⑦ 《唐律疏仪》,第473页。
⑧ 《睡虎地秦墓竹简》,第174页。

毄（系）治人。不从律者,以鞫狱故不直论。"①鞫狱故不直,特指故入人罪而言,即审判案件故意从重。《晋书·刑法志》云,曹魏"改投书弃市之科,所以轻刑也"。曹魏立法以汉律为基础,由此观之,汉律规定投书罪处以弃市刑。《唐律·斗讼律》:"诸投匿名书告人罪者,流二千里。得书者皆即焚之,若将送官司者,徒一年;官司受而为理者,加二等,被告者不坐。"疏议:"匿名之书,不合检校,得者即须焚之,以绝欺诡之路。得书不焚,以送官府者,合徒一年。官司既不合理,受而为理者,加二等,处徒二年。"②

六 犯罪嫌疑人在鞫讯阶段的行为规范

汉律对犯罪嫌疑人在鞫讯阶段的行为也有规定。犯罪嫌疑人应如实交代犯罪事实,不许抵隐,《陈书·儒林列传·沈洙传》:"范泉今牒述《汉律》,云'死罪及除名,罪证明白,考掠已至,而抵隐不服者,处当列上'。杜预注云'处当,证验明白之状,列其抵隐之意'。"沈家本:"《唐律》有考囚限满不首条,在《断狱律》,惟唐法反考告人及取保并放,二者并与汉法之处当列上者不同。不知汉时列上之后若何处置,殆亦从宽欤?"③

在鞫讯结束后,犯罪嫌疑人若认为冤枉,则可以"乞鞫"。《史记·夏侯婴列传》裴骃《集解》引邓展曰:"律有故乞鞫。"《索隐》引《晋令》云:"狱结竟,呼囚鞫语罪状,囚若称枉欲乞鞫者,许之也。"④秦汉制度当亦如此,晋律令沿袭自秦汉法律。

首先,规定了乞鞫的法律主体及法律责任。乞鞫的主体是本犯,即犯罪者本人,如本犯系死罪,"不得自气(乞)鞫"。这种情况下,其"父、母、兄、姊、弟、夫、妻、子"⑤也可代为乞鞫,但"年未盈十岁为气(乞)鞫,勿听"。张家山汉简《囚

---

① 《张家山汉墓竹简》,第25页。
② 《唐律疏议》,第376—377页。
③ 《历代刑法考》第三册《汉律摭遗》卷六,第1492页。
④ 《史记》卷九五《樊郦滕灌列传》,第2664页。
⑤ 邢义田在《张家山汉简〈二年律令〉读记》中认为,此处"似乎少了妹。疑此处之弟有两义:一为兄弟之弟,一为女弟之弟,即妹。如此正合于'父母、妻子、同产'之三族。此处'子'似当包括子男和子女。当事人为男性时,父母、妻子、同产为三族;当事人为女性时,父母、夫子、同产为三族"。其说可从。见《燕京学报》新15期,2003年11月。

律》还详细规定了乞鞫的法律责任:本犯"气(乞)鞫不审,驾(加)罪一等",其父母、兄、姊、弟、夫、妻、子为死罪乞鞫不审,黥为城旦舂。①

其次,规定了乞鞫的时间限制。睡虎地秦简《法律答问》:"以乞鞫及为人乞鞫者,狱已断乃听,且未断犹听殹(也)？狱断乃听之。"②《周礼·秋官司寇·朝士》注:"郑司农云:谓在期内者听,期外者不听,若今时徒论决满三月不得乞鞫。"张家山汉简《囚律》规定:"其欲复气(乞)鞫,当刑者,刑乃听之。""狱已决盈一岁,不得气(乞)鞫。"③可见秦汉律都规定,请求再审只能断狱以后进行,而不是鞫狱结束后,而且有时间的限制。

第三,规定了乞鞫的受理机构。张家山汉简《囚律》规定:"气(乞)鞫者各辞在所县道,县道官令、长、丞谨听,书其气(乞)鞫,上狱属所二千石官,二千石官令都吏覆之。都吏所覆治,廷及郡各移旁近郡,御史、丞相所覆治移廷。"④

七 关于证佐人等的法律规定

在鞫狱阶段,除审讯官员、审讯的对象等主要参与者以外,还有证佐人等参与审讯活动。如证佐人等因主客观上的不如实做证、译讯,也会导致"出入人罪"的法律后果,因此,秦汉律对证佐人等也有相应的规定。因其是不同的法律主体,在鞫狱阶段的地位和作用也与审讯官员不同,因此,其犯罪行为不能称为"不直"或"纵囚"等,但法律责任丝毫不减,依然遵循除死罪以外的"反坐"制原则。下面按参与者的类别列举如下:

(1)证人。张家山汉简《囚律》规定:"证不言请(情),以出入罪人者,死罪,黥为城旦舂;它各以其所出入罪反罪之。狱未鞫而更言请(情)者,除。吏谨先以辨告证。"⑤

(2)译讯人员。张家山汉简《囚律》规定:"译讯人为誂(诈)伪,以出入罪人,死罪,黥为城旦舂;它各以其所出入罪反罪之。"⑥

---

① 《张家山汉墓竹简》,第24页。
② 《睡虎地秦墓竹简》,第200页。
③ 《张家山汉墓竹简》,第24页。
④ 《张家山汉墓竹简》,第24—25页。
⑤ 《张家山汉墓竹简》,第24页。
⑥ 《张家山汉墓竹简》,第24页。

《唐律》将"证不言情"及"译人诈伪"并为一条,疏议云:"证不言情,谓应议、请、减,七十以上、十五以下及废疾,并据众证定罪,证人不吐情实,遂令罪有增减,及传译番人之语,令其罪有出入者。"①

(3)司法检验人员。诊验,勘验,也就是司法检验,睡虎地秦简《封诊式》中多有"令令史往诊之"之语,《急就篇》:"变斗杀伤捕伍邻,亭长游徼共杂诊。"师古注云:"杂,犹参也。诊,验视也。有被杀伤者,则令亭长与游徼相参而诊验之,知其轻重曲直也。"②

以上三种人参与了司法审讯活动,他们提供的证言有可能直接导致"出入人罪"的法律后果,影响到定罪量刑的结果,因此汉律规定了相应的刑事责任,即"以出入人罪者,死罪,黥为城旦舂;它各以其所出入罪反罪之"。《唐律·诈伪律》规定:"诸证不言情及译人诈伪,致罪有出入者,证人减二等,译人与同罪。"③可见汉律比《唐律》要严厉得多。但同时应看到,汉律有强制性的规定,即在证人做证前告知其相应的法律责任,所谓"先以证财物故不以实,臧五百以上,辞已定,满三日而不更言请者,以辞所出入罪反罪之律辨告"④,这一点很值得肯定。此外,还规定在证人做证以后的法定期限内,允许其更改证言,并免除其罪责。

综上,鞫狱活动是围绕着调查犯罪事实展开的,参与者有审讯的官吏、审讯的对象以及佐证、译讯人等,最基本的要求是搞清楚事实真相。审讯的官吏应"如实"审讯,犯罪嫌疑人应"如实"交代,佐证、译讯人等应"如实"做证通译。否则,根据法律主体的不同设立相应的罪名,并遵循故意反坐、过失从轻的刑罚适用原则。

---

① 以前对"证不言情"的归属,连劭名在《西域木简所见〈汉律〉中的"证不言请"律》(见《文物》1986年第11期)一文中认为属汉《贼律》条款;日本学者大庭脩在《秦汉法制史研究》(林剑鸣等译,上海人民出版社,1991年,第73页)中认为归属汉《囚律》;朱红林在《张家山汉简〈二年律令〉研究》(黑龙江人民出版社,2008年,第119、120页)中认为属汉《具律》。

② 《急就篇》,第302页。

③ 《唐律疏议》,第407页。

④ 马怡、张荣强主编:《居延新简释校》,天津古籍出版社,2013年,第751页。

第十章 秦的司法检验

第一节 秦的检验制度

一 秦汉时期法医检验的法律依据

检验是以一定的相关法规为基础,为有关法律和司法审判提供必要的证据。秦汉时期的证据除了人证、物证、书证、供词以外,还比较重视法医检验的结论——诊验爰书。从目前掌握的资料分析,秦汉时期至少在以下情况下必须进行法医检验:

(一) 自杀

睡虎地秦简《法律答问》:"或自杀,其室人弗言吏,即葬貍(薶)之,问死者有妻、子当收,弗言吏而葬,当赀一甲。"①这显然是要求对自杀必须报官检验,以便进行法律上的确认。《封诊式·经死爰书》即其例。《汉书·佞幸传》:"(董)贤与妻皆自杀,家惶恐夜葬。(王)莽疑其诈死,有司奏请发贤棺,至狱诊视。……贤既见发,裸诊其尸,因埋狱中。"师古曰:"谓发冢取其棺柩也。诊,验也。"②这是见于文献记载的一例开棺验尸案例。

(二) 疾死

秦简《厩苑律》:"其小隶臣疾死者,告其□□之;其非疾死者,以其诊书告官

---

① 《睡虎地秦墓竹简》,第184页。
② 《汉书》卷九三《佞幸传》,第3739—3740页。

论之。"①对小隶臣尚且如此,其他更不待言。汉简中就有几例对因疾病而死之人的检验爰书。对于突然死亡即"暴卒"也应进行法医检验,《汉书·外戚传》:"明年春,成帝崩。帝素强,无疾病……昏夜平善,乡晨,傅绔袜欲起,因失衣,不能言,昼漏上十刻而崩。民间归罪赵昭仪,皇太后诏大司马莽、丞相大司空曰:'皇帝暴崩,群众讙哗怪之。掖庭令辅等在后庭左右,侍燕迫近,杂与御史、丞相、廷尉治问皇帝起居发病状。'"②

(三) 贼死

所谓"贼死",是指被人谋杀。对这类死亡案件亦应进行法医检验,以便查明案情,找出真凶。《封诊式·贼死爰书》即其例。

(四) 对处决的罪犯须验明正身

《后汉书·杜根传》:"太后大怒,收执根等,令盛以缣囊,于殿上扑杀之。执法者以根知名,私语行事人使不加力,既而载出城外,根得苏。太后使人检视,根遂诈死。"③《后汉书·李固传》注引《袁宏纪》曰:"基字宪公,兹字季公,并为长史,闻固策免,并弃官亡逃巴汉。南郡赵子贱为郡功曹,诏下郡杀固二子。太守知其枉,遇之甚宽,二子托服药夭,具棺器,欲因出逃。子贱畏法,敕吏验实,就杀之。"④

以上为对死亡进行法医检验的规定和例子。

(五) 牲畜检验

秦简《厩苑律》:"将牧公马牛,马〔牛〕死者,亟谒死所县,县亟诊而入之。……其乘服公马牛亡马者而死县,县诊而杂卖(卖)其肉。"⑤《法律杂抄》:"伤乘舆马,央(决)革一寸,赀一盾;二寸,赀二盾;过二寸,赀一甲。课驺騤,卒岁六匹以下到一匹,赀一盾。志马舍乘车马后,毋(勿)敢炊饬,犯令,赀一盾。"⑥唐代相关律令与汉代一脉相承,《唐律·厩库律》:"诸验畜产不以实者,一笞四十,三加一等,罪止杖一百。""诸乘、驾官畜产而脊破领穿,疮三寸,笞二十;五寸以上,笞

---

① 《睡虎地秦墓竹简》,第33页。
② 《汉书》卷九七《外戚列传》,第3989—3990页。
③ 《后汉书》卷五七《杜栾刘李刘谢列传》,第1839页。
④ 《后汉书》卷六三《李杜列传》,第2088页。
⑤ 《睡虎地秦墓竹简》,第33页。
⑥ 《睡虎地秦墓竹简》,第141页。

五十。"注:"谓围绕为寸者。"①

(六)伤情检验

《吕氏春秋》和《礼记·月令》中的"瞻伤""察创""视折""审断"就是指对伤情的检验。伤情检验与保辜制度密切相关,《唐律·斗讼律》:"诸保辜者,手足殴伤人限十日,以他物殴伤人者二十日,以刃及汤、火伤人者三十日,折跌支体及破骨者五十日。"②汉代也有保辜制度,《春秋公羊传》襄公七年注:"辜内当以弑君论之,辜外当以伤君论之。"《居延新简》:"以兵刃索绳它物可以自杀者予囚,囚以自杀、杀人,若自伤、杀人而以辜二旬中死,予者髡为城旦舂。"③

(七)疾病诊验

秦汉时期的法律规定,对某些疾病须进行法医检验,如传染病中的麻风病等,《法律答问》:"疠者有罪,定杀。定杀可(何)如?生定杀水中之谓殹(也)。或曰生埋,生埋之异事殹(也)。"④"甲有完城旦罪,未断,今甲疠,问甲可(何)以论?当迁疠所处之;或曰当迁迁所定杀。""城旦、鬼薪疠,可(何)论?当迁疠迁所。"⑤对于诈病、精神病、罢癃废病等也应进行法医检验。

二 秦汉时期法医检验的组织与人员

(一)令史

秦简《封诊式》中的检验案例⑥,均由县令命令史负责检验。综合各例,令史职责包括:

逮捕:《盗自告爰书》:"即令〔令〕史某往执丙。"

检验牲畜:《争牛爰书》:"即令令史某齿牛,牛六岁矣。"齿牛就是验牛的年龄。

诊验疾病:《告臣爰书》:"令令史某诊丙,不病。"

---

① 《唐律疏议》,第232、235页。
② 《唐律疏议》,第333—334页。
③ 甘肃省文物考古研究所、甘肃省博物馆、文化部古文献研究室、中国社会科学院历史研究所:《居延新简》,文物出版社,1990年,第561页。
④ 《睡虎地秦墓竹简》,第203页。
⑤ 《睡虎地秦墓竹简》,第204页。
⑥ 《睡虎地秦墓竹简》,第244页。

检验尸体:《贼死爰书》:"即令令史某往诊。"《经死爰书》:"即令令史某往诊。"

勘验现场:《穴盗爰书》:"即令令史某往诊,求其盗。"还兼有侦缉盗贼的职责。

检验活体:《出子爰书》:"即令令史某往执丙。即诊婴儿男女、生发及保之状。"

"令史"为县斗食小吏,多见于文献和秦汉简牍。通过秦简文献,我们可以了解到,令史负有基层司法检验的职责。阎步克先生认为:"睡虎地十一号墓的墓主喜,最初所任为史,后来担任了安陆令史、鄢令史。其墓中所发现的大量法律文书,即是史、令史履行职责的依本。"①再进一步讲,大量法律文书中有关于法医检验的书简,说明令史还是基层法医检验的主要负责者。

(二)牢隶臣

隶臣本是类似刑徒并具有奴隶身份的人,《周礼·秋官司寇·司隶》:"罪隶掌役百官府,与凡有守者,掌使令之小事。"罪隶属于司隶,司隶"帅其民而搏盗贼,役国中之辱事,为百官积任器,凡囚执人之事"。可见,罪隶包括牢隶臣要参与官府里一些被人认为是"辱事"的杂役小事,法医检验即其例,在《封诊式》中有四例②,如"令史某爰书:与牢隶臣某即甲诊","令史某爰书:与牢隶臣某即甲、丙妻女诊丙"。随从令史检验尸体③,这与后世的"仵作"很相似。

(三)隶妾

在《出子爰书》中,对妇女进行活体检查时,"令隶妾数字者,诊甲前血出及痈状"。让有多次生育的隶妾参与对女性身体的检验,与后世让"产婆""稳婆"参与对妇女的检验一样,亦为"辱事"一类。

(四)医生

医生参与法医检验,在睡虎地秦简中仅见于《疠爰书》"令医丁诊之"。由于对麻风病的确认是一项技术性很强的法医检验工作,没有医学知识便无法胜任。

---

① 阎步克:《史官主书主法之责与官僚政治之演生》,见袁行霈主编《国学研究》第四卷,北京大学出版社,1997年,第1页。
② 参看吴树平:《云梦秦简所反映的秦代社会阶级状况》,见《云梦秦简研究》,第79页。
③ 参看于豪亮:《秦简中的奴隶》,《云梦秦简研究》,中华书局,1981年,第131页。

《伤寒论》中还提到对诈病的诊验："病家人来请云：病人发热烦极。明日师到，病人向壁卧，此热已去也。设令脉不和，处言已愈。设令向壁卧，闻师到，不惊起而盼视，若三言三止，脉之咽唾者，此诈病也。设令脉自和，处言此病大重。当须服吐下药，针灸数十百处乃愈。师持脉，病人欠者，无病也。"①《风俗通义》之佚文也有一例病检的实例："济北李登为从事吏，病得假归家，复移刺延期。后被召，登自嫌不甚羸瘦，谓双生弟宁曰：'我兄弟相似，人不能别，汝类病者，代我至府。'宁曰：'府君大严，得无不可。'登曰：'我新吏耳，无能觉者，我自行见诊必死。'宁便诣府，医药集诊，有验。后为人所言，事发觉，遂杀登。"②后世病检就是由医生来担任的，《宋史·高防传》记载后周时，高防"除刑部郎中，宿州民以刃杀妻，妻族受赂，伪言风狂病喑，吏引律不加拷掠，具狱，上请覆。防云：'其人风不能言，无医验状，以何为证？'"，明确记载要有医生出具的验状作为佐证。

（五）亭长与游徼

《急就篇》："亭长游徼共杂诊"。师古注："亭长，一亭之长，主逐捕盗贼。游徼，乡之游行徼循，皆督察奸非者也。杂，犹参也。诊，验视也。有被杀伤者，则令亭长游徼相参而诊验之，知其轻重曲直也。"③《风俗通义·怪神篇》中就有实例："亭卒上楼扫除，见死妇，大惊，走白亭长。亭长击鼓会诸庐吏，共集诊之。"④

三 秦汉时期的检验文书

秦汉时期的检验文书一般称作"爰书"，《封诊式》中有许多实例，汉简中亦有类似的实例。综合这些检验文书的实例，会发现秦汉时期的检验文书有一定的格式要求，而《封诊式》正是这种格式要求的模板，故称为"式"。睡虎地秦墓竹简整理小组在《封诊式·说明》中讲，这种文书程式是"供有关官吏学习，并在处理案件时参照执行"⑤。法医学家贾静涛在其主编的《法医学概论》中对秦朝

---

① ［汉］张仲景撰，艾军、黄毅凌、陈彩容点校：《伤寒论》卷一，广西科学技术出版社，2015年，第6页。
② ［东汉］应劭撰，吴树平校释：《风俗通义校释》，天津人民出版社，1980年，第424页。
③ 《急救篇》，第302页。
④ 《风俗通义校释》，第353页。
⑤ 《睡虎地秦墓竹简》，第244页。

的法医检验文书进行了总结①,陈公柔先生将秦的法医检验文书与宋代的验尸程式做了比较②,结合汉代简牍中的法医检验文书,我们对秦汉时期的法医检验文书做如下归纳:

(一)案由

简述案件的因由,一般应注明报案人是谁,因何故来报案,如《经死爰书》"某里典甲曰",《贼死爰书》"某亭求盗甲告"等。要求语言简练准确,如《疠爰书》,只用四字"疑疠,来诣"。

(二)检验记录

首先注明参加检验的人员姓名、身份,然后简述检验经过,针对不同案件的不同特点,详细描述检验所见。如自缢案件着重辨明自杀抑或他杀,贼死案件注重通过现场勘验寻找侦破线索,麻风病的检验注重记录病史及病症等。对于现场无法核对和测量的项目,也应如实记录,如:现场没有发现罪犯的痕迹,就注明"地坚,不可知贼迹"③;现场血痕无法测量,就载明"不可为广袤"④。

(三)结论

如可以认定为病死,《病死爰书》中就肯定"实病死审";《疠爰书》中肯定为"疠也"。

(四)对其他情况的说明

如善后处理的记录,以及现场走访的记录等。《贼死爰书》:"令甲以布裙歾埋男子某所,侍〔待〕令。"⑤

---

① 贾静涛主编:《法医学概论》,人民卫生出版社,1988年,第33页。
② 陈公柔:《云梦秦墓出土〈封诊式〉简册研究》,《燕京学报》新3期,1997年,第113页。
③ 《睡虎地秦墓竹简·贼死》,第265页。
④ 《睡虎地秦墓竹简·穴盗》,第271页。
⑤ 《睡虎地秦墓竹简》,第265页。

第二节 秦的尸体检验

一 缢死的尸体检验

缢死是一种常见的死亡方式,对于缢死的尸检,秦汉时期已积累了相当多的经验,《封诊式·经死》就是很好的尸检报告:

  某里典甲曰:里人士五(伍)丙经死其室,不智(知)故,来告。即令令史某往诊。令史某爰书:与牢隶臣某即甲、丙妻、女诊丙。丙死(尸)县其室东内北廇权,南乡(向),以枲索大如大指,旋通系颈,旋终在项。索上终权,再周结索,余末袤二尺。头上去权二尺,足不傅地二寸,头北(背)傅廇。舌出齐唇吻,下遗失弱(溺),污两却(脚)。解索,其口鼻气出渭(喟)然。索迹椒(椒)郁,不周项二寸。它度毋(无)兵刃木索迹。权大一围,袤三尺,西去堪二尺,堪上可道终索。地坚,不可智(知)人迹。索袤丈。衣络襌襦、裙各一,践□。即令甲、女载丙死(尸)诣廷。①

在这份爰书中,详细记录了尸体悬挂的场所、方向及绳索的质地(麻绳)、粗细、系结的方式,并测量了头距吊绳系点及足距地的距离,还详细记录了死尸的情况,将这些与《洗冤集录》做一比较,无不暗合,正如陈公柔先生所说:"《封诊式》中,关于验尸的报告,其他刑事勘查报告,等等,均已确立了规格,并一直影响到后世。宋代《洗冤集录》中关于尸格的填写,与此极为接近,只是稍详而已。"②此外,还有几点值得注意:

首先,检验之仔细全面,除了说明检验得认真负责以外,更能说明检验的水平。例如关于绳套的系结,文中说"旋通系颈,旋终在项",说明该案例为常见的前位缢型,绳索压迫颈部,在项后系结。"不周项二寸",指绳套在项上,系结悬空,缢沟在项上中断提空,古代习惯称为"八字不交"。《洗冤集录》:"须是先看

---

① 《睡虎地秦墓竹简》,第267—268页。
② 陈公柔:《云梦秦墓出土〈封诊式〉简册研究》,《燕京学报》新3期,1997年,第113页。

上头系处尘土,及死人踏甚处物,自以手攀系得上向绳头着,方是。上面系绳头处,或高、或大,手不能攀,及不能上,则是别人吊起。"①相应地,爰书记载"权大一围,衺三尺,西去堪二尺,堪上可道终索"。更令人惊叹的是,《经死爰书》竟然记载了"死声"的尸象,"解索,其口鼻气出渭(喟)然",并将"口鼻不渭(喟)然"视为区别自杀与他杀的一个重要标志。现代法医学认为:"在缢、勒死者,膈肌强直时呈扁平状,胸膜腔容积增大,当解除颈部绳索时,空气进入呼吸道内发生很小的声音。这种很小的声音,秦墓竹简上称为'喟然'(叹息声)。锡谷彻所著《法医诊断学》内称为死声。"②

其次,《经死爰书》还总结了检验自缢死的一般方法,这是尤其有意义的。"诊必先谨视其迹,当独抵死(尸)所,即视索终,终所党有通迹,乃视舌出不出,头足去终所及地各几可(何),遗矢弱(溺)不殹(也)?乃解索,视口鼻渭(喟)然不殹(也)?及视索迹椒之状。道索终所试脱头;能脱,乃□其衣,尽视其身、头发中及篡。舌不出,口鼻不渭(喟)然,索迹不郁,索终急不能脱,□死难审殹(也)。节(即)死久,口鼻或不渭(喟)然者。"③这个一般性规则具有很强的可操作性。每个检验环节都表明,其检验重点在于验证是自杀还是他杀,比较符合现代法医学的要求,而且各环节之间的顺序有很强的逻辑性,不可忽视任何一个环节,这显然是长期法医检验实践经验的积累、总结。

最后,"自杀者必先有故,问其同居,以合(答)其故",就是要求检验人员进行现场走访调查,这无疑对判断是自缢还是他杀有着重要意义,这也符合现代法医学的要求。

二 他杀的尸体检验

如果说检验自缢、病死的要点和核心在于确认是他杀、自杀还是自然死亡(病死)的话,那么对于他杀的尸体检验,其核心是为侦破案件提供线索,为审判定谳提供证据。《封诊式·贼死爰书》正体现了这一原则:

---

① [宋]宋慈撰,贾静清点校:《洗冤集录》卷三,上海科学技术出版社,1981年,第42页。
② 陈康颐:《应用法医学各论》,上海医科大学出版社,1999年,第209页。
③ 《睡虎地秦墓竹简》,第268页。

某亭求盗甲告曰:"署中某所有贼死、结发、不智(知)可(何)男子一人,来告。"即令令史某往诊。令史某爰书:与牢隶臣某即甲诊,男子死(尸)在某室南首,正偃。某头左角刃痏一所,北(背)二所,皆从(纵)头北(背),袤各四寸,相奥,广各一寸,皆臽中类斧,脑角出(顑)皆血出,被(被)污头北(背)及地,皆不可智(知)广袤;它完。衣布禪裙、襦各一。其襦北(背)直痏者,以刃夬(决)二所,应痏。襦北(背)及中衽□污血。男子西有漆秦綦履一两,去男子其一奇六步,一十步;以履履男子,利焉。地坚,不可智(知)贼迹。男子丁壮,析(皙)色,长七尺一寸,发长二尺;其腹有久故瘢二所。男子死(尸)所到某亭百步,到某里士五(伍)丙田舍二百步。令甲以布裙埋男子某所,侍(待)令。以襦、履诣廷。讯甲亭人及丙、智(知)男子可(何)日死,闻謈(号)寇者不殹(也)。①

从《贼死爰书》中可以看出:

(1)秦汉时已能通过伤型推测凶器(致伤物)。如果将斧头砍伤的伤型记载与其他伤型记载做一比较,这点结论很容易得出。斧头砍伤的伤型为"皆从(纵)头北(背),袤各四寸,相奥,广各一寸,皆臽中类斧"。《封诊式》中记载的关于剑刺的伤型为"袤五寸,深到骨,类剑迹"②。

(2)注意验证衣服破损与身体伤痕之间的对应关系,"其襦北(背)直痏者,以刃夬(决)二所,应痏"。《洗冤集录》:"凡验被快利物伤死者,须看原着衣衫有无破伤处;隐对痕,血点可验。"③显然为宋代的法医检验积累了经验。

(3)注意察验尸体的个人特征。"男子丁壮,析(皙)色,长七尺二寸,发长二尺;其腹有久故瘢二所",显然这是为了尸体识别做准备的,《洗冤集录·验状说》要求:"其尸首有无雕青、灸瘢,旧有何缺折肢体及伛偻、拳跛、秃头、青紫黑色红志、肉瘤、蹄踵诸般疾状,皆要一一于验状声载,以备证验诈伪,根寻本原推勘;及有不得姓名人尸首,后有骨肉陈理者,便要验状证辨观之。"④

---

① 《睡虎地秦墓竹简》,第265页。
② 《睡虎地秦墓竹简》,第258页。
③ 《洗冤集录》,第58页。
④ 《洗冤集录》,第83页。

(4)现场检验方式较合理科学,陆伦章认为:"几乎同现代常用的内外交周式相同。因为这种先从现场外周逐步深入现场中心的静的现场观察活动,是合乎人的视阈功能原理的。等到检验者确定了现场中心之后,再以动的内周检验活动由中心推展到外周,以完成内外交周的检验实施。"①

第三节　秦汉时期对疾病的诊验

一　对疠病的检验

"疠"即"麻风病",由于具有传染性,历来被视为"恶疾",《礼记》记载妇女有"七去",其中之一即"有恶疾,去"。除此之外,秦汉时期还设置了疠病隔离的处所——迁所,法律也对疠病患者做了专门规定。由于秦代规定了对麻风病的报官检验制度,因此也就有了对麻风病的法医检验实例:

> 某里典甲诣里人士(伍)丙,告曰:"疑疠,来诣。"讯丙,辞曰:"以三岁时病疕,麋(眉)突,不可智(知)其可(何)病,毋(无)它坐。"令医丁诊之,丁言曰:"丙毋(无)麋(眉),艮本绝,鼻腔坏。刺其鼻不嚏(嚏)。肘膝□□□到□足下奇(踦),溃一所。其手毋胈。令譥(号),其音气败。疠殹(也)。"②

基层官吏"里典甲"怀疑"里人士伍丙"患有麻风病,将其送至官府,请求诊验。检验时,首先听患者丙主诉病史,三岁时患溃疡,眉毛脱落;然后请医生丁来诊验,丙没有眉毛,鼻梁断,鼻腔坏,刺激鼻内不能引起喷嚏,膝、肘关节障碍,两腿行走困难,体表溃疡一处,上肢汗发脱落,让丙呼喊,声音嘶哑。最后,医生根据以上诊验情况分析,断定丙所患为麻风病。

二　堕胎的检验

关于堕胎,《唐律》规定:"堕人胎,徒两年。"疏议云:"堕人胎,谓在孕未生,

---

① 陆伦章:《我国刑事检验制度历史悠久——从出土秦简〈贼死〉篇谈起》,《法学》1982年第10期。

② 《睡虎地秦墓竹简》,第263—264页。

因打而落者:各徒二年。注云,堕胎者,谓在辜内子死乃坐,谓在母辜限之内而子死者。子虽伤,而在母限外死者,或虽在辜内胎落,而子未成形者,各从本殴伤法,无堕胎之罪。"①这就要求对胎儿发育程度进行法医诊验,睡虎地秦简《封诊式·出子》中有对因殴而堕的胎儿进行检验的实例,说明秦汉时期已有此项规定和相应的检验方法:

某里士五(伍)妻甲告曰:"甲怀子六月矣,自昼与同里大女子丙斗,甲与丙相捽,甲偾仆甲。里人公士丁救,别丙、甲。甲到室即病复(腹)痛,自宵子变出。今甲裹把子来诣自告,告丙。"

于是,令史"即诊婴儿男女、生发及保之状",其诊验报告如下:

令令史某、隶臣某诊甲所诣子,已前以布巾裹,如衁(衃)血状,大如手,不可智(知)子。即置盎水中摇(摇)之,音(衃)血子殴(也)。其头、身、臂、手指、股以下到足、足指类人,而不可智(知)目、耳、鼻、男女。出水中有(又)音(衃)血状。②

秦汉时期涉及疾病的法律条文有很多,如在睡虎地秦简《封诊式·告臣》中,对买卖的标的物——甲的奴隶丙进行诊验,看丙是否有病。还有前面提到的对"诈病"的诊验等,只是"文献不足征",今人无从得知罢了。

第四节 其他司法检验

一 痕迹勘验

睡虎地秦简《封诊式·穴盗》云:"某里士五(伍)乙告曰:'自宵臧(藏)乙复结衣一乙房内中,闭其户,乙独与妻丙晦卧堂上。今旦起启户取衣,人已穴房内,彻内中,结衣不得,不智(知)穴盗者可(何)人、人数,毋(无)它亡也,来告。'即令令史某往诊,求其盗。令史某爰书:与乡□□隶臣某即乙、典丁诊乙房内。房内在其大内东,比大内,南乡(向)有户。内后有小堂,内中央有新穴,穴彻内中。

---

① 《唐律疏议》,第 330—331 页。
② 《睡虎地秦墓竹简》,第 274 页。

穴下齐小堂,上高二尺三寸,下广二尺五寸,上如猪窦状。其所以椒(叔)者类旁凿,迹广□寸大半寸。其穴壤在小堂上,直穴播壤,柀(破)入内中。内中及穴中外壤上有膝、手迹,膝、手各六所。外壤秦綦履迹四所,衺尺二寸。其前稠綦衺四寸,其中央稀者五寸,其踵(踵)稠者三寸。其履迹类故履。内北有垣,垣高七尺,垣北即巷殹(也)。垣北去小堂北唇丈,垣东去内五步,其上有新小坏,坏直中外,类足距之之迹,皆不可为广衺。小堂及垣外地坚,不可迹。不智(知)盗人数及之所。内中有竹招,招在内东北,东、北去辟各四尺,高一尺。乙曰:'□结衣招中央。'"①

这是一例盗窃案的现场勘验报告,其中可称道的是对窃贼痕迹的检验:

(1)作案工具的痕迹。窃贼在房后小堂的墙中央挖了洞(穴),形状有如猪洞,挖洞的工具像是宽刃的凿,凿痕宽二又三分之二寸。

(2)窃贼手和膝的痕迹。房中和洞里外的土地上有膝和手的痕迹六处,窃贼显然膝手并用,从盗洞爬进室内。

(3)履的痕迹。外面地上有秦綦履踩的痕迹四处,长一尺二寸。履的印痕前部花纹细密,长四寸;中部花纹稀,长五寸;跟部花纹密,长三寸。从履的印痕看,好像是旧履。

(4)墙上有不大的缺口,好像有人跨越的痕迹,但无法测算长宽。小堂下和墙外的地面坚硬,勘查不到人的痕迹。

二 对马牛劳动力的检验

秦汉时期的法律规定对公马牛进行定期的检查评比,一是为了考课有关官吏,二是为了检验马牛的劳动力。睡虎地秦简《秦律杂抄》云:"肤吏乘马笃、䐠(胔),及不会肤期,赀各一盾。马劳课殿,赀厩啬夫一甲,令、丞、佐、史各一盾。马劳课殿,赀皂啬夫一盾。"②《厩苑律》则规定了对"田牛"的检验法规:"以四月、七月、十月、正月肤田牛。卒岁,以正月大课之,最,赐田啬夫壶酉(酒)束脯,为旱〈皂〉者除一更,赐牛长日三旬;殿者,谇田啬夫,罚冗皂者二月。其以牛田,

---

① 《睡虎地秦墓竹简》,第270—272页。

② 《睡虎地秦墓竹简》,第142页。

牛减洁,治(笞)主者寸十。有(又)里课之,最者,赐田典日旬;殿,治(笞)卅。"①

三 秦汉时期关于伤型的概念

秦汉时期已对伤情进行分类,产生了关于伤型的概念,这是长期"瞻伤、察创、视折、审断"法医检验的结果,如果将《礼记》中提到的"伤""创""折""断"与秦汉简牍中出现的有关伤型的概念做一比较,可以发现两者基本上是相符合的。

(一)疻与痏

"疻"指一般性损伤,一般没有皮破血流。《汉书·薛宣传》:"遇人不以义而见疻者,与痏人之罪钧,恶不直也。"颜师古注云:"应劭曰:'以杖手殴击人,剥其皮肤,肿起青黑而无创瘢者,律谓疻痏。遇人不以义为不直,虽见殴与殴人罪同也。'师古曰:'疻音侈。痏音鲔。'"②在颜师古所引应劭注中,疻与痏不分,显然有可商榷之处,段玉裁认为:"此应注讹脱。《急就篇》颜注云:'殴人皮肤肿起曰疻,殴伤曰痏。'盖应注'律谓疻'下夺去六字,当作'其有创瘢者谓痏。'《文选》嵇康诗'怛若创痏',李善引《说文》'痏,瘢也',正与应语合,皆本《汉律》也。疻轻痏重,遇人不以义而见疻,罪与痏人等,是疻人者轻论,见疻者重论,故曰'恶不直也'。创瘢谓皮破血流。……或曰依应仲远,则疻、痏异事,何为合之也?曰:应析言之,许浑言之。许曰殴伤,则固兼无创瘢、有创瘢者言之。"③朱骏声讲得更确切:"凡殴伤皮肤起青黑而无创瘢者为疻,有创瘢者曰痏。"④沈家本也认为"惟以创瘢之有无为疻、痏之分别"⑤。这种观点无疑是正确的,这可以在睡虎地秦简中找到证据,《法律答问》中提到"疻痏"三处:

> 或与人斗,夬(决)人唇,论可(何)也?比疻痏。
>
> 或斗,啮人颊若颜,其大方一寸,深半寸,可(何)论?比疻痏。
>
> 斗,为人殴殹(也),毋(无)疻痏,殴者顾折齿,可(何)论?各以其律论之。⑥

---

① 《睡虎地秦墓竹简》,第30—31页。
② 《汉书》卷八三《薛宣朱博传》,第3395—3396页。
③ 《说文解字注》,第351页。
④ [清]朱骏声撰:《说文通训定声》,武汉市古籍书店1983年影印本,第512页。
⑤ 《历代刑法考》第三册《汉律摭遗》,第1467页。
⑥ 《睡虎地秦墓竹简》,第188—189页。

以上三例,"疻痏"连称,泛指一切因殴斗而引起的人体皮肤的病理变化,但没有皮破血出。如果造成皮肤破损,就只能称为"痏"。

(二)痏与创

《封诊式》中有两例明确地载明皮肉有破损,都毫无例外地称为"痏":

> 诊首□齰发,其右角痏一所,袤五寸,深到骨,类剑迹;其头所不齐䞀䞀然。①

> 某头左角刃痏一所,北(背)二所,皆从(纵)头背,袤各四寸,相奏,广各一寸,皆臽中类斧。②

上文对"疻"与"痏"已辨析论述过,痏当指有创痕的伤情类型,一般指有皮破血流现象的创伤。《释名·释疾病》:"痍,侈也,侈开皮肤为创也。"此处的"痍"与"创"同义,痏亦指此类伤型而言。

(三)大痍与折

睡虎地秦简《法律答问》:"可(何)如为'大痍'?'大痍'者,支(肢)或未断,及将长令二人扶出之,为大痍。"③从秦律对"大痍"的正式解释可以看出,此类伤型大概属于《礼记》中的"折",蔡邕曰:"皮曰伤,肉曰创,骨曰折,骨肉皆绝曰断。"秦律中伤型的区分当与此一致。

(四)瘢与绌瘢

瘢指创伤面愈合后留下的疤痕,《汉书·朱博传》:"长陵大姓尚方禁,少时尝盗人妻,见斫,创著其颊……博闻知,以它事召见,视其面,果有瘢。"④《汉书·王莽传》:"诚见君面有瘢,美玉可以灭瘢,欲献其琢耳。"师古曰:"瘢,创痕也。"⑤"绌瘢"见于张家山汉简《奏谳书》第十七例:"诊讲北(背),治(笞)绌大如指者十三所,小绌瘢相质五也,道肩下到要(腰),稠不可数","诊毛北(背),笞绌瘢相质五也,道肩下到要(腰),稠不可数,其殿(臀)瘢大如指四所,其两股瘢

---

① 《睡虎地秦墓竹简》,第257—258页。
② 《睡虎地秦墓竹简》,第265页。
③ 《睡虎地秦墓竹简》,第241—242页。
④ 《汉书》卷八三《薛宣朱博传》,第3402页。
⑤ 《汉书》卷九九《王莽传》,第4043—4044页。

大如指"①。李学勤先生讲:"'质'读为'秩',意为积;'五'读为'午',意为交。"②意思是"绉瘢"互相交迭。简文中已载明,诊验时已过"磔笞"时数月,秦汉时期的笞刑用荆杖、竹杖等,"绉瘢"概指杖击伤愈合后形成的瘢痕,后代所谓"竹打中空"伤愈以后的瘢痕。关于此种伤型的形成,法医学家汪继祖讲:"凡被军棍打伤,均能表现为两条并列红痕,中夹白痕,在红痕处显著隆肿,有炎症性状,而白痕处显著平坦,俗称'竹打中空',凡被圆筒形物(柴棍、手杖、竹竿、荆条、竹枝、鞭之类)的打伤,均有此项特殊形成。"③

四 秦汉时期的损伤等级与《唐律》损伤等级之比较

《法律答问》云:"拔人发,大可(何)如为'提'？智(知)以上为'提'。"④与此相应,《唐律》规定:"伤及拔发方寸以上,杖八十。"⑤

《法律答问》:"或斗,啮断人鼻若指若唇,论各可(何)殴(也)？议皆当耐。""律曰:'斗夬(决)人耳,耐。'今夬(决)耳故不穿,所夬(决)非珥所入殴(也),何论？律所谓,非必珥所入乃为夬(决),夬(决)裂男若女耳,皆当耐。""斗,为人殴殴(也),毋(无)疻痏,殴者顾折齿,可(何)论？各以其律论之。"⑥相应地,《唐律》规定:"诸斗殴人折齿、毁缺耳鼻、眇一目及折手足指,若破骨及汤火伤人者,徒一年。"⑦

《法律答问》:"斗折脊项骨,可(何)论？比折支(肢)。""妻悍,夫殴治之,夬(决)其耳,若折支(肢)指,胅体,问夫何论？当耐。"⑧相应地,《唐律》规定:"诸斗殴,折跌人支体及瞎其一目者,徒三年(折支者,折骨;跌体者,骨差跌,失其常

---

① 江陵张家山汉简整理小组编:《江陵张家山汉简〈奏谳书〉释文(二)》,《文物》1995年新3期。
② 李学勤:《〈奏谳书〉解说(下)》,《文物》1995年第3期。
③ 汪继祖:《疑狱集、折狱龟鉴、棠阴比事的释例》,《医学史与保健组织》1958年第1号。
④ 《睡虎地秦墓竹简》,第186页。
⑤ 《唐律疏议》,第329页。
⑥ 《睡虎地秦墓竹简》,第185—189页。
⑦ 《唐律疏议》,第329页。
⑧ 《睡虎地秦墓竹简》,第183、185页。

处）。"①伤情检验很细致，一般应包括受伤的部位，创口的长、宽、深，伤口的数量，及创口的走向等，以便定受伤的等级、保辜的期限等。

睡虎地秦简《封诊式》中的《出子爰书》是一例因斗殴而导致孕妇胎儿流产的伤情检验，除了对流产婴儿进行检验以外，还对孕妇的伤情进行了检验："令隶妾数字者某某诊甲，皆言甲前旁有干血，今尚血出而少，非朔事殹（也）。某赏（尝）怀子而变，其前及血出如甲□。"②让生育多次的隶妾去检验甲，都说甲阴部旁边有干血，现在仍少量出血，并非月经。某人曾怀孕而后流产，其阴部及出血与甲相同。这里还运用了同类推理的方法。③

---

① 《唐律疏议》卷二一，第331页。
② 《睡虎地秦墓竹简》，第274—275页。
③ 郭延威：《浅析秦代的刑事检验制度》，《西北政法学院学报》1985年第4期。

第十一章　秦的监察法文化

秦代的监察法制是中国法制史上极具特色的制度之一,其监察思想、监察立法、监察制度的经验积累体现出中华民族在制度创新方面的伟大智慧和创造力。

第一节　秦的监察思想

思想是行为的先导,也是制度与法律的文化基础。秦代监察思想博大精深,深刻地影响了监察制度与法律的制定及运行。秦经商鞅变法,以法家思想富国强兵,乃至统一天下,以韩非、李斯为代表的法家所提出的"以法治官,以术督责"等主张逐渐成为秦建立及运行监察法制的主导思想,为设置独立的监察机构和建立有效的权力监督机制提供了理论上的依据。

一　韩非关于监察思想的相关论述

韩非有言:"人主者,守法责成以立功者也。闻有吏虽乱而有独善之民,不闻有乱民而有独治之吏,故明主治吏不治民。说在摇木之本与引网之纲。故失火之啬夫,不可不论也。〔救火者,吏操壶走火,则一人之用也;操鞭使人,则役万夫。〕故所遇术者如造父之遇惊马,牵马推车则不能进,代御执辔持策则马咸骛矣。是以说在椎锻平夷,榜檠矫直。不然,败在淖齿用齐戮闵王,李兑用赵饿主父也。"①

春秋战国时期,中国逐渐形成君、臣、民三个等级的政治结构和君管臣、臣管民的行政模式。君主居于权力顶层,负责重大事项的决策,官员则是上传下达、

---

① 《韩子浅解·外储说右下》,第332页。

负责行政的主要力量。君主通过官吏来施行政令、管理民众,实现国家治理的有序发展。韩非强调"明主治吏不治民",指明了君主的职责在于治吏,即治官,并提出官吏是管理民众的主体,官员出现贪污腐败的行为,或者社会秩序出现混乱的情况,行政之责在于作为管理者的官吏而非作为被管理者的民众。

在韩非看来,"明主治吏不治民"不仅具有对君主重在治吏的统治之术进行顶层设计的政治意义,也源自对现实社会中君臣关系的清醒认识和深刻分析。如韩非子认为,人皆欲利己,"人臣之情,非必能爱其君也,为重利之故也"①。君有公利,臣有私便,利害有异,上下各求其利,以致臣多知欺君罔上,君多不知规制臣下,君臣异心,则社稷有败亡之风险。

《韩非子》一书中,列举了臣下的斑斑劣迹,如臣下有五种君主往往无法察觉的劣行:"人臣有五奸而主不知也。为人臣者,有侈用财货赂以取誉者,有务庆赏赐予以移众者,有务朋党徇智尊士以擅逞者,有务解免赦罪狱以事威者,有务奉下直曲、怪言、伟服、瑰称以眩民耳目者。此五者,明君之所疑也,而圣主之所禁也。"②

臣下还破坏法制:"凡败法之人,必设诈托物以来亲,又好言天下之所希有,此暴君乱主之所以惑也,人臣贤佐之所以侵也。"③"群臣持禄养交,行私道而不效公忠,此谓明劫。鬻宠擅权,矫外以胜内,险言祸福得失之形,以阿主之好恶。人主听之,卑身轻国以资之,事败与主分其祸,而功成则臣独专之。诸用事之人,壹心同辞以语其美,则主言恶者必不信矣。此谓事劫。至于守司囹圄,禁制刑罚,人臣擅之,此谓刑劫。"④

臣下有结党之祸:"故为人臣者破家残胜,内构党与、外接巷族以为誉,从阴约结以相固也,虚相与爵禄以相劝也。曰:'与我者将利之,不与我者将害之。'众贪其利,劫其威。彼诚喜则能利己,忌怒则能害己。众归而民留之,以誉盈于国,发闻于主;主不能理其情,因以为贤。彼又使谲诈之士,外假为诸侯之宠使,假之以舆马,信之以瑞节,镇之以辞令,资之以币帛,使诸侯淫说其主,微挟私而

---

① 《韩子浅解·二柄》,第 46 页。
② 《韩子浅解·说疑》,第 419 页。
③ 《韩子浅解·饰邪》,第 136 页。
④ 《韩子浅解·三守》,第 121—122 页。

公议。所为使者,异国之主也;所为谈者,左右之人也。主说其言而辩其辞,以此人者天下之贤士也。"①

"明主治吏不治民"指出了君主对官员进行管理的重要性,但如何治吏,仅靠君主一己之力难以明察吏治得失,难以有效管理数量庞大的官员群体。所以,建立一套可实施于官僚系统内部且能够发挥官员之间相互制衡作用的制度成为时之所需。相对独立的监察制度在此背景下应运而生。

监察制度如何运行,韩非提出了法、术、势三者相结合的主张,特别是通过以法治官、以术督责,针对君臣治道中存在的问题共同发力。何谓法、术?如何发挥法、术的作用?韩非认为:"人主之大物,非法则术也。法者,编著之图籍,设之于官府,而布之于百姓者也。术者,藏之于胸中以偶众端,而潜御群臣者也。故法莫如显,而术不欲见。"②"术者,因任而授官,循名而责实,操杀生之柄,课群臣之能者也。此人主之所执也。法者,宪令著于官府,刑罚必于民心,赏存乎慎法,而罚加乎奸令者也。"③所以,治理官吏之法与"循名责实""守法责成"之术相辅相成,成为君主监察及规制群臣的重要手段。

二 李斯对"督责之术"的全面阐述

秦在统一六国之后,继续奉行法家崇尚君主专制的政治理论,着手巩固政权,并创建一系列旨在加强中央集权、强化君主权威的政治制度,同时,巩固和加强严格治官的监察制度,"皇帝之明,临察四方。尊卑贵贱,不逾次行。奸邪不容,皆务贞良。细大尽力,莫敢怠荒。远迩辟隐,专务肃庄。端直敦忠,事业有常"④。秦帝国建立后,其监察思想的发展在李斯的系统论述中得以全面体现。

首先,李斯提出对官员施行"督责之术"。监察的目的在于维护君主专制,"夫贤主者,必且能全道而行督责之术者也。督责之,则臣不敢不竭能以徇其主矣。此臣主之分定,上下之义明,则天下贤不肖莫敢不尽力竭任以徇其君矣。是故主独制于天下而无所制也"⑤。李斯认为"贤主"独尊地位的维持和突显,在于

---

① 《韩子浅解·说疑》,第416页。
② 《韩子浅解·难三》,第381页。
③ 《韩子浅解·定法》,第406页。
④ 《史记》卷六《秦始皇本纪》,第245页。
⑤ 《史记》卷八七《李斯列传》,第2554页。

"贤主"能够厉行"督责之术",充分发挥监察机制的作用,这样一来,既保障了"贤主"的权威,也明定了君臣之分和上下之义,使官员不得不尽职尽责,对君主忠诚。

其次,李斯援引申不害和韩非的论断,并以反面事例说明不实行"督责之术"的不利后果和严重教训。尧、禹占有天下,却不懂得纵情恣欲,"专以天下自适也,而徒务苦形劳神,以身徇百姓,则是黔首之役,非畜天下者也,何足贵哉!"不督责臣下,反而为百姓辛苦操劳,非但君主尊贵的身份难以体现,天下也成了君主的"镣铐","谓之为'桎梏',不亦宜乎?不能督责之过也"。所以,"明主圣王之所以能久处尊位,长执重势,而独擅天下之利者,非有异道也,能独断而审督责,必深罚,故天下不敢犯也"。①

再次,李斯指出,行"督责之术"不仅可以使臣下竭尽全力效忠君主,时刻警醒和制约众多官吏,使其不敢徇私枉法,也有力确保了君主权力的专断与国家秩序的稳定。"夫俭节仁义之人立于朝,则荒肆之乐辍矣;谏说论理之臣间于侧,则流漫之志诎矣;烈士死节之行显于世,则淫康之虞废矣。故明主能外此三者,而独操主术以制听从之臣,而修其明法,故身尊而势重也。"贤明之君集权独断,权力不落入臣下手中,"然后能灭仁义之涂,掩驰说之口,困烈士之行,塞聪掩明,内独视听,故外不可倾以仁义烈士之行,而内不可夺以谏说忿争之辩。故能荦然独行恣睢之心而莫之敢逆。若此然后可谓能明申、韩之术,而修商君之法。法修术明而天下乱者,未之闻也"。②

最后,李斯强调,"督责之术"的施行,在完善监察体制、强化君主专制的同时,也有利于实现天下安定、国家富强。"督责之诚则臣无邪,臣无邪则天下安,天下安则主严尊,主严尊则督责必,督责必则所求得,所求得则国家富,国家富则君乐丰。"李斯认为,厉行督责,君主可以最大限度满足一切欲望,而百姓疲于自行补救过失,社会便不会产生变乱。"故督责之术设,则所欲无不得矣。群臣百姓救过不给,何变之敢图?若此则帝道备,而可谓能明君臣之术矣。"③

以"以法治官、以术督责"为核心的秦代监察思想,从理论层面对最高统治

---

① 《史记》卷八七《李斯列传》,第 2555—2556 页。
② 《史记》卷八七《李斯列传》,第 2557 页。
③ 《史记》卷八七《李斯列传》,第 2557 页。

者及君主与百官之间的权力关系予以规制,成为监察法制走向全面、系统的起点和基础,标志着中国封建帝制下早期监察思想的进步。

第二节　秦的监察立法

一　律典中的监察立法

律典是秦代最基本也最重要的法律形式。秦代并未形成独立的、单一的、专门性的监察法典,但监察立法大量出现在各种律典之中,通过对相关条文的梳理和总结,即可初步呈现秦代监察立法的基本形态。以已经出土的睡虎地秦简为例,其简文内容丰富、体例庞杂,融汇了法律条文、法律解释和法律文书等,其中尤其以《秦律杂抄》《语书》《为吏之道》和《法律答问》等对官吏任免、官吏考课和犯罪惩处等方面的规定与监察立法最为相关,特别是《为吏之道》,是集中反映秦代监察立法面貌的珍贵文献。

秦律典中的监察立法主要体现在以下几个方面:

(一)指明监察官员的选任条件

《孟子·离娄》云"徒法不能以自行"。监察法制的有效实施,关键在于监察官员具备良好的职业素养,且能公正而严格地执法。监察官员隶属规模庞大的官僚群体,秦代对良吏的选任条件同样适用于监察官员。如秦简《语书》提到:"凡良吏明法律令,事无不能殹(也);有(又)廉洁敦悫而好佐上;以一曹事不足独治殹(也),故有公心;有(又)能自端殹(也),而恶与人辨治,是以不争书。"[①]可见,明法律令、厚道廉洁、公心尽职、作风正派等是秦在选任监察官员时的重要考量标准。

《语书》也对不符合选任条件的"恶吏"进行了界定,相对于良吏,"恶吏不明法律令,不智(知)事,不廉洁,毋(无)以佐上,緰(偷)随(惰)疾事,易口舌,不羞辱,轻恶言而易病人,毋(无)公端之心,而有冒抵(抵)之治,是以善斥(诉)事,喜

[①]　《睡虎地秦墓竹简》,第19页。

争书"①。

《为吏之道》则在开篇就对官吏的选任标准加以明确,即官吏应该具备以下操守:"必精洁正直,慎谨坚固,审悉毋(无)私,微密韱(纤)察,安静毋苛,审当赏罚。"②这是对官员任职条件的全面阐述。

(二)规范监察官员的行为准则

《为吏之道》提出"五善"作为判断官吏是否守法勤勉的标准。"吏有五善:一曰中(忠)信敬上,二曰精(清)廉毋谤,三曰举事审当,四曰喜为善行,五曰龚(恭)敬多让。五者毕至,必有大赏。""五善"之外,还强调官员在履职过程中应时刻牢记"正行修身","审耳目口,十耳当一目","临材(财)见利,不取句(苟)富;临难见死,不取句(苟)免"。③

《法律答问》对官员的犯罪行为做了如下解释:"论狱〔何谓〕'不直'?可(何)谓'纵囚'?罪当重而端轻之,当轻而端重之,是谓'不直'。当论而端弗论,及伤其狱,端令不致,论出之,是谓'纵囚'。"④判案怎样称为"不直"?怎样称为"纵囚"?罪应重而故意轻判,罪应轻而故意重判,称为"不直"。应当论罪而故意不论罪,以及减轻案情,故意使犯人够不上判罪标准,于是判他无罪,称为"纵囚"。

《法律答问》还规定了法(废)令、犯令两种行为。"可(何)如为'犯令''法(废)令'?律所谓者,令曰勿为,而为之,是谓'犯令';令曰为之,弗为,是谓'法(废)令'殹(也)。廷行事皆以'犯令'论。"⑤律文的意思是,规定不能做的事,做了,称为犯令;规定要做的事,不去做,称为废令。根据成例,均以犯令论处。废令、犯令之罪,对已经免职或调任的应否追究?应予追究。"法(废)令、犯令,迁免、徙不迁?迁之。"⑥

(三)明确监察对象的定罪标准

《为吏之道》列举了官吏的五种失职行为:"吏有五失:一曰夸以迣,二曰贵

---

① 《睡虎地秦墓竹简》,第19—20页。
② 《睡虎地秦墓竹简》,第281页。
③ 《睡虎地秦墓竹简》,第283、281—282页。
④ 《睡虎地秦墓竹简》,第191页。
⑤ 《睡虎地秦墓竹简》,第211—212页。
⑥ 《睡虎地秦墓竹简》,第212页。

以大(泰),三曰擅裂割,四曰犯上弗智(知)害,五曰贱士而贵货贝。一曰见民倨敖(傲),二曰不安其朝,三曰居官善取,四曰受令不偻,五曰安家室忘官府。一曰不察所亲,不察所亲则怨数至;二曰不智(知)所使,不智(知)所使则以权衡求利;三曰兴事不当,兴事不当则民伤指;四曰善言惰(惰)行,则士毋所比;五曰非上,身及于死。"①

《语书》指出,恶吏"争书,因恚(佯)瞋目扼掔(腕)以视(示)力,訏询疾言以视(示)治,誣讥丑言麃斫以视(示)险,坑阆强肮(伉)以视(示)强,而上犹智之殴(也)。故如此者不可不为罚"②。对失职官吏及恶吏,必须加以惩罚。

(四)规定监察活动的程序要求

《语书》在对恶吏进行确认时,规定了具体的程序性要求,"发书,移书曹,曹莫受,以告府,府令曹画之。其画最多者,当居曹奏令、丞,令、丞以为不直,志千里使有籍书之,以为恶吏"③。

另外,如何考评地方官吏优劣,秦代也有明文规定,如《后汉书·百官志》云:"本注曰:秦有监御史,监诸郡。""凡郡国皆掌治民,进贤劝功,决讼检奸。常以春行所主县,劝民农桑,振救乏绝。秋冬遣无害吏案讯诸囚,平其罪法,论课殿最。岁尽遣吏上计。"

(五)释明监察执法的典型事例

《法律答问》以答问形式对秦律律文进行有效解释,是当时司法审判的重要参考依据,其中不乏有关监察执法的典型案例。具体如下:

(1)私借府中财物。"'府中公金钱私贷用之,与盗同法。'可(何)谓'府中'?唯县少内为'府中',其它不为。"④不仅规定官员私自借用府中的公家金钱,与盗窃同样论罪,而且明确界定了"府中"的范围。

(2)捕获盗窃罪犯,不及时估算赃物价值。"士五(伍)甲盗,以得时直(值)臧(赃),臧(赃)直(值)过六百六十,吏弗直(值),其狱鞠乃直(值)臧(赃),臧(赃)直(值)百一十,以论耐,问甲及吏可(何)论?甲当黥为城旦;吏为失刑罪,

---

① 《睡虎地秦墓竹简》,第283—284页。
② 《睡虎地秦墓竹简》,第20页。
③ 《睡虎地秦墓竹简》,第20页。
④ 《睡虎地秦墓竹简》,第165页。

或端为,为不直。"① 士伍甲盗窃,如果在捕获时估其赃物价值,所值应超过六百六十钱,但吏当时没有估价,到审讯时才估,赃值一百一十钱,因而判处耐刑,问甲和吏如何论处? 甲应黥为城旦;吏以用刑不当论罪,如系故意这样做,以不公论罪。"士五(伍)甲盗,以得时直(值)臧(赃),臧(赃)直(值)百一十,吏弗直(值),狱鞫乃直(值)臧(赃),臧(赃)直(值)过六百六十,黥甲为城旦,问甲及吏可(何)论? 甲当耐为隶臣,吏为失刑罪。甲有罪,吏智(知)而端重若轻之,论可(何)殴(也)? 为不直。"② 士伍甲盗窃,如在捕获时估其赃物价值,所值应为一百一十钱,但吏当时没有估价,到审讯时才估,赃值超过六百六十钱,因而把甲黥为城旦,问甲和吏如何论处? 吏知道他的罪而故意从重或从轻判刑,应如何论处? 以不公论处。

(3) 低级官吏伪造丞的官印,冒充大啬夫。对这一行为,法律定为矫丞令。"'侨(矫)丞令'可(何)殴(也)? 为有秩伪写其印为大啬夫。"③

(4) 假冒啬夫封印。依照成例,按伪造官印论罪。"盗封啬夫可(何)论? 廷行事以伪写印。"④

(5) 拆开伪造文书,官员未能察觉。"'发伪书,弗智(知),赀二甲。'今咸阳发伪传,弗智(知),即复封传它县,它县亦传其县次,到关而得,今当独咸阳坐以赀,且它县当尽赀? 咸阳及它县发弗智(知)者当皆赀。"⑤ 如咸阳开看伪造的通行证,没有察觉,就重加封印传给其他县,其他县又传给其次的县,一直到关口才被拿获,是只有咸阳受罚,还是其他县都应受罚? 咸阳和其他开看而未能察觉的县都应受罚。

(6) 官吏弄虚作假。依照成例,对此类行为,其罪在罚盾以上的,依判决执行,同时将其撤职永不叙用。"廷行事吏为诅伪,赀盾以上,行其论,有(又)废之。"⑥

(7) 啬夫不忠于职守,专干坏事。秦律对此处以流放。被流放者的妻子应

---

① 《睡虎地秦墓竹简》,第165页。
② 《睡虎地秦墓竹简》,第166页。
③ 《睡虎地秦墓竹简》,第175页。
④ 《睡虎地秦墓竹简》,第175页。
⑤ 《睡虎地秦墓竹简》,第176页。
⑥ 《睡虎地秦墓竹简》,第176页。

否随往流放地点？秦律规定罪犯之妻不应随往。"啬夫不以官为事，以奸为事，论可（何）殴（也）？当羁（迁）。羁（迁）者妻当包不当？不当包。当羁（迁），其妻先自告，当包。"①应当处流刑的人，其妻事先自首，仍应随往流放地点。

（8）官吏押送在乡里作恶的人而将其放走。应当将官吏像其所放走的罪犯那样拘禁，使其劳作，直到罪犯被捕获为止；如果是有爵的人，可在官府服役。"将上不仁邑里者而纵之，可（何）论？当毄（系）作如其所纵，以须其得；有爵，作官府。"②

（9）判处犯人赎罪不公正，史没有和啬夫合谋，史应罚一盾。"赎罪不直，史不与啬夫和，问史可（何）论？当赀一盾。"③

（10）判处鋈足不当，按失刑论罪。"以乞鞫及为人乞鞫者，狱已断乃听，且未断犹听殴（也）？狱断乃听之。失鋈足，论可（何）殴（也）？如失刑罪。"④

（11）郡县所任用的佐渎职，按轻微犯令论处。"郡县除佐，事它郡县而不视其事者，可（何）论？以小犯令论。"⑤

（12）拒绝为迁居的人更改户籍。"甲徙居，徙数谒吏，吏环，弗为更籍，今甲有耐、赀罪，问吏可（何）论？耐以上，当赀二甲。"⑥甲迁居，请求吏迁移户籍，吏拒绝，不为他更改户籍，如甲有处耐刑、罚款的罪，问吏应如何论处？甲罪在耐刑以上，吏应罚二甲。

（13）丢失了记书、符券、官印、衡器的权，已受论处，后来自己找到所丢失的东西，不应免除所论之罪。"亡久书、符券、公玺、衡赢（累），已坐以论，后自得所亡，论当除不当？不当。"⑦

另外，对官员类似渎职却并未渎职的行为，秦律不予处罚。如："任人为丞，丞已免，后为令，今初任者有罪，令当免不当？不当免。"⑧保举他人为丞，丞已免

---

① 《睡虎地秦墓竹简》，第177—178页。
② 《睡虎地秦墓竹简》，第178页。
③ 《睡虎地秦墓竹简》，第192页。
④ 《睡虎地秦墓竹简》，第200—201页。
⑤ 《睡虎地秦墓竹简》，第212页。
⑥ 《睡虎地秦墓竹简》，第213—214页。
⑦ 《睡虎地秦墓竹简》，第213页。
⑧ 《睡虎地秦墓竹简》，第212—213页。

职,事后本人为令,如原来保举过的那个人有罪,令应否免职? 不应免职。

在《秦律杂抄》中,也有许多监察事例。如:

(1)《除吏律》规定"任法(废)官者为吏,赀二甲"①,意为保举被撤职永不叙用的人为吏,将被处以赀二甲之罚。

(2)"为(伪)听命书,法(废)弗行,耐为侯(候);不辟(避)席立,赀二甲,法(废)。"②装作听朝廷的命书,实际废置不予执行,应耐为候;听命书时不下席站立,罚二甲,撤职,永不叙用。

(3)《游士律》规定:"游士在,亡符,居县赀一甲;卒岁,责之。有为故秦人出,削籍,上造以上为鬼薪,公士以下刑为城旦。"③游士居留而无凭证,所在的县罚一甲;居留满一年者,应加诛责。有帮助秦人出境,或除去名籍的,上造以上罚为鬼薪,公士以下刑为城旦。

(4)《除弟子律》规定:"当除弟子籍不得,置任不审,皆耐为侯(候)。使其弟子嬴律,及治(笞)之,赀一甲;决革,二甲。"④如有不适当地将弟子除名,或任用保举弟子不当者,均耐为候。役使弟子超出法律规定,及加以笞打,应罚一甲;打破皮肤,罚二甲。

(5)《臧(藏)律》规定:"臧(藏)皮革蠹(蠹)突,赀啬夫一甲,令、丞一盾。"⑤贮藏的皮革被虫咬坏,罚该府库的啬夫一甲,令、丞一盾。

(6)"非岁红(功)及毋(无)命书,敢为它器,工师及丞赀各二甲。县工新献,殿,赀啬夫一甲,县啬夫、丞、吏、曹长各一盾。城旦为工殿者,治(笞)人百。大车殿,赀司空啬夫一盾,徒治(笞)五十。"⑥不是本年度应生产的产品,又没有朝廷的命书,而擅自制作其他器物的,工师和丞各罚二甲。各县工官新上交的产品,被评为下等,罚该工官的啬夫一甲,县啬夫(县令)、丞、吏和曹长各一盾。城旦做工而被评为下等,每人笞打一百下。所造大车被评为下等,罚司空啬夫一盾,徒各笞打五十下。

---

① 《睡虎地秦墓竹简》,第127页。
② 《睡虎地秦墓竹简》,第129页。
③ 《睡虎地秦墓竹简》,第129—130页。
④ 《睡虎地秦墓竹简》,第130页。
⑤ 《睡虎地秦墓竹简》,第136页。
⑥ 《睡虎地秦墓竹简》,第137页。

(7)"漆园殿,赀啬夫一甲,令、丞及佐各一盾,徒络组各廿给。漆园三岁比殿,赀啬夫二甲而法(废),令、丞各一甲。"①漆园被评为下等,罚漆园的啬夫一甲,县令、丞及佐各一盾,徒络组各二十根。漆园连续三年被评为下等,罚漆园的啬夫二甲,并撤职,永不叙用,县令、丞各罚一甲。

(8)"采山重殿,赀啬夫一甲,佐一盾;三岁比殿,赀啬夫二甲而法(废)。殿而不负费,勿赀。赋岁红(功),未取省而亡之,及弗备,赀其曹长一盾。大(太)官、右府、左府、右采铁、左采铁课殿,赀啬夫一盾。"②采矿两次被评为下等,罚其啬夫一甲,佐一盾;连续三年被评为下等,罚其啬夫二甲,并撤职而永不叙用。被评为下等但并无亏欠的,不加责罚。收取每年规定的产品,尚未验收就丢失的,以及不足数的,罚其曹长一盾。太官、右府、左府、右采铁及左采铁在考核中被评为下等,罚其啬夫一盾。

(9)"捕盗律曰:捕人相移以受爵者,耐。求盗勿令送逆为它,令送逆为它事者,赀二甲。"③把所捕之人转交他人,以骗取爵位的,处以耐刑。禁止命求盗(亭中专司捕"盗"的人员)去做送迎或其他事务,有命求盗做送迎或其他事务的,罚二甲。

(10)"戍律曰:同居毋并行,县啬夫、尉及士吏行戍不以律,赀二甲。"④同居者不要同时征服边戍,县啬夫(县令)、县尉和士吏如不依法征发边戍,罚二甲。

(11)"戍者城及补城,令姑(嬃)堵一岁,所城有坏者,县司空署君子将者,赀各一甲;县司空佐主将者,赀一盾。令戍者勉补缮城,署勿令为它事;已补,乃令增塞埤塞。县尉时循视其攻(功)及所为,敢令为它事,使者赀二甲。"⑤服边戍者筑城和修城,都要让他们担保城垣一年。所筑如有毁坏,率领戍者的县司空署君子各罚一甲,主管率领的县司空佐罚一盾。要命服边戍者全力修城,所属地段不得叫他们做其他事务;城修好后,要让他们把要害处加高加厚。县尉应经常巡视工程,察看服边戍者在做什么,有敢叫他们做其他事务的,役使他们的人应罚二甲。

---

① 《睡虎地秦墓竹简》,第138页。
② 《睡虎地秦墓竹简》,第138页。
③ 《睡虎地秦墓竹简》,第147页。
④ 《睡虎地秦墓竹简》,第147页。
⑤ 《睡虎地秦墓竹简》,第148页。

由以上可见,秦代的监察执法涵盖选人用人、产品质量、渎职失职、司法不公等各个方面。

二 诏令中的监察内容

除了律典,皇帝诏令也是秦代监察立法的重要渊源。

如秦始皇琅琊刻石中,就体现出与监察相关的诏令:"忧恤黔首,朝夕不懈。除疑定法,咸知所辟。方伯分职,诸治经易。举错必当,莫不如画。皇帝之明,临察四方。尊卑贵贱,不逾次行。奸邪不容,皆务贞良。细大尽力,莫敢怠荒。远迩辟隐,专务肃庄。端直敦忠,事业有常。"①皇帝不仅要操劳国事,明定法律,规范百姓行为,还要监察天下官吏,使贵贱彰明,尊卑有序,去除奸邪,弘扬正气。

此外,秦始皇还专门颁布"见之不举"令,凡是官员知晓有人"偶语《诗》《书》""以古非今",却不予举报,将受到与罪犯同等严重的处罚。"有敢偶语《诗》《书》者弃市。以古非今者族。吏见知不举者与同罪。"②

第三节 秦的监察活动

秦的监察活动,大致可分为内部监察和外部监察两方面,又以外部监察为主。

一 内部监察

秦制的建立与创新,极大地加强了君主专制和中央集权,皇帝成为最高权力的掌握者,集最高立法、司法、行政、军事和监察权于一身。在整个全新建立并发挥作用的行政体系中,秦的内部监察主要体现为皇帝巡行和行政系统对经济活动的监察。

(一)皇帝巡行

秦统一天下后,秦始皇先后六次出巡,频率之高,在历代帝王中比较罕见。

---

① 《史记》卷六《秦始皇本纪》,第245页。
② 《史记》卷六《秦始皇本纪》,第255页。

秦始皇多次出巡,除了宣德扬威、彰明秦法、巩固政权和求神问仙、祭祀天地等之外,对各地军政事务和农业生产、赋税收入、生活风俗、治安刑狱、官吏任职等地方政治、经济、社会治理情况进行监察也是一大目的。

如《史记·秦始皇本纪》记载:二十八年(前219),秦始皇东行郡县,上泰山刻石,其辞中言明:"皇帝临位,作制明法,臣下修饬。……从臣思迹,本原事业,祗诵功德。治道运行,诸产得宜,皆有法式。……贵贱分明,男女礼顺,慎遵职事。昭隔内外,靡不清净,施于后嗣。化及无穷,遵奉遗诏,永承重戒。"① 又作琅邪台,立石刻,颂秦德,明得意。其辞曰:"维二十八年,皇帝作始。端平法度,万物之纪。……除疑定法,咸知所辟。方伯分职,诸治经易。举错必当,莫不如画。皇帝之明,临察四方……"② 二十九年(前218),始皇东游,刻石。其辞曰:"皇帝明德,经理宇内,视听不怠。作立大义,昭设备器,咸有章旗。职臣遵分,各知所行,事无嫌疑。黔首改化,远迩同度,临古绝尤。常职既定,后嗣循业,长承圣治。"③ 三十七年十月癸丑,始皇出游,刻石。其辞曰:"皇帝休烈,平一宇内,德惠修长。三十有七年,亲巡天下,周览远方。……皇帝并宇,兼听万事,远近毕清。运理群物,考验事实,各载其名。贵贱并通,善否陈前,靡有隐情。"④

(二)行政监察

民众赋税和财政收入是皇权得以掌控经济的保障,而经济领域也最容易出现贪腐问题,所以秦代在行政系统内部采取审察上计簿的方式自上而下实现监察。

上计,是指由地方行政长官定期向上级呈上计文书,报告地方治理状况。县令长于年终将该县户口、垦田、钱谷、刑狱状况等,编制为计簿(亦名"集簿"),呈送郡国。根据属县的计簿,郡守国相再编制郡的计簿,上报朝廷。根据考核结果,对官吏予以升、降、赏、罚。上计是秦代通过审察"官吏所辖区域内的人口、田地的增减变动、财政收支等情况,对地方官吏进行考核的一种方法"⑤。秦代在沿用周代上计制度的同时,通过法律对其进行确认,并进一步规范,如睡虎地

---

① 《史记》卷六《秦始皇本纪》,第243页。
② 《史记》卷六《秦始皇本纪》,第245页。
③ 《史记》卷六《秦始皇本纪》,第250页。
④ 《史记》卷六《秦始皇本纪》,第261—262页。
⑤ 张晋藩主编:《中国古代监察法制史》,江苏人民出版社,2007年,第12页。

秦简《仓律》规定："县上食者籍及它费大(太)仓,与计偕。都官以计时雠食者籍。"①根据此条律文,各县太仓上报领取口粮人员的名籍和其他费用,应与每年的账簿同时缴送,都官应在每年结账时按上计簿对领取口粮人员的名籍进行核查。

睡虎地秦简《厩苑律》规定："以四月、七月、十月、正月肤田牛。卒岁,以正月大课之,最,赐田啬夫壶酉(酒)束脯,为旱〈皂〉者除一更,赐牛长日三旬;殿者,谇田啬夫,罚冗皂者二月。其以牛田,牛减絜,治(笞)主者寸十。有(又)里课之,最者,赐田典日旬;殿,治(笞)卅。"②可知,秦代在每年四月、七月、十月、正月评比耕牛。满一年,在正月举行大考核,成绩优秀的,赏赐田啬夫酒一壶,干肉十条,免除饲牛者一次更役,赏赐牛长资劳三十天;成绩低劣的,申斥田啬夫,罚饲牛者资劳两个月。如果用牛耕田,牛的腰围减瘦了,每减瘦一寸,要笞打主事者十下。又在乡里进行考核,成绩优秀的赏赐里典资劳十天,成绩低劣的笞打三十下。

睡虎地秦简《厩苑律》又规定："将牧公马牛,马〔牛〕死者,亟谒死所县,县亟诊而入之,其入之其弗亟而令败者,令以其未败直(值)赏(偿)之。其小隶臣疾死者,告其□□之;其非疾死者,以其诊书告官论之。其大厩、中厩、宫厩马牛殹(也),以其筋、革、角及其贾(价)钱效,其人诣其官。其乘服公马牛亡马者而死县,县诊而杂买(卖)其肉,即入其筋、革、角,及索(索)入其贾(价)钱。钱少律者,令其人备之而告官,官告马牛县出之。今课县、都官公服牛各一课,卒岁,十牛以上而三分一死;不〔盈〕十牛以下,及受服牛者卒岁死牛三以上,吏主者、徒食牛者及令、丞皆有罪。内史课县,大(太)仓课都官及受服者。"③每年对各县、各都官的官有驾车用牛考核一次,考察时,领用牛出了问题,主管牛的吏、饲牛的徒及令、丞都要按责任进行处罚。特别是"内史课县,大(太)仓课都官及受服者"一句,由内史考核各县,太仓考核各都官和领用牛的人,直接明确了上计采取的是行政系统内部自上而下(即上级监察下级)的方式。

---

① 《睡虎地秦墓竹简》,第42页。
② 《睡虎地秦墓竹简》,第30—31页。
③ 《睡虎地秦墓竹简》,第33页。

二 外部监察

秦代的外部监察,以体系相对独立的御史系统和谏官系统的监察为主,是范围最广泛、活动最频繁、作用最明显、成效最突出、影响最深远的监察形式。

(一)中央御史监察系统

御史制度源远流长,早在西周时期,就有"御史掌邦国都鄙及万民之治令,以赞冢宰。凡治者受法令焉,掌赞书,凡数从政者"①的记载,"凡数"即为监察之义,这反映出御史掌管国都、地方和百姓的法令,辅佐宰相管理天下政务,将有关法令分发给有治职的官吏,并负责起草诏书,督察百官遵纪守法的情况。但先秦时期的御史制度尚处于探索阶段,系统化、规范化、法制化的御史制度在秦代才正式确立。秦灭六国之后,为巩固至上皇权与政权统一,防止官吏违法乱纪,在吸取先秦各国设立御史经验的基础上,在全国范围内建立和健全了体系相对独立的御史制度和与行政机关相分离的监察系统。这一别具特色的制度设计,为有效地解决皇帝和官员之间、中央和地方之间的权力冲突提供了新的思路,其所发挥的巨大威力逐步彰显出秦代监察制度的特有优势,因此成为后世争相仿效的模范。

秦在中央设御史大夫,与丞相、太尉并称三公。《汉书·百官公卿表》云:"御史大夫,秦官,位上卿,银印青绶,掌副丞相。有两丞,秩千石。一曰中丞,在殿中兰台,掌图籍秘书,外督部刺史,内领侍御史员十五人,受公卿奏事,举劾按章。"②《通典·职官一》云:"秦兼天下,建皇帝之号,立百官之职,不师古,始罢侯置守。太尉主五兵,丞相总百揆,又置御史大夫以贰于相。"御史大夫为副丞相,位高权重。

御史大夫之下,设有御史中丞、侍御史等,具体履行监察职权,又以御史中丞权位显赫。《晋书·职官志》云:"御史中丞,本秦官也,秦时,御史大夫有二丞,其一御史丞,其一为中丞。中丞外督部刺史,内领侍御史,受公卿奏事,举劾按章。"御史中丞的主要任务包括:一是掌图籍秘书,即掌律令、文书、档案等。二是外督部刺史,肩负视察各地、检举不法重任的同时,对在地方设立的监郡御史

---

① 《周礼》卷六《春官宗伯下》,四部丛刊明翻宋岳氏本。
② 《汉书》卷一九上《百官公卿表》,第725页。

进行督查。三是内领侍御史。分析史料可知,御史大夫之下有高级属官四十五人,其中包括以御史中丞为首的殿中属官十五人。《汉官旧仪》卷上曰:"御史员四十五人,皆六百石。其十五人,衣绛,给事殿中,为侍御史。宿庐左右渠门外,二人尚玺,四人持书,给事二人,侍中丞一人领,余三十人留寺,理百官也。"① 四是举劾按章,这是御史中丞的核心职务,即纠察百官。

侍御史同样发挥着重要作用。应劭《汉官仪》卷上曰:"御史,秦官也。案周有御史,掌邦国都鄙及万民之治,令以赞冢宰。侍御史,周官也。为柱下史,冠法冠,一曰'柱后',以铁为柱。或说古有獬豸兽,触邪佞,故执宪者以其角形为冠耳。余览《秦事》云:'始皇灭楚,以其君冠赐御史。'汉兴袭秦,因而不改。"② 秦代御史作为皇帝耳目,不仅头戴獬豸冠,还享有并行使司法监察权。睡虎地秦简《尉杂律》规定:"岁雠辟律于御史。"③ 即知廷尉每年要到御史府核对律文,侍御史可从中监督法律的实施情况。

(二)地方御史监察系统

秦在地方设御史监郡,实行御史监郡制。《史记·秦始皇本纪》记载:"(秦)分天下以为三十六郡,郡置守、尉、监。"《集解》引《汉书·百官表》曰:"秦郡守掌治其郡;有丞、尉,掌佐守典武职甲卒;监御史掌监郡。"④《后汉书·百官志》云:"本注曰:秦有监御史监诸郡。"秦郡县制下,地方长官由中央任免,军政大权直接掌控在皇帝手中,郡守县令对皇帝完全负责。虽然中央监察系统初成规模,但中央官员并无直接辖土治民之权。直属中央、不受地方长官节制、负责监察郡守县令等地方官吏的监郡御史应时而生。监郡御史与郡守、郡尉一起,并称"守、尉、监"。汉相萧何在秦时任主吏掾,得泗水监御史赏识,被提升为泗水卒史,后又因考课第一,而由监御史向朝廷举荐,均反映出监郡御史在地方行政事务中占有重要地位。

综上,秦代中央和地方御史系统相辅相成,其职能除执掌公卿奏章、图籍档案之外,还参与朝议,监督军事,典正法度,对朝廷内外官僚系统的违法失职行为

---

① 《汉官旧仪》,第2页。
② 《汉官六种·汉官仪》,清平津馆丛书本。
③ 《睡虎地秦墓竹简》,第109页。
④ 《史记》卷六《秦始皇本纪》,第239—240页。

进行纠举弹劾,其监察对象几乎包括除皇帝外的所有行政官僚。

(三)言谏监察系统

秦监察制度涵盖御史制度和谏官制度。御史制度是监察制度的主干,针对国家官吏;谏官制度是监察制度的另一个重要方面,适用对象是国家最高统治者——皇帝。两者互相补充,共同构成了秦代的监察体系。《周礼·地官司徒》有"保氏掌谏王恶"的记载,保氏就是西周时期的谏官。《吕氏春秋·勿躬》也记载了管仲对齐桓公的进言:"犯君颜色,进谏必忠,不避死亡,不重富贵,臣不如东郭牙,请置以为大谏臣。"①大谏臣即为谏官。

秦在建立御史监察系统的同时,还对言官规谏系统进行制度性建设和完善。《通典·职官三》曰:"秦置谏议大夫,掌论议,无常员,多至数十人,属郎中令。"并在近臣侍官中,设置给事中,属加官,由大夫、博士、议郎兼领,无定员。给事中的职责,《通典》云"掌顾问应对""日上朝谒,平尚事奏事,分为左右曹,以有事殿中,故曰给事中"。可见秦代已经设置了专门的谏官。

言谏系统除谏官职位的设立,还包括议事制度的同步实行。凡遇有军国要务,如立君、分封、宗庙、戍边等,设朝议,召集丞相、太尉、御史大夫诸臣议政,最后由皇帝根据群臣的各种看法和意见"乾纲独断",做出选择。如关于在地方建立分封制还是郡县制的问题,《史记·秦始皇本纪》载:"丞相绾等言:'诸侯初破,燕、齐、荆地远,不为置王,毋以填之。请立诸子,唯上幸许。'始皇下其议于群臣,群臣皆以为便。廷尉李斯议曰:'周文武所封子弟同姓甚众,然后属疏远,相攻击如仇雠,诸侯更相诛伐,周天子弗能禁止。今海内赖陛下神灵一统,皆为郡县,诸子功臣以公赋税重赏赐之,甚足易制。天下无异意,则安宁之术也。置诸侯不便。'始皇曰:'天下共苦战斗不休,以有侯王。赖宗庙,天下初定,又复立国,是树兵也,而求其宁息,岂不难哉!廷尉议是。'"②

秦代言谏监察制度以臣对君的谏诤、谏议为表现形式,以匡正君主治国理政过程中的缺失、改进国家大政方针、约束君主的恣意妄为为己任,发挥着御史监察难以替代的重要作用,同样对后世的监察制度建设产生了深远的影响。

秦代监察法制的建立,在中国历史上具有划时代的意义。其一,秦代监察制

---

① 《吕氏春秋·审分览·勿躬》,第393页。
② 《史记》卷六《秦始皇本纪》,第238—239页。

度的建立是古代政治制度走向规范化、法制化和实现自我革新的重要创举。秦代监察法制,是与大一统多民族中央集权王朝的建立相伴而生的,其监察立法、制度设计等虽处于初级阶段,但为后世监察法制的健全和成熟奠定了坚实基础,提供了宝贵经验。秦代监察法制的诸多因素为后世所继承,如秦代在监察官员的配备上,鉴于监察官员的职权范围过大,除中央外,地方监察官员多选用职位较低、年龄较轻的人员,这直接影响了后世王朝监察官员的级别和待遇。再如后世无不借鉴秦制相对独立的监察系统,监察权成为与行政权协调发展的重要权力,历代王朝的官制系统形成了监察与行政并重的格局,这对今天的国家监察制度改革也有重要的借鉴意义。又如秦代监察法制中强调对官员选人用人不善进行责任追究,注重以《法律答问》形式释明典型事例,这些具有前瞻性并且卓有成效的做法尤其值得后人学习。

其二,秦代监察法制在具体运行中的教训对后世监察法制建设提出了重要的警醒。基于巩固君主权威和中央集权而逐步形成、发展的秦代监察法制,出现了思想与制度建设并重和内部监察、外部监察共存的时代特色,监察法制在规范官员行为,预防、惩处官员犯罪等方面发挥了重要作用,但对当时的政治和社会产生了正反两面相差极大的影响,而许多极端化的法制举措,也直接导致了秦帝国的灭亡。如秦一面建立言谏监察制度,一面又设立"偶语《诗》《书》""以古非今"等钳制言谏的罪名,使正直、正确的声音无法及时发出。再如监察官员向皇帝负责,常以皇帝好恶而非法律规定为指导,在秦后期,"秦王怀贪鄙之心,行自奋之智,不信功臣,不亲士民,废王道,立私权,禁文书而酷刑法,先诈力而后仁义,以暴虐为天下始",监察官员多依附专制皇权,助纣为虐,"繁刑严诛,吏治刻深,赏罚不当"[①],最终导致秦众叛亲离,天下易主。东汉王符《潜夫论·本政》有言:"二世所以共亡天下者,丞相御史也。"

---

① 《史记》卷六《秦始皇本纪》,第283—284页。

后　记

　　此书为"十三五"国家重点图书出版规划项目"秦史与秦文化研究丛书"之一，是在中国人民大学王子今教授策划下，在西北大学出版社马来社长组织下完成的。

　　自项目启动以来，西北大学出版社多次组织专家进行论证，精心擘画。本书在虚心听取专家意见的基础上，吸收了学界对秦律、秦文化的最新研究成果，力图将本书写成一部较为简明而又能反映秦法律文化前沿学术研究成果的专著。当然，学术研究永远在路上，任何研究只能是阶段性的成果。对本书中存在的问题，欢迎学界朋友批评指正。

　　还需要说明的是，本书第七章《秦的民事法律与婚姻家庭继承》由秦始皇兵马俑博物院孙铭副研究员撰写完成，第八章《秦的经济法律制度》由中国政法大学博士生闫强乐撰写完成，第十一章《秦的监察法文化》由中国政法大学博士生王斌通撰写完成。

　　最后感谢责任编辑张红丽女士，她认真负责的工作态度令我们非常感动，让我们对西北大学出版社视学术品质为出版社生命的做法有了更深的认识。

闫晓君
记于庚子年仲春，时困守于古长安